AMERIKA IM LUFTKRIEG

AMERIKA IM LUFTKRIEG

von Edward Jablonski

UND DER REDAKTION DER TIME-LIFE BÜCHER

BECHTERMÜNZ

DIE GESCHICHTE DER LUFTFAHRT

Chefredakteur: Dale M. Brown
Verantwortlicher Redakteur: Jim Hicks
Designer: Raymond Ripper
Chef der Dokumentation: W. Mark Hamilton

Redaktionsstab des Bandes
Amerika im Luftkrieg
Bildredakteurin: Jane N. Coughran
Textredakteur: David S. Thomson
Vertragsautoren: Adrienne George, Laura Longley, Glenn Martin McNatt, Victoria W. Monks
Dokumentation: La Verle Berry, Barbara Brownell (leitend), Patricia A. Cassidy, Roxie France
Assistent des Designers: Van W. Carney
Textkoordination: Elizabeth Graham, Stephen G. Hyslop, Anthony K. Pordes, Caroline A. Boubin
Bildkoordination: Betsy Donahue
Besondere Mitarbeiter: Josephine Burke, Katie Hooper McGregor

Leitung der deutschen Redaktion:
Hans-Heinrich Wellmann
Textredaktion: Birgit Brandau, Gisela Meyer

Fachberater für die deutsche Ausgabe:
Dr. Albrecht Lampe

Aus dem Englischen übertragen von Wulf Bergner

Korrespondenten: Elisabeth Kraemer (Bonn); Margot Hapgood, Dorothy Bacon (London); Susan Jonas, Lucy T. Voulgaris (New York); Maria Vincenza Aloisi, Josephine du Brusle (Paris); Ann Natanson (Rom). Wertvolle Hilfe leisteten außerdem: Wibo van de Linde (Amsterdam); Lesley Coleman (London); Cheryl Crooks (Los Angeles); John Dunn (Melbourne); Carolyn T. Chubet, Miriam Hsia (New York); Dag Christensen (Oslo); Mimi Murphy (Rom); Traudl Lessing (Wien).

Authorized German language edition
© 1983 Time-Life Books B.V.
Original U.S. edition © 1982 Time-Life Books Inc.
All rights reserved.
Lizenzausgabe für den
Bechtermünz Verlag GmbH
Eltville am Rhein, 1993

ISBN 3 86047 049 3

TIME-LIFE is a trademark of Time Incorporated U.S.A.

DER AUTOR

Der Historiker und Biograph Edward Jablonski hat über 20 Bücher – hauptsächlich über Luftfahrtthemen – geschrieben, darunter *Flying Fortress*, *Warriors With Wings* und das vierbändige Standardwerk *Airwar*. Er begeisterte sich schon als Junge für die Luftfahrt und ist heute Mitglied der American Aviation Historical Society.

DIE BERATER für Amerika im Luftkrieg

Donald S. Lopez, Magister für Flugtechnik des California Institute of Technology, leitet die Abteilung Luftfahrt im National Air and Space Museum in Washington, D. C. Im Zweiten Weltkrieg wurde er ein Jagdflieger-As, während er in China unter General Claire Lee Chennaults Befehl P-40 flog. Nachdem er 1964 aus der amerikanischen Luftwaffe ausgeschieden war, arbeitete er acht Jahre lang als Systemingenieur am Apollo-Saturn-Raumfahrzeug und dem Weltraumlabor Skylab, bevor er 1972 in die Smithsonian Institution eintrat.

Robert C. Mikesh, Kurator für Flugzeuge im National Air and Space Museum der Smithsonian Institution, erhielt 1950 sein Offizierspatent als Pilot der amerikanischen Luftwaffe. Im Koreakrieg flog er B-26 Invaders bei taktischen Nacht-Bombenangriffen und wurde mit einem Fliegerverdienstkreuz und der Fliegermedaille mit doppeltem Eichenlaub ausgezeichnet. Sein aus langer Dienstzeit im Fernen Osten entstandenes spezielles Interesse gilt der japanischen Luftfahrtgeschichte. Er hat zahlreiche Artikel und Bücher über die im Zweiten Weltkrieg auf dem pazifischen Kriegsschauplatz eingesetzten Flugzeuge veröffentlicht.

VORSATZBLATT

B-17, Flying Fortresses der 381. Bombergruppe, die von deutschen Jagdflugzeugen angegriffen werden und ihr Feuer erwidern, schicken eine Fw 190 trudelnd in die Tiefe, während ein amerikanischer Bomber, der eine Rauchfahne hinter sich herzieht, über Deutschland aus dem Verband ausschert. Der Luftfahrtmaler R. G. Smith, der auf eine Vielzahl von Dokumentaraufnahmen von strategischen Bombenangriffen der 8. Luftflotte im Jahre 1944 zurückgreifen konnte, hat dieses Ölgemälde eigens für *Amerika im Luftkrieg* geschaffen.

D.L. TO:340-1993

INHALT

Schwingen über allen Erdteilen

Als die Japaner am 7. Dezember 1941 Pearl Harbor überfielen, besaßen die amerikanischen Heeresluftstreitkräfte lediglich 1100 einsatzfähige Flugzeuge. Niemand hätte sich damals vorstellen können, daß die Luftstreitkräfte innerhalb von vier Jahren zu der gewaltigen Luftstreitmacht werden würden, an die die hier und auf den folgenden Seiten abgebildeten Gemälde erinnern, oder daß sie imstande sein würden, eine „globale Aufgabe" zu übernehmen, wie General Henry H. „Hap" Arnold, ihr Oberbefehlshaber, es ausdrückte. Dank gewaltiger Anstrengungen bestanden die Luftstreitkräfte im Jahre 1944 aus 16 selbständigen Luftflotten in aller Welt, und aus ihren 1100 Flugzeugen waren inzwischen fast 80 000 geworden.

Die Versorgung der Besatzungen und Flugzeuge dieser weitgespannten Organisation war eine große Leistung der Amerikaner. Die Zahl der für Bewaffnung, Wartung und Reparatur der Flugzeuge benötigten Einzelteile – von winzigen Bombenauslöseknöpfen bis hin zu 1900-Liter-Zusatztanks – nahm ständig zu. 1940 enthielten die Listen etwa 80 000 Teile, 1944 waren es 500 000 geworden. Von Januar 1942 bis August 1945 wurden rund 19 Millionen Tonnen Nachschub – 21,5 Millionen Kubikmeter – auf dem Seeweg nach Übersee transportiert. Um die stetige Zufuhr neuer Flugzeuge sicherzustellen, wurden bis Kriegsende etwa 40 000 Maschinen auf dem Luftweg ins Ausland überführt, während ungefähr 47 500 Flugzeuge – vor allem Jagdflugzeuge – an Bord von Schiffen reisten.

Aber selbst dieser technologische Moloch hätte nicht genügt, wenn nicht die 2,4 Millionen Mann der Luftstreitkräfte und ihre Fähigkeit, die Strapazen der einzelnen Kriegsschauplätze zu ertragen, gewesen wären. Die auf den eisigen Aleuten vor Alaska stationierte 11. Luftflotte benutzte Schweißbrenner, um eingefrorene Motoren aufzutauen. In Nordafrika klebten Waffenwarte der 9. Luftflotte Papier über die Gurtzuführer ihrer Jagdflugzeuge, um zu verhindern, daß Sand in die MGs geriet und Ladehemmungen verursachte. Und auf der anderen Seite der Erde, im Pazifik, stellten Mechaniker der 5., 7. und 13. Luftflotte fest, daß die Lagerung in luftdichten Behältern Ersatzteile davor bewahrte, in dem feuchten Urwaldklima zu rosten, bevor sie in die Maschinen eingebaut werden konnten.

B-24 der in Italien stationierten 15. Luftflotte fliegen durch schweres Flakfeuer, nachdem sie die Ölraffinerien der rumänischen Stadt Ploesti, der wichtigsten Treibstofflieferanten für Deutschland, bombardiert haben. „Ploesti war das schlimmste Angriffsziel", sagte ein amerikanischer Bordschütze. „Wir nannten es den Friedhof der Fünfzehnten."

Auf der kahlen Aleuteninsel Amchitka wartet amerikanisches Bodenpersonal Jagdflugzeuge des Musters P-40 bei arktischen Temperaturen. Nachdem die Japaner zwei andere Inseln der Aleutenkette besetzt hatten, startete die 11. Luftflotte von Amchitka aus zu zahlreichen Feindflügen, um zu verhindern, daß der Gegner weiter in Richtung Alaska vorstieß.

Im chinesischen Kunming entladen Kulis eine Tansportmaschine des Typs C-46, die eben Nachschub aus Indien gebracht hat, wobei auf einer gefährlichen Route ein 4500 Meter hoher Teil des Himalaja überflogen werden mußte. Von 1942 bis 1945 transportierten amerikanische Piloten knapp 600 000 Tonnen Fracht auf dieser einzigen Nachschubroute.

Bomber B-25 Mitchell der 13. Luftflotte greifen im Tiefflug Ziele auf der indonesischen Insel Halmahera an. In dem erbittert geführten Krieg im Pazifik unterstützte die Dreizehnte alliierte Truppenlandungen auf japanisch besetzten Inseln und eroberte andere Inseln ganz allein durch ihre Bombardierung, um eine Invasion unnötig zu machen.

Schwer mit Bomben beladene B-17 der 8. Luftflotte starten auf einem
Flugplatz irgendwo in England. Als größte amerikanische Luftflotte des
Zweiten Weltkriegs flog die Achte über 260 000 Bombereinsätze gegen
Ziele in Deutschland und im deutsch besetzten Europa.

Schwarze Rauchschwaden hängen über Hickam Field auf Hawaii, als gerade eingetroffene B-17, die am Morgen des 7. Dezember 1941 entlang der Startbahn abgestellt

1

Fall und Aufstieg der amerikanischen Luftmacht

waren, bei japanischen Luftangriffen in Flammen aufgehen.

Die sechs fabrikneuen Flying Fortresses (Fliegende Festungen) des Typs Boeing B-17 befanden sich im Anflug auf die Hawaii-Insel Oahu. Nach nahezu 14stündigem Flug sollten sie auf Hickam Field, unmittelbar südöstlich des Marinestützpunktes Pearl Harbor, zum Auftanken zwischenlanden – auf halber Strecke zwischen Kalifornien und ihrem Ziel: Clark Field auf den Philippinen. Das war am 7. Dezember 1941 morgens um 7.50 Uhr.

Als die viermotorigen Maschinen Oahu auf Südsüdwestkurs anflogen, wurden einige wachsame Besatzungsmitglieder auf Schwärme kleiner Maschinen in der Luft aufmerksam. Das waren keine Heeres- oder Marineflugzeuge; mit ihrem starren Fahrwerk sahen sie eher wie Zivilflugzeuge aus. Einige der amerikanischen Piloten glaubten, man habe ihnen ein Ehrengeleit entgegengeschickt.

Als der Verbandsführer, Major Richard H. Carmichael, in den Sinkflug überging, fiel ihm auf, daß im Luftraum über Hickam Field ungewöhnlich viel Betrieb herrschte und daß aus einigen Flugplatzgebäuden bedrohlich wirkende, ölig-schwarze Rauchwolken aufstiegen. Offenbar war auf Hickam Field irgend etwas ganz und gar nicht in Ordnung. Anstatt dort zu landen, drehte Carmichael ab, um den etwa 20 Kilometer weiter nördlich liegenden Jägerflugplatz Wheeler Field anzufliegen. Sein Rottenflieger, Leutnant Harold N. Chaffin, folgte ihm.

Aber die übrigen vier B-17, die nach ihrem 3900 Kilometer langen Transpazifikflug kaum noch Treibstoff hatten, mußten versuchen, auf Hickam Field zu landen. Das gelang drei Maschinen, obwohl sie von den wendigen Jägern und den eigenen Flakbatterien beschossen wurden. Keiner der Männer kannte diese schnellen einmotorigen Eindecker; aber die roten Kreise – aufgehende Sonnen – auf Tragflächen und Rümpfen wiesen sie als japanische Flugzeuge aus. Die Amerikaner sollten bald erfahren, daß die unbekannten Maschinen Mitsubishi Zeros waren – die damals besten Jäger auf dem Kriegsschauplatz im Pazifik.

Die vierte B-17, die von Leutnant Frank P. Bostrom geflogen wurde, wich dem Flakfeuer über Hickam Field aus und wurde darauf prompt von sechs Zeros angegriffen. Bostroms Flying Fortress war wie die anderen unbewaffnet: Ihre MGs waren ausgebaut worden, damit die Maschinen mehr Treibstoff mitnehmen konnten. So blieb ihm nichts anderes übrig, als mit dem großen Bomber auf Baumhöhe herunterzugehen, den Japanern im Tiefstflug so gut wie möglich auszuweichen und auf dem ersten freien Gelände, einem Golfplatz, zu landen.

Unterdessen hatten Carmichael und Chaffin festgestellt, daß auf Wheeler Field ebenfalls zerstörte Jäger am Boden lagen und Flugplatzgebäude in Flammen standen. Sie flogen weiter nach Norden, bis sie einen winzigen Jägerflugplatz bei Haleiwa fanden, auf dessen kurzer Landebahn sie ihre

B-17 unbeschädigt zu Boden brachten. Damit war sechs „Fliegenden Festungen" die Landung geglückt – wunderbarerweise ohne daß es Verletzte gegeben hatte.

Jetzt erreichte ein weiterer Verband von sechs B-17 aus Kalifornien kommend Hickam Field. Vier landeten dort in einer Angriffspause, aber die beiden letzten stießen direkt auf eine zweite Welle japanischer Bomber und Jäger. Zeros schossen die in der Funkkabine einer B-17 gelagerte Signalmunition in Brand, so daß die Maschine in Flammen gehüllt landete, und beschädigten die andere so schwer, daß ihr Pilot, Robert H. Richards, nach Osten weiterflog, bis er den Jägerflugplatz Bellows Field unter sich hatte. Die Landebahn war für den großen Bomber viel zu kurz, aber Richards, von dessen Besatzung zwei Mann schwer verwundet waren, landete trotzdem dort. Er schoß über die Landebahn hinaus und geriet ins Unterholz, in dem das Fahrwerk einknickte.

Die Zerstörung dieser beiden zuletzt hereinkommenden B-17 – und die Beschädigung der anderen Maschinen – war nur einer der Schläge, die den amerikanischen Streitkräften an diesem Schicksalsmorgen von den Japanern zugefügt wurden. In nicht einmal zwei Stunden hatten 365 japanische Flugzeuge, die von sechs Flugzeugträgern starteten, welche unbemerkt bis auf etwa 350 Kilometer an Hawaii herangekommen waren, nicht nur die amerikanische Pazifikflotte außer Gefecht gesetzt, sondern auch rund zwei Drittel der auf Hawaii stationierten Heeresflugzeuge vernichtet. Nach den japanischen Angriffen waren von den zum Schutz Hawaiis vorgesehenen 231 amerikanischen Maschinen keine 80 mehr flugfähig.

Für die meisten Amerikaner bedeutete dieser brillant geplante und durchgeführte Angriff – von Admiral Isoroku Yamamoto entwickelt – einen schweren Schock. Für die amerikanischen Streitkräfte kam er jedoch nicht völlig überraschend, obwohl sie in Pearl Harbor durch die unerwartete Fähigkeit der Japaner, derartige Langstreckenangriffe zu fliegen, überrumpelt worden waren. Heer und Marine Amerikas hatten sich tatsächlich schon seit 1938 auf einen Krieg vorbereitet – allerdings keineswegs schnell genug, wie sich jetzt zeigte.

Im Jahre 1938 hatte Präsident Franklin D. Roosevelt den Kongreß gedrängt, zusätzliche Verteidigungsausgaben zu bewilligen, weil ihn die rasche Aufrüstung Deutschlands unter Hitler und ein Japan, dessen herrschende Militärkaste bereits in China eingefallen war, zunehmend beunruhigten. Ein Großteil der 1938 bewilligten Mittel diente zum Ausbau der US-Marine, aber auf weitere Bitten des Präsidenten hin verabschiedete der Kongreß im Jahre 1939 mehrere Gesetze, durch die festgelegt wurde, daß etwa die Hälfte des amerikanischen Militäretats – die damals ungeheure Summe von 300 Millionen Dollar – dem Army Air Corps, dem Heeresfliegerkorps, zufließen sollte.

Diese Mittel wurden dringend benötigt. Wie das Heer, dem es unterstellt blieb, war das Heeresfliegerkorps zwei Jahrzehnte lang recht stiefmütterlich behandelt worden. Obwohl die Luftstreitkräfte rasch aufgebaut worden waren, nachdem die Vereinigten Staaten 1917 in den Ersten Weltkrieg eingetreten waren, wurden sie 1918 nach dem Waffenstillstand ebenso hastig wieder aufgelöst. Im Jahre 1922 bestanden die amerikanischen Luftstreitkräfte lediglich aus 952 Piloten und anderen Offizieren sowie etwa 9000 Unteroffizieren und Mannschaften. Als Waffengattung waren sie praktisch demobilisiert worden.

Das Wrack einer B-17 Flying Fortress, die beim Landeanflug auf Hickam Field von japanischen Zeros beschossen wurde, steht ausgebrannt auf dem Vorfeld. Die brennende Maschine landete intakt, zerbrach aber beim Aufsetzen. Ihre Besatzung überlebte bis auf einen Mann.

Karge Militärhaushalte in den zwanziger und Anfang der dreißiger Jahre – die durch den Ersten Weltkrieg abgeschreckte amerikanische Öffentlichkeit war militärfeindlich und isolationistisch geworden – brachten es mit sich, daß dem Fliegerkorps Flugzeuge, Personal und oft auch Treibstoffzuteilungen fehlten. Noch 1938 war das Fliegerkorps nach dem Urteil des Mannes, der es im Zweiten Weltkrieg führen sollte, General Henry H. „Hap" Arnold, „praktisch nicht vorhanden" – vor allem im Vergleich zu den großen Luftflotten, die damals von Deutschland, Italien und Japan aufgebaut wurden. Im Jahre 1938 war das Fliegerkorps nur rund 19 000 Mann stark. Die wenigen aktiven Staffeln flogen veraltete Maschinen. Allerdings gab es eine Ausnahme: die B-17, eine gelungene Konstruktion, die sich als einer der besten Bomber des Zweiten Weltkriegs bewähren sollte. Aber 1938 hatte das Fliegerkorps erst 13 dieser zutreffend als „Fliegende Festungen" bezeichneten Maschinen von der Boeing Company übernommen und 29 weitere bestellt.

Die im Jahre 1939 vom Kongreß bewilligte Finanzspritze von 300 Millionen Dollar gab Arnold endlich die Möglichkeit, eine moderne Luftwaffe aufzubauen. Er beschleunigte die Entwicklung schneller, schwerbewaffneter Jagdflugzeuge wie der zweimotorigen Lockheed P-38 und der robusten einmotorigen Republic P-47. Arnold veranlaßte auch, daß die Consolidated Aircraft Company die Produktion eines weiteren viermotorigen Bombers – der B-24 Liberator – beschleunigte. Und im Jahre 1940 brachte er Boeing dazu, ein Nachfolgemuster für die B-17 zu konstruieren: eine „Superfestung", die unter der Bezeichnung B-29 Superfortress das bei weitem größte Kampfflugzeug des Zweiten Weltkriegs wurde.

Obwohl Arnold davon überzeugt war, daß vor allem viermotorige Langstreckenbomber gebraucht würden, beschleunigten er und sein Stab auch Entwicklung und Produktion einer Generation kleinerer zweimotoriger Flugzeuge zur Erdkampfunterstützung: die leichte, schnelle Douglas A-20 Havoc (A bedeutet *attack,* d. h. Angriff) und die beiden mittelschweren Bomber North American B-25 Mitchell und Martin B-26 Marauder. Wie Arnold nach dem Krieg schrieb, entstand auf diese Weise die „ausgeglichenste Luftwaffe der Welt", die sowohl strategische Langstreckenangriffe gegen kriegswichtige feindliche Industrieanlagen als auch Einsätze zur Erdkampfunterstützung fliegen konnte.

Die Luftstreitkräfte, an deren Spitze Arnold bei Kriegsausbruch stand, waren jedoch noch nicht ausgeglichen, gut ausgerüstet oder auch nur einigermaßen stark genug, um einen Weltkrieg zu führen. Wie Arnold recht gut wußte, dauerte es Jahre, ein neues Flugzeug zu konstruieren, Versuchsmuster zu bauen, die Maschinen zu erproben, erkannte Mängel zu beheben und die Großserienfertigung eines verbesserten Musters aufzunehmen. Die 1938 konstruierte B-24 wurde erst 1942 in nennenswerter Zahl an die Einsatzverbände ausgeliefert, und bei der P-38, der P-47 und anderen Neuentwicklungen lagen die Verhältnisse ähnlich. Im Dezember 1941 verfügte Arnold lediglich über 1100 einsatzfähige Flugzeuge, von denen jedoch viele – vor allem die Jäger – nur beschränkt kriegstauglich waren. Man mußte schon ein sehr geschickter Pilot sein, um den Hauptvorteil der schweren Curtiss P-40, ihre hohe Sturzfluggeschwindigkeit, im Luftkampf gegen die schnellere und wendigere japanische Zero oder die deutsche Me 109 ausspielen zu können. Der Allison-Motor des zweiten einsatzfähigen amerikanischen Jägers, der Bell P-39 Aircobra, war nicht imstande, den Jäger in die Einsatzhöhe japanischer Bomber zu tragen.

Im ersten Kriegsjahr blieb den Männern der kurz zuvor in Army Air Forces (AAF) umbenannten Heeresluftstreitkräfte nichts anderes übrig, als mit unzulänglicher Ausrüstung grimmig weiterzukämpfen, während die Flugzeugführerschulen und die amerikanische Flugzeugindustrie sich verzweifelt bemühten, die Männer und Maschinen bereitzustellen, die gebraucht wurden, damit Amerika zwei verschiedene Luftkriege auf zwei riesigen und weit voneinander entfernten Kriegsschauplätzen – Europa und Asien – führen konnte.

Die Produktion lief bald auf Höchsttouren. Das Ausbildungssystem der Luftstreitkräfte, das bis 1939 etwa 300 Piloten pro Jahr hervorgebracht hatte, sollte bis Mitte 1942 auf eine Jahresleistung von 50 000 Piloten kommen. In ganz Amerika wurden Dutzende von neuen Ausbildungsflugplätzen angelegt – vor allem im Süden und Südwesten, wo die Wetterbedingungen für eine ganzjährige Ausbildung günstiger waren.

Die Flugzeugindustrie, die mit Hochdruck neue Montagewerke baute und in den alten im Dreischichtenbetrieb und mit Hilfe der als neue Arbeitskräfte eingesetzten Frauen arbeitete, steigerte ihre Produktion von durchschnittlich 2000 Flugzeugen im Jahr bis Ende 1942 auf 4000 Flugzeuge im Monat. Die Luftstreitkräfte, die Anfang 1939 insgesamt 1700 Flugzeuge besaßen, übernahmen in den Jahren 1940–45 die imposante Zahl von 229 230 neuen Flugzeugen. Im Jahre 1945 zählten die amerikanischen Luftstreitkräfte 2,4 Millionen Mann.

Während Arnold zwei besondere amerikanische Möglichkeiten nutzte – Massenproduktion und Massenausbildung –, konnte er sich auch auf einen bemerkenswerten Kern fähiger Offiziere stützen, die dem um seine Existenz ringenden Fliegerkorps in den mageren zwanziger und dreißiger Jahren die Treue gehalten hatten, ohne den Glauben an den militärischen Wert einer Luftmacht zu verlieren. Wie Arnold, der 1911 bei den Brüdern Wright fliegen gelernt hatte, waren diese erfahrenen Heerespiloten mit dem Flugzeug groß geworden und wußten recht gut, was es leisten und

Der Aufbau einer gewaltigen Waffe

Als der Erste Weltkrieg zu Ende ging, bestand die amerikanische Heeresfliegertruppe, wie die Luftwaffe damals hieß, aus etwa 10 000 Doppeldeckern, die zum größten Teil bald verkauft oder verschrottet wurden. „Für den Kauf neuer Flugzeuge steht kein einziger Dollar zur Verfügung", hieß es 1920 nüchtern in einem Regierungsbericht. Die amerikanischen Militärflieger flogen noch zehn Jahre lang mit veralteten – und unfallgefährdeten – Maschinen. In einem einzigen Jahr gab es bei 330 Flugunfällen nahezu 100 Tote und Schwerverletzte.

Als die Fliegertruppe im Jahre 1926 in Heeresluftstreitkräfte umbenannt wurde, bewilligte der amerikanische Kongreß jedoch ein Ausbauprogramm, durch das die Stärke dieses vernachlässigten Heeresteils innerhalb von fünf Jahren auf 1650 Offiziere, 15 000 Mann und 1800 Flugzeuge gebracht werden sollte. Nun konnten die Heeresluftstreitkräfte erstmals über eigene Forschungs- und Entwicklungsgelder verfügen.

Obwohl die Haushaltsmittel während der Weltwirtschaftskrise einschneidend gekürzt wurden, gelangen wichtige Verbesserungen. Randolph Field und Kelly Field in Texas wurden als Ausbildungszentren ausgebaut. Fachleute wurden hinzugezogen, um für die Zukunft zu planen. Und die Fortschritte in Flugzeugbau und -konstruktion begannen den Träumen der wenigen Visionäre zu entsprechen, die schon immer eine starke Luftwaffe gefordert hatten.

Stoffbespannte Doppeldecker wie die P-12 (rechts oben) wurden durch windschnittige Jagdeindecker ersetzt. Im Jahre 1932 erschien die Martin B-10 (rechts unten), die als der fortschrittlichste mittelschwere Bomber der Welt angepriesen wurde. Im Jahre 1934 begannen die Vorarbeiten für den Bau eines schweren Bombers, der später berühmten B-17 Flying Fortress (rechts außen). Amerika schien endlich entschlossen zu sein, sich eine Luftmacht zu verschaffen, mit der man etwas anfangen konnte, wie General Henry „Hap" Arnold es ausdrückte.

Boeing P-12, die letzten Jagddoppeldecker des Heeres, fliegen im Jahre 1932 in Linie nebeneinander über Selfridge Field, Michigan.

Der Bomber Martin B-10 war ein schnittiger Ganzmetall-Eindecker mit einziehbarem Fahrwerk, der mit 343 Stundenkilometern Höchstgeschwindigkeit schneller als andere Jagdflugzeuge war.

Eine neue B-17 ist im März 1937 zur Truppenerprobung auf Langley Field, Virginia, eingetroffen. Während des Zweiten Weltkriegs wurden fast 13 000 dieser schweren Bomber gebaut.

nicht leisten konnte. Carl A. „Tooey" Spaatz und Ira C. Eaker hatten in der Vorkriegszeit Dauerrekorde aufgestellt und damit bewiesen, daß das Flugzeug lange in der Luft bleiben und große Entfernungen zurücklegen konnte. James H. Doolittle war durch Geschwindigkeitsrekorde berühmt geworden, hatte als erster die Strecke zwischen den beiden amerikanischen Küsten in weniger als 24 Stunden zurückgelegt und den ersten Blindflug – ausschließlich nach Instrumenten – durchgeführt. Alle drei erwiesen sich als Führerpersönlichkeiten, die es verstanden, ihre langjährige Flugerfahrung in die wirkungsvolle Führung der großen Kampfverbände der wachsenden Luftstreitkräfte umzusetzen.

Außerdem waren alle drei wie Arnold überzeugte Anhänger der von Brigadegeneral William „Billy" Mitchell – dem Luftmachtapostel Amerikas – in den zwanziger Jahren gepredigten Doktrin, daß Flotten schwerer Bomber die feindlichen „Kriegsmittel", wie Mitchell es ausdrückte, vernichten könnten, indem sie „alle möglichen Produktionszentren" angriffen. Diese Überzeugung vom Wert strategischer Luftstreitkräfte diktierte die amerikanische Luftkriegsstrategie im Zweiten Weltkrieg und wurde zum Glück auch von anderen Mitgliedern der eng miteinander verbundenen Bruderschaft amerikanischer Heeresflieger geteilt – darunter auch George C. Kenney, Hoyt Vandenberg, Haywood S. Hansell und Curtis LeMay –, die später das Kommando über verschiedene der zwölf selbständigen Luftflotten übernahmen, die Arnold bis 1945 aufstellte.

Diese Langzeitstrategie konnte jedoch nur verwirklicht werden, wenn ausreichend Flugzeuge und Besatzungen zur Verfügung standen – und als Amerika in den Krieg eintrat, fehlten beide Voraussetzungen. Die schwachen AAF-Verbände im Pazifik konnten wenig tun, um den unaufhaltsamen japanischen Vormarsch zu Ölquellen, Gummiplantagen und wichtigen Rohstofflagerstätten in Burma, Indochina und Niederländisch-Indien (dem heutigen Indonesien) zu bremsen. Eine wichtige Zwischenstation des japanischen Vormarsches waren die Philippinen – damals noch in amerikanischem Besitz –, wo die jämmerlich schwachen Vorposten der Heeresluftstreitkräfte nur wenige Stunden nach dem Angriff auf Pearl Harbor eine weitere katastrophale Niederlage erlitten. Diesmal wurden die AAF-Verbände jedoch nicht wie auf Hawaii überrumpelt, sondern das Debakel ließ sich auf menschliches Versagen und Mißverständnisse zurückführen.

General Douglas MacArthur, der Oberbefehlshaber aller amerikanischen Heerestruppen im Fernen Osten (sowie der philippinischen Armee), ließ den Oberbefehlshaber der Fernost-Luftflotte, Generalmajor Lewis H. Brereton, zu sich rufen, kurz nachdem am 8. Dezember (zwischen Hawaii und den Philippinen liegt die Internationale Datumsgrenze) um 3.30 Uhr in Manila die Nachricht von dem Überfall auf Pearl Harbor eingegangen war. In MacArthurs Hauptquartier traf Brereton mit MacArthurs loyalem Chef des Stabes, Brigadegeneral Richard K. Sutherland, zusammen, dessen tiefes Mißtrauen den Luftstreitkräften gegenüber, die er für Emporkömmlinge und eine unzuverlässige Waffengattung hielt, sogar das seines Oberbefehlshabers übertraf.

Das Ergebnis dieser Besprechung ist wegen kontroverser Berichte unklar. Wie aus Breretons veröffentlichten Tagebüchern hervorgeht, bat er um Erlaubnis, seine auf Clark Field, dem wichtigsten Stützpunkt der Heeresluftstreitkräfte auf der nördlichsten Philippineninsel Luzon, stationierten 18 B-17 mit Bomben zu beladen und zu einem vorbeugenden

JAMES H. DOOLITTLE

Angriff auf die japanischen Flugplätze im Süden der Insel Formosa (heute Taiwan) einsetzen zu dürfen. Wie Brereton später behauptete, weigerte sich Sutherland, ihn zu MacArthur vorzulassen, sondern versprach ihm lediglich, seine Bitte vorzutragen und ihm MacArthurs Entscheidung so rasch wie möglich mitzuteilen. Brereton erinnerte sich, daß er danach ungeduldig auf Befehle wartete, die jedoch erst kamen, als es zu spät war. Sutherland behauptete seinerseits, Brereton und MacArthur hätten darüber gesprochen, ob dieser Angriff sinnvoll sei, und die B-17 seien hauptsächlich durch Breretons Entscheidung zurückgehalten worden.

Generalleutnant Henry H. „Hap" Arnold (rechts), seit Juni 1941 Oberbefehlshaber der reorganisierten Heeresluftstreitkräfte, war für die Luftmachtpolitik und -planung der US-Armee zuständig. Dieser planmäßige Aufbau, an dem die unten abgebildeten Offiziere, die alle Auslandskommandos hatten, entscheidend beteiligt waren, erhöhte die Schlagkraft der Luftstreitkräfte ganz erheblich.

IRA C. EAKER

CARL A. SPAATZ

GEORGE C. KENNEY

Jedenfalls ließ Brereton in den Morgenstunden des 8. Dezember 1941 keinen Angriff auf Formosa fliegen, als die japanischen Flugzeuge sehr verwundbar gewesen wären, weil sie auf ihren Flugplätzen standen und warteten, bis sich der Morgennebel über Luzon aufgelöst hatte. Brereton ließ jedoch seine Jäger zu Aufklärungsflügen starten und schickte seine B-17 in die Luft, damit sie nicht am Boden zerstört werden konnten, wenn Clark Field angegriffen wurde, womit er jeden Augenblick rechnete. Seine Vorsichtsmaßnahmen verkehrten sich ins Gegenteil, weil die Hauptwelle der japanischen Angreifer Luzon erst nach 12 Uhr erreichte. Zu diesem Zeitpunkt hatten viele von Breretons Jägern auf Clark Field oder dem kleineren Jägerflugplatz Iba Field landen müssen, um zu tanken. Auch die B-17 landeten auf Clark Field, da beschlossen worden war, sie mit Bomben zu beladen und doch noch gegen die Flugplätze auf Formosa einzusetzen.

Dadurch waren die Voraussetzungen für „Klein-Pearl-Harbor" geschaffen. Als die japanischen Piloten zum Angriff auf Clark Field herabstießen, wollten sie ihren Augen kaum trauen. Eine Staffel P-40 wurde gerade betankt, und die beiden B-17-Staffeln standen wie zu einer Parade Tragfläche an Tragfläche aufgereiht. Die Japaner griffen Clark Field in drei Wellen an: Zwei Wellen von Bombern folgte eine Welle Zeros, die im Tiefflug die aufgereihten B-17 und P-40 systematisch mit Bordwaffen bestrichen und eine lange Reihe detonierender und brennender Flugzeuge hinter sich zurückließen. Die wenigen amerikanischen Jäger, denen der Start gelang, wurden von weiteren Schwärmen japanischer Jäger abgeschossen. Die Tieflieger deckten Clark Field über eine Stunde lang praktisch ungehindert mit dem Feuer ihrer Bordwaffen ein.

Als die Japaner, die bei diesem Überfall nur eine Handvoll Zeros verloren hatten, nach Formosa abflogen, hatten sie 16 der 18 Flying Fortresses, 55 P-40 und 25 bis 30 weitere Flugzeuge zerstört. Nach diesem Debakel verblieben Breretons Fernost-Luftflotte die 17 Flying Fortresses der 19. Bombergruppe, die bereits vorher nach Mindanao in Sicherheit gebracht worden waren, zwei B-17, die den Angriff auf Clark Field überstanden hatten, 22 P-40, 15 veraltete P-35 und einige ebenfalls technisch überholte Martin B-10 und Douglas B-18, Relikte aus der Zeit der kargen Militäretats der dreißiger Jahre.

Trotzdem setzte Brereton seine kümmerliche Streitmacht am 10. Dezember zum Angriff ein, nachdem am Vortag wegen schlechten Wetters kaum Einsätze möglich gewesen waren. Die Taten einiger seiner Piloten lieferten den bestürzten Amerikanern in der Heimat ihre ersten und dringend benötigten Helden. Der bekannteste war Hauptmann Colin Kelly, der mit seiner B-17, die drei 270-kg-Bomben trug, von Clark Field aus startete. Er hatte den Auftrag, einen japanischen Flugzeugträger aufzuspüren, der vor der Nordspitze Luzons gemeldet worden war. Kelly und seine Besatzung fanden ihn nicht, aber sie entdeckten ein großes Kriegsschiff, das etwa acht Kilometer vor der Küste stand und die Strände beschoß, an denen die Japaner landen wollten. Ein halbes Dutzend kleinerer Kriegsschiffe lief auf die vorgesehenen Landeköpfe zu.

Kelly holte nach Norden aus und flog einen Angriff auf das große Schiff, das seiner Überzeugung nach ein Schlachtschiff war. Bombenschütze Meyer Levin klinkte die Bomben aus, und die Besatzung verfolgte, wie sie ins Ziel trudelten. Die erste fiel knapp 50 Meter achteraus ins Meer, und die zweite detonierte ebenfalls im Wasser, aber bereits dicht neben der Bordwand. Die dritte Bombe schlug auf dem Heckturm des Kriegsschiffs

Auf diesem japanischen Gemälde greifen am Mittag des 8. Dezember 1941 Bomber und Begleitjäger den Flugplatz Clark Field auf den Philippinen an, um die dort stationierten amerikanischen B-17 zu vernichten. Die 18 B-17, die eben betankt wurden, „standen wie zum Scheibenschießen aufgereiht", staunte ein japanischer Pilot.

ein. Aus dem Heck zuckte ein Lichtblitz, dem Rauchschwaden folgten. Das japanische Schiff war bald in dichte Rauchwolken gehüllt, die es unmöglich machten, das Ausmaß der Schäden abzuschätzen.

Im nächsten Augenblick bekamen Kelly und seine Männer es mit japanischen Jägern zu tun, die seine Flying Fortress von unten angriffen. Die Bordschützen der B-17 vertrieben die Angreifer, und Kelly flog in eine Wolkenformation. Die Zeros schienen abgehängt zu sein, bis der Navigator, Oberleutnant Joe M. Bean, einen Blick auf den Höhenmesser werfen wollte. Als er sich in seiner Beobachtungskuppel nach unten beugte, zerschmetterte ein Feuerstoß seinen Stand. Der gleiche Feuerstoß enthauptete den MG-Schützen im linken „Schwalbennest" am Rumpf, verwundete ein weiteres Besatzungsmitglied und zertrümmerte das Instrumentenbrett in der Pilotenkanzel. Danach schossen die japanischen Jäger, die sich in den Wolken an die B-17 herangepirscht hatten, die linke Tragfläche der Maschine in Brand. Bei einem dritten Angriff wurden mehrere Steuerzüge durchtrennt, so daß Kelly, der die Maschine nicht mehr halten konnte, den Befehl zum Aussteigen gab. Bean gehörte zu den letzten, die absprangen. Er sah noch, wie der Kopilot, Oberleutnant Robins, seinen Fallschirm anlegte, und nahm an, Kelly werde ihm folgen.

Bean hatte die Maschine kaum verlassen und seinen Fallschirm geöffnet, als eine gewaltige Explosion die Luft zerriß. Robins wurde von dem Wrack fortgeschleudert. Es gelang ihm jedoch, seinen Fallschirm zu öffnen. Aber Kelly war vor der Explosion nicht mehr aus der B-17 herausgekommen. Er behielt bis zuletzt den Steuerknüppel in der Hand, damit seine Besatzung sich retten konnte. Sein Opfertod und die Behauptung der Überlebenden, sie hätten das Schlachtschiff *Haruna* getroffen, machten in den Vereinigten Staaten Schlagzeilen. Die *New York Times* verkündete: „Die Versenkung des japanischen Schlachtschiffs war das bisher wichtigste Ereignis dieses Krieges." Colin Kellys Heldentat gab auch der amerikanischen Öffentlichkeit wieder Mut. (Bombenschütze Levin hatte in Wirklichkeit nicht die *Haruna* getroffen, die sich am 10. Dezember 1941 gar nicht in der Nähe der Philippinen befunden hatte. Die Japaner gaben allerdings nie bekannt, welches ihrer Schiffe damals von seinen Bomben getroffen worden war.)

Unterdessen taten Breretons Jagdflieger in den folgenden Tagen trotz wachsender japanischer Überlegenheit, was sie konnten, um MacArthurs zurückweichende Bodentruppen auf Luzon zu unterstützen. Vom 17. Dezember an konnten die Japaner Del Monte Field von den auf Luzon angelegten neuen Feldflugplätzen aus erreichen, so daß Brereton daranging, die verbliebenen 14 Flying Fortresses der 19. Bombergruppe nach Batchelor Field bei Darwin in Australien in Sicherheit zu bringen. Von dort aus setzte er einige der stark mitgenommenen B-17 zu 2400 Kilometer langen Rückflügen nach Del Monte Field ein, wo sie auftankten und Bomben an Bord nahmen, um die japanischen Landeköpfe am Golf von Davao und im Golf von Lingayen anzugreifen. Solche Fernunternehmen waren natürlich wenig wirkungsvoll und nutzten Menschen und Maschinen gleichermaßen ab. Aber man unternahm wenigstens etwas. Die Japaner schafften jedoch bald genügend Flugzeuge nach Luzon, um sich die absolute Luftherrschaft zu sichern.

Im März 1942 war die Lage der amerikanischen Truppen auf den Philippinen offensichtlich hoffnungslos. Es gab keine Möglichkeit, sie auf dem See- oder Luftweg zu verstärken, da sich die von Australien über Niederländisch-Indien und Borneo führenden Nachschubwege bereits in

Hauptmann Colin P. Kelly fiel am 10. Dezember 1941 beim Angriff auf ein japanisches Kriegsschiff (seine Bomberbesatzung glaubte, ein Schlachtschiff versenkt zu haben, in Wirklichkeit hatte sie einen Kreuzer beschädigt). Er wurde als Held gepriesen, und Präsident Roosevelt bat in einem Schreiben „An den Präsidenten der Vereinigten Staaten im Jahre 1956" um Aufnahme von Kellys damals noch kleinem Sohn in die Militärakademie West Point „als Ausdruck des Dankes der Nation". (Kelly junior kam 1959 nach West Point – aber indem er die Aufnahmeprüfung bestand.)

der Hand der vorstoßenden Japaner befanden. Präsident Roosevelt wies MacArthur an, nach Australien auszuweichen und den Kampf so gut wie möglich von dort aus fortzuführen.

MacArthur befand sich in einer verzweifelten Lage. In Australien gab es keine amerikanischen Infanterie- oder Panzerverbände – nur einige Flakregimenter, einige wenige Feldartillerieeinheiten, zwei Pionierregimenter und einige weit verteilte AAF-Staffeln mit 250 Flugzeugen mit unterschiedlicher Einsatzbereitschaft. Auf dem fünften Kontinent war nicht einmal eine größere Anzahl kampferprobter australischer Einheiten stationiert, denn die meisten von ihnen standen in Ägypten im Kampf gegen das deutsche Afrika-Korps. Da japanische Kräfte bereits auf Neubritannien und Neuguinea standen, Niederländisch-Indien besetzt hatten und entlang der Inselkette der Salomonen vorrückten, drohte Australien eine baldige Invasion. MacArthur konnte nur durchhalten und hoffen, daß die Verstärkung eher kommen würde als die Japaner.

Für den einzigen Lichtblick im Frühling des Jahres 1942 sorgte Jimmy Doolittle, damals noch Oberstleutnant, der den ersten – und kühnsten – amerikanischen Gegenangriff auf Japan befehligte. Doolittles offiziell als „First Aviation Project" bekannte Sondereinheit entstand schon einen Monat nach dem Überfall auf Pearl Harbor. Washington wollte es den Japanern heimzahlen – aber wie? Jeder Versuch, mit einer Trägergruppe bis dicht vor die japanischen Inseln vorzustoßen, so daß die Kurzstrecken-Marinebomber eingesetzt werden konnten, war selbstmörderisch. Andererseits gab es keine alliierten Luftwaffenstützpunkte, von denen aus amerikanische Bomber Japan hätten erreichen können.

Dann hatte Kapitän z. S. Francis S. Low eine ungewöhnliche Idee: Weshalb sollte man nicht Bomber der Heeresluftstreitkräfte, die eine viel größere Reichweite als Trägerflugzeuge hatten, vom Deck eines Flugzeugträgers starten lassen? Der Vorschlag klang plausibel, und ein Marineflieger, Kapitän z. S. Donald B. Duncan, bewies – zumindest auf dem Papier –, daß er sich verwirklichen ließ. Duncan war der Überzeugung, der entsprechend umgebaute mittelschwere Bomber B-25 Mitchell könne von einem Flugzeugträger aus starten und Japan erreichen, während der Träger weit genug von den Inseln entfernt stünde, um aller Voraussicht nach vor Angriffen landgestützter japanischer Flugzeuge sicher zu sein.

Die Sache hatte jedoch einen Haken. Selbst wenn der Start gelang, konnte keine B-25 wieder auf dem Flugzeugträger landen: Die zweimotorige Maschine benötigte eine zu lange Ausrollstrecke. Aber mit ausreichend großem Treibstoffvorrat und vom richtigen Startpunkt aus konnte eine Gruppe von B-25 Ziele in Japan bombardieren und zu Stützpunkten in China, einem verbündeten Staat, weiterfliegen.

Kapitän Lows Plan wurde General Arnold in Washington vorgelegt, der Gefallen an dieser Idee fand und Doolittle, der damals seinem Stab angehörte, mit der weiteren Ausarbeitung beauftragte. Arnold hatte keineswegs vor, Doolittle mitzuschicken; der Oberstleutnant sollte lediglich die Vorarbeit leisten. Doolittle war damals 45 Jahre alt, und Arnold hatte nicht die Absicht, einen wichtigen Mitarbeiter zu einem Himmelfahrtskommando zu entsenden. Aber Doolittle, der ehemalige tollkühne Rennflieger, hatte andere Absichten.

Doolittle, der wie Duncan der Meinung war, die B-25 sei das richtige Flugzeug für diesen Einsatz, flog nach Wright Field, Ohio, um den Umbau zu beaufsichtigen, der die Maschinen leichter machen – Bewaffnung und Panzerung wurden zum größten Teil ausgebaut – und ihre Reichweite vergrößern sollte. Anfang März 1942 waren alle vorgesehenen B-25 umgebaut, und die Männer – lauter erfahrene Piloten, die sich freiwillig gemeldet hatten – trafen auf Eglin Field in Florida zu einer Spezialausbildung ein. Doolittle kam ebenfalls am 3. März nach Eglin Field und unterwies die Freiwilligen in der schwierigen Kunst, die Mitchells nach extrem kurzen Startrollstrecken von nur 210 bis 230 Metern in die Luft zu bringen, indem man die Steuersäule nach hinten riß und im Steigflug nur knapp das Überziehen vermied. Es dauerte nicht lange, bis alle Piloten mit weniger als der normalen Startrollstrecke auskamen.

Während der zweiten Ausbildungswoche kehrte Doolittle nach Washington zurück, um General Arnold einen Zwischenbericht zu erstatten, in den er einfließen ließ: „Ich möchte um Ihre Genehmigung bitten, diesen Einsatz selbst führen zu dürfen." Arnold lehnte ab, und der redegewandte Doolittle begann daraufhin sein „Verkaufsgespräch", wie er es später nannte. Arnold schien, der Verzweiflung nahe, zum Nachgeben bereit zu sein – unter der Bedingung, daß Doolittle erst die Zustimmung von Generalmajor Millard F. Harmon, dem damaligen Chef des Stabes der Luftstreitkräfte, einhole.

„Ich witterte Unrat", erzählte Doolittle später. Ihm war klar, daß Arnold in der Zeit, die er bis zu Harmons Büro benötigte, Harmon anrufen und ihn anweisen würde, sein Vorhaben abzuwürgen. Doolittle hastete den Korridor im Washingtoner Munitions Building – damals Arnolds Hauptquartier – entlang und stand vor Harmons Schreibtisch, bevor Arnold hatte anrufen können. Er erklärte dem Chef des Stabes, er wünsche sich, den Angriff auf Tokio führen zu dürfen, und – was nicht einmal gelogen war – Arnold sei damit einverstanden, wenn Harmon keine Einwände dagegen erhebe. „Klar, Jimmy, Sie sind unser Mann dafür", lautete die Antwort. Doolittle verließ sofort Harmons Büro und blieb einen Augenblick vor der Tür stehen, weil das Telephon klingelte. Er machte sich erst davon, als er Harmon sagen hörte, er könne sein „gegebenes Wort nicht brechen".

Nach Abschluß der Ausbildung auf Eglin Field flogen Doolittle und seine Besatzungen zum Luftstützpunkt Alameda in Kalifornien, wo 16 der B-25 am 1. April 1942 auf das Flugdeck des neuen Trägers *Hornet* gehievt wurden. Am nächsten Morgen lief die *Hornet* unter dem Befehl von Kapitän Marc A. Mitscher durchs Golden Gate in den Pazifik aus.

Am 13. April, einem Montag, stieß ein weiterer Flugzeugträger, die *Enterprise*, nördlich der Midway-Inseln zu der *Hornet*, die eine rauhe Überfahrt hinter sich hatte. Somit war die 16. Einsatzgruppe, die aus zwei Flugzeugträgern, vier Kreuzern, acht Zerstörern und zwei Flottentankern bestand, vollständig. Während der Verband nach Westen lief, wurden die B-25 am 16. April startbereit auf dem Flugdeck der *Hornet* aufgestellt.

Die Vorbereitungen für den auf den 19. April festgesetzten Start liefen planmäßig weiter, bis am frühen Morgen des 18. April alles über den Haufen geworfen wurde. Die Japaner hatten heimlich eine Vorpostenkette aus mit Funk ausgerüsteten Fischerbooten über die östlichen Zufahrtswege zu den japanischen Inseln gezogen. Eines dieser kleinen Boote wurde von den Ausgucken der *Hornet* entdeckt. Aus dem auf der *Hornet* mitgehörten japanischen Funkverkehr ging wenig später hervor, daß die Bootsbesatzung die 16. Einsatzgruppe gesichtet und ihre Position nach Tokio gemeldet hatte. Die amerikanischen Flugzeugträger und die B-25 standen

Produktion einer geflügelten Armada

Präsident Franklin D. Roosevelt, der erkannt hatte, daß die Vereinigten Staaten genügend moderne Flugzeuge brauchten, um einen Krieg führen zu können, trat im Mai 1940 vor den Kongreß und forderte die Industrie in einer Rede auf, „mindestens 50 000 Flugzeuge pro Jahr" herzustellen. Um dieses Ziel zu erreichen, würden Werkhallen mit 7 000 000 Quadratmeter Grundfläche errichtet und etwa 680 000 neue Arbeitskräfte eingestellt werden müssen.

Im Jahre 1943 hatte Amerikas Flugzeugindustrie Roosevelts Forderung nicht nur erfüllt, sondern um 35 898 Flugzeuge übertroffen. Das war zum Teil der Tatsache zu verdanken, daß die im Autobau üblichen Methoden zur Serienfertigung auf den Flugzeugbau übertragen wurden.

Der Arbeitskräftemangel zwang die rasch wachsende Flugzeugindustrie dazu, neue Arbeitskräftereserven zu erschließen. Wanderarbeiter, die früher kurzerhand abgewiesen worden wären, waren jetzt in Werken wie Lockheed und Douglas in Kalifornien willkommen. Und der Anteil der Arbeiterinnen wuchs bis auf 40 Prozent aller in der Flugzeugindustrie Beschäftigten.

Eine Arbeiterin montiert eine Cockpitabdeckung.

Arbeiter des Lockheed-Werks in Burbank, Kalifornien, bei der Endmontage von P-38 Lightnings auf einer Taktstraße unter freiem Himmel.

Lockheed-Mechaniker machen dreiblättrige Luftschrauben für P-38 einbaufertig.

noch über 1000 Kilometer vor Japan und 350 Kilometer vor dem vorgesehenen Startpunkt – rund 750 Kilometer östlich von Tokio.

An Bord der *Enterprise* ließ der Befehlshaber der Einsatzgruppe, Admiral William F. Halsey jr., der sich darüber im klaren war, daß die Japaner jetzt seine Position kannten – und seine Flugzeugträger mit Bomben angreifen konnten, falls er sich Japan weiter näherte –, den gesamten Verband auf Gegenkurs gehen. Halsey übermittelte der *Hornet* folgenden Blinkspruch: „Flugzeuge starten. Für Oberst Doolittle und seine tapfere Einheit viel Glück und Gottes Segen."

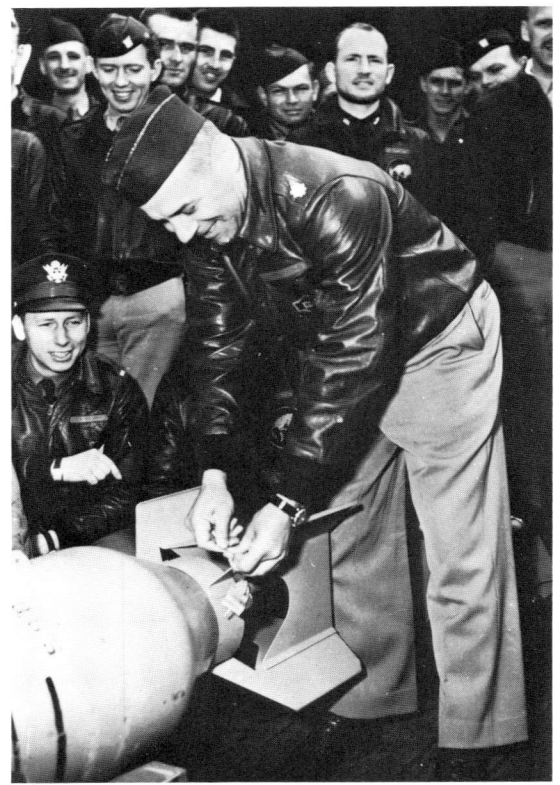

Doolittle kam hastig von der Brücke der *Hornet* aufs Flugdeck und gab Anweisung, alle Maschinen mit weiteren 200 Litern Treibstoff zu betanken. Die Besatzungen würden sehr vorsichtig und spritsparend navigieren müssen, um die zusätzliche Strecke nach Japan und den Weiterflug nach China zu schaffen. Wenig später hallte ein Befehl aus den Schiffslautsprechern: „Alle Männer herhören. Heerespiloten, bemannt eure Flugzeuge."

Doolittle nahm in der Führerkanzel seiner B-25 auf dem linken Sitz, dem Kommandantensitz Platz, überzeugte sich davon, daß die übrigen vier Besatzungsmitglieder – Kopilot, Navigator, Bombenschütze und Bordmechaniker, zugleich Bordschütze – auf ihren Plätzen waren, und konzentrierte sich dann auf Oberleutnant Edgar G. Osborn, den Flugdeckoffizier am Bug der *Hornet*. Osborn mußte die Bewegung des Trägers in der hochgehenden See abschätzen. Als die *Hornet* an diesem 18. April 1942 um Punkt 8.20 Uhr aus einem Wellental heraufkam, gab Osborn das Startzeichen. Doolittle gab Vollgas und hob mit seiner B-25 zur großen Erleichterung der übrigen Besatzung schon 30 Meter vor dem Ende des Flugdecks ab. Die restlichen 15 Mitchells folgten, und die letzte Maschine kam eine Stunde nach Doolittles Start in die Luft.

Doolittle brauste nach knapp vierstündigem Flug um 12.30 Uhr über Tokio hinweg und warf seine Bomben auf ein Industrieviertel. Acht weitere B-25 bombardierten Fabriken in verschiedenen Stadtteilen. Eine von japanischen Jägern angegriffene Maschine löste ihre Bomben im Notwurf aus, entkam den Verfolgern im Tiefstflug und nahm Kurs auf China. Die restlichen sechs Bomber griffen Ziele in anderen japanischen Großstädten an: Hafenanlagen und eine Ölraffinerie in Yokohama, ein Flugzeugwerk und Öltanks in Nagoya und ein Stahlwerk in Kobe.

Trotz der Abwehr durch japanische Jäger und Flakfeuer wurde keine der 16 Mitchells ernstlich beschädigt – aber nur eine landete wohlbehalten. Diese B-25 wurde von Hauptmann Edward J. York geflogen, der Kurs auf die Sowjetunion nahm, als er feststellte, daß sein Treibstoffvorrat nicht für den Weiterflug nach China ausreichte. York landete auf einem Flugplatz rund 65 Kilometer nördlich von Wladiwostok, wo er mit seiner Besatzung interniert wurde. (Später gelang es ihnen, einen sowjetischen Wachposten zu bestechen und in die Heimat zurückzukehren.)

Die Besatzungen von elf der restlichen 15 B-25 entschieden sich dafür, mit dem Fallschirm abzuspringen, weil der Süden Mittelchinas unter einer dichten Wolkendecke lag und sie die vorgesehenen Landeplätze nicht finden konnten. Die meisten von ihnen, darunter auch Doolittle, landeten in der Nähe von Tschutschou, etwa 900 Kilometer südwestlich von Schanghai. Von den 55 Fallschirmspringern fand einer bei seiner harten Landung im Bergland südöstlich von Tschutschou den Tod. Eine Besatzung, die im Raum Nantschang absprang, wurde von Truppen der dort von den Japanern eingesetzten Marionettenregierung gefangengenommen.

Oberstleutnant James Doolittle befestigt grinsend einen japanischen Orden an einer 225-kg-Bombe, die am 18. April 1942 auf Tokio abgeworfen werden soll. Doolittles Frohsinn und Furchtlosigkeit rissen seine Männer mit, die diesen Einsatz mit normalerweise landgestützten Bombern von einem Flugzeugträger aus flogen.

Der Pilot und der Bordmechaniker wurden später von den Japanern hingerichtet, die übrigen drei Besatzungsmitglieder verbrachten den Rest des Krieges in Gefangenenlagern.

Die anderen vier Maschinen machten Notlandungen. Zwei der Besatzungen blieben unverletzt, aber den übrigen erging es schlecht. Zwei Männer starben bei einer Bruchlandung in der Nähe von Nantschang, und die restlichen drei Besatzungsmitglieder wurden gefangengenommen. Nur einer von ihnen überlebte. Die Japaner richteten den Piloten hin, und der Kopilot starb später in einem Gefangenenlager. Die letzte B-25 versuchte, vor der chinesischen Küste notzuwassern, und machte dabei eine Bruchlandung, bei der nur ein Mann der Besatzung unverletzt blieb. Er versorgte seine Kameraden, bis ihnen Chinesen zu Hilfe kamen.

Am 19. April machte sich Doolittle, der zum erstenmal in seiner abenteuerlichen Laufbahn der Verzweiflung nahe war, bei Tagesanbruch mit Hilfe der Chinesen daran, seine verstreuten Besatzungen zusammenzuholen. Er hatte den Verdacht, sämtliche Maschinen verloren zu haben, und war der Überzeugung, wegen seines Versagens vor ein Kriegsgericht gestellt zu werden. Aber bevor er alle Überlebenden zusammenholen konnte, erreichte ihn der Befehl Arnolds, China auf dem Luftweg zu verlassen und nach Washington zu kommen. Anstatt vors Kriegsgericht zu kommen, wurde Doolittle mit der Ehrenmedaille ausgezeichnet und zum Brigadegeneral befördert.

Die Stimmung der amerikanischen Zivilbevölkerung und der Streitkräfte erhielt durch Doolittles kühnes Unternehmen großen Auftrieb. Das japani-

Doolittles B-25 hebt etwa 30 Meter vor dem Startbahnende von dem Flugzeugträger „Hornet" ab, um Kurs auf Tokio zu nehmen. General Arnold bezeichnete das Unternehmen später als „nahezu selbstmörderisch" und führte seinen Erfolg auf die „technisch brillante" Flugzeugführung durch James Doolittle und seine Piloten zurück.

sche Oberkommando in Tokio wurde dagegen in einige Verlegenheit gestürzt. Japans militärische Führung, die geschworen hatte, niemals würden amerikanische Bomben auf Tokio fallen, hatte das Gesicht verloren. Und was einmal passiert war, konnte sich jederzeit wiederholen. Der besorgte Admiral Yamamoto sah sich wegen dieses angeblichen „Untätigkeits-Angriffs" gezwungen, eine militärische Entscheidung zu treffen, die dann das Endergebnis des Pazifikkrieges beeinflussen sollte. Er forcierte das Unternehmen *MI,* durch das die amerikanischen Flugzeugträger, die er bei seinem Überfall auf Pearl Harbor verfehlt hatte, in eine Falle gelockt und vernichtet werden sollten. Sein Bestreben, die amerikanischen Träger auszuschalten, das mit auf Doolittles Luftangriff zurückzuführen war, war das auslösende Moment für die entscheidende See-Luftschlacht bei Midway, bei der im Juni 1942 nicht die amerikanischen, sondern die japanischen Flugzeugträger entscheidend dezimiert wurden.

Nachdem Doolittle zahlreiche öffentliche Auftritte zur Hebung der amerikanischen Kampfmoral absolviert hatte, kehrte er nach Washington zurück, wo Arnold entschlossen war, ihn wieder einzusetzen. Wie Arnold wußte, war es höchste Zeit, MacArthur einen neuen Luftwaffenführer zu schicken, da Brereton Australien verlassen hatte, um in Indien die 10. Luftflotte für den Einsatz auf dem chinesisch-burmesisch-indischen Kriegsschauplatz aufzustellen – und weil Breretons Nachfolger, Generalmajor George Brett, noch schlechter mit MacArthurs Chef des Stabes, Richard Sutherland, auskam als Brereton. Deshalb bot Arnold MacArthur General Doolittle an und nannte ihm als Alternative Generalmajor George C. Kenney, einen nur 1,68 Meter großen Neuengländer, der im Ersten Weltkrieg Jagdflieger gewesen und nach dem Krieg beim Fliegerkorps

Ein Spruchband begrüßte Oberstleutnant James Doolittle – in der Mitte – und seine notgelandete Besatzung in der chinesischen Stadt Tien-Mu. Als der Angriff auf Tokio und die Rettung der Männer bekanntgegeben wurden, erschien die Zeitung seiner Heimatstadt in Alaska mit der Schlagzeile: „JUNGE AUS NOME BEISST SICH DURCH!"

geblieben war. Zu Arnolds großer Überraschung entschied MacArthur sich für den weniger gefeierten Kenney.

Kenney, der wie Doolittle zugleich Techniker und Flieger war, übernahm die neue Aufgabe voller Selbstvertrauen, ohne sich von dem aristokratischen MacArthur einschüchtern zu lassen. Kurz nachdem Kenney im August 1942 in Australien eingetroffen war, mußte er einen Vortrag MacArthurs über sich ergehen lassen, in dem der Oberbefehlshaber die seiner Ansicht nach bei den Luftstreitkräften zutage tretenden Mängel scharf kritisierte. Als MacArthur Luft holen mußte, stand Kenney auf und legte seinen Standpunkt dar. Er begann mit der Feststellung, er wisse „mindestens so gut wie jeder andere, wie man Luftstreitkräfte führt", und obwohl mit MacArthurs „Luftschau" bisher vieles nicht geklappt habe, sei er entschlossen, die Fehler „zu beseitigen und gute Arbeit zu leisten". Falls MacArthur dann noch immer Grund zu Beschwerden habe, werde er sein „Gepäck marschbereit haben und den Befehl für die Rückreise in die Heimat erwarten". Als Kenney ausgesprochen hatte, kam MacArthur auf ihn zu und legte ihm einen Arm um die Schultern. „George", sagte er, „ich glaube, daß wir gut miteinander auskommen werden."

Kenney erwies sich als aggressiver Fliegergeneral – energisch und ideenreich. Er beseitigte bürokratische Auswüchse und setzte sich tatkräftig für seine abgekämpften, unzulänglich versorgten Flieger ein, die er seine „Jungs" nannte. Als er bei einer Nachschubeinheit auf einen Oberst stieß, „dessen Leidenschaft für Papierkram tatsächlich die Weiterleitung von Nachschub verhinderte" und der Kenney erklärte, es werde „allmählich Zeit, daß diese Fronteinheiten lernen, ihre Formulare richtig auszufüllen", ließ er den Oberst mit der Begründung, dieser leide an „Überanstrengung und Erschöpfung durch Tropendienst", in die Heimat zurückschicken.

Sobald Kenney seine neubenannte 5. Luftflotte gestrafft und reorganisiert hatte, plante er Angriffe auf den japanischen Einschließungsring, der Australien bedrohte. Die größten Sorgen machten ihm die Flugplätze an der Nordküste Neuguineas, die den alliierten Brückenkopf im Raum Port Moresby an der Südküste Neuguineas gefährdeten.

Kenney lieh sich eine alte, zusammengeflickte B-17 mit dem Spitznamen *Swoose* („half swan and half goose", wie es in einem damaligen Schlager hieß), um seinen Befehlsbereich zu inspizieren. Nach einem 1100 Kilometer langen Flug von dem rasch wachsenden amerikanischen Luftwaffenstützpunkt bei Townsville in Australien nach Port Moresby verstand Kenney besser, was seine Bomberbesatzungen durchzumachen hatten. Nach einem ähnlich langen Flug mußten sie auf dem Seven Mile Strip in Port Moresby auftanken, bevor sie über die bis zu 4000 Meter hohe Owen-Stanley-Kette weiterflogen, um die japanischen Flugplätze bei Lae, Salamaua und Buna im Norden Neuguineas zu finden und anzugreifen. Der Seven Mile Strip wurde lediglich von einer Handvoll australischer Flakgeschütze verteidigt; dazu kam die amerikanische 35. Jagdgruppe mit P-39 Aircobras, die den Zeros, von denen die japanischen Bomber bei ihren täglichen Angriffen auf Ziele im Raum Port Moresby begleitet wurden, hoffnungslos unterlegen waren.

Kenney war mit dieser Situation keineswegs zufrieden – vor allem nicht mehr, als die Japaner den Seven Mile Strip während seines Besuchs angriffen und „eine Bombenreihe diagonal übers Ende der Startbahn und in die Abstellfläche setzten, wo unsere Jäger und ein paar Sturzkampfflugzeuge des Typs A-24 standen", wie er sich später erinnerte. „An zwei beschädigten P-39 war keine Reparatur mehr möglich, drei A-24 verbrannten, und einige Benzinfässer gingen hoch." Da die Japaner ihre Bomben aus 6000 Meter Höhe warfen, konnten die zehn P-39, die zum Abfangen gestartet waren, sie nicht erreichen.

Kenney flog mit dem Vorsatz nach Australien zurück, seinen Befehlsbereich gründlich umzukrempeln. Er zog die abgekämpfte 19. Bombergruppe – die Überlebenden des Debakels auf den Philippinen – aus dem Einsatz zurück, so daß ihre Maschinen instand gesetzt werden konnten. Kenney forderte die benötigten Ersatzteile telephonisch selbst an und erklärte drohend Generalmajor Rush B. Lincoln, dem Nachschubführer im fernen Melbourne, wenn ihre Lieferung sich verzögere, werde er „einen ganzen Schwung Leute degradieren und auf dem langsamsten Frachter heimschicken, den ich finden kann".

Als die Flugzeuge der 19. Bombergruppe im August überholt waren, konnte Kenneys erste „Luftschau" steigen. Am 4. August 1942 machte eine B-17 als Aufklärer Luftaufnahmen von Rabaul, einem riesigen Marine- und Luftwaffenstützpunkt, den die Japaner kurz zuvor auf Neubritannien, einer Insel nördlich von Neuguinea, ausgebaut hatten. Die Luftbilder zeigten, daß etwa 150 japanische Flugzeuge, hauptsächlich Bomber, bei Rabaul konzentriert waren. Auf den Luftbildern weiterer großer Flugplätze waren über 50 Jagdflugzeuge zu erkennen. Eine zweite Aufklärung, die am 6. August von dem Piloten Harl Pease geflogen wurde, bestätigte die Erkenntnisse des ersten Aufklärungseinsatzes.

Die Stationierung starker japanischer Fliegerverbände in Rabaul machte der amerikanischen Flotte Sorgen, da sie am 7. August mit dem Angriff auf die Salomoninsel Guadalcanal beginnen wollte – dem ersten amerikanischen Versuch, eine strategisch wichtige Insel im Pazifik zu erobern. Kenney erklärte sich bereit, Rabaul mit sämtlichen B-17 – d. h. 20 oder mehr Maschinen – anzugreifen, während seine mittelschweren Bomber, einige wenige Martin Marauders und B-25, Einsätze gegen die japanischen Flugplätze Lae, Salamaua und Buna auf Neuguinea fliegen sollten, in deren Reichweite Guadalcanal ebenfalls lag.

Am Morgen des 7. August starteten 16 B-17 der 19. Bombergruppe – alle einsatzfähigen Maschinen – in Port Moresby und bildeten damit „die größte bisher im Pazifik geflogene Bomberkonzentration", wie MacArthur Kenney gegenüber begeistert feststellte. Diesen Einsatz führte Richard H. Carmichael, inzwischen Oberstleutnant und Gruppenkommandeur, der vor acht Monaten mit den B-17 Oahu angeflogen hatte.

Für die 19. Bombergruppe war dieser Angriff nur ein weiterer von vielen qualvollen Einsätzen. Eine Flying Fortress stürzte beim Start ab, und zwei weitere mußten mit Motorschaden umkehren, so daß nur 13 nach Rabaul fliegen konnten. Eine dieser B-17, die von Harl Pease geflogen wurde, hätte eigentlich nicht dabeisein dürfen. Pease und seine Besatzung waren am Nachmittag des Vortages nach ihrem Aufklärungsflug mit einem ausgefallenen Motor gelandet, so daß ihr Bomber vorläufig nicht einsatzbereit war. Aber Pease und seine Männer waren so versessen darauf, an der „großen Schau" teilzunehmen, daß sie eine weitere übel zugerichtete B-17 auftrieben, die als „nicht einsatzklar" eingestuft war, aber vier betriebsfähige Motoren besaß, und sie wieder flugfähig machten.

Nachdem die Maschinen in Port Moresby betankt und mit Bomben beladen worden waren, nahm Peases B-17 mit der 19. Bombergruppe Kurs auf Rabaul. Nach Kenneys Darstellung wurde der Verband 40

Kilometer vor dem Ziel von 20 japanischen Jägern angegriffen. Die B-17 flogen unbeirrt weiter und wehrten die Zeros mit Feuer aus ihren 12,7-mm-MGs ab. Zu diesem Zeitpunkt fiel ein Motor von Peases B-17 aus. Er brachte die zugehörige Luftschraube in Segelstellung, flog weiter und warf seine Bomben ins Ziel. Dann griff eine weitere Welle japanischer Jäger an, die sich auf Peases angeschlagene Maschine konzentrierte. Durch den Feuerstoß eines Angreifers geriet ein im Bombenschacht eingebauter Zusatztank in Brand. Pease warf den Tank sofort ab, aber die Flammen hatten sich schon ausgebreitet, und seine B-17 stürzte als lodernde Fackel in den Pazifik. Sie war die einzige Flying Fortress, die bei diesem Einsatz abgeschossen wurde – und Pease, der „bei dieser Schau nichts zu suchen gehabt hätte", wie Kenney es ausdrückte, wurde als erster seiner Jungs – allerdings postum – mit der Ehrenmedaille ausgezeichnet.

Obwohl durch Einsätze dieser Art japanische Flugzeuge zerstört wurden, konnten die Angriffe kaum als wirkungsvoll bezeichnet werden, solange sie lediglich von einem Dutzend Bomber geflogen wurden. Kenney beschwerte sich lautstark bei Hap Arnold, wie er es häufig tat, wenn er den Eindruck hatte, seine Jungs würden benachteiligt. Zeitweilig schickte er seinem Oberbefehlshaber jeden Tag ein Kabelgramm. Arnold konnte ihm kaum helfen. Die von Präsident Roosevelt, Premierminister Churchill und ihren Generalstabschefs ausgearbeitete Globalstrategie sah vor, daß zuerst Deutschland niedergekämpft werden sollte. Deshalb mußte Arnold die überwiegende Mehrzahl der aus den Fliegerschulen und Fabriken kommenden Besatzungen und Maschinen nach Großbritannien schicken. Aber einige fabrikneue Flugzeuge gelangten trotzdem über den Pazifik. Ende 1942 waren einige der kostbaren B-17 in Australien eingetroffen, mit denen Kenney die 63. Bomberstaffel neu aufstellen konnte.

Nun „entließ" Kenney seinen Adjutanten, Major William Benn, und stellte ihn an die Spitze des neuen Verbandes. Benn, der nach Kenneys Schilderung „ein Antreiber" war, teilte mit seinem Vorgesetzten die Vorliebe für unorthodoxe Kampfmethoden. Die beiden waren sich darüber einig, daß die Bombardierung von Schiffen aus großer Höhe im allgemeinen wenig lohnend sei, denn aus rund 5500 Metern war ein kleines Schiff, das einen Zickzackkurs steuerte, praktisch nicht zu treffen. Weshalb sollte man es nicht mit Angriffen im Tiefflug versuchen? Daraus entwickelten sich die Springbomben-Angriffe: Der Bomber flog in geringer Höhe – 75 Meter oder weniger – über dem Meeresspiegel an und klinkte seine Bomben aus, die dann wie Kieselsteine übers Wasser sprangen und an der Bordwand des feindlichen Schiffes detonierten. Obwohl die B-17 als Höhenbomber vorgesehen war, ließ Benn seine Piloten bald Übungsflüge vor Port Moresby durchführen.

Eine weitere von Kenney eingeführte Neuerung war eine zehn Kilogramm schwere Fallschirm-Splitterbombe. Kenney hatte diese tödliche Waffe in den zwanziger Jahren entwickelt und wußte, daß etwa 3000 Stück in einem amerikanischen Lagerhaus aufbewahrt wurden. Er ließ sie nach Australien verfrachten und fand bald einen Verwendungszweck für sie. Die Japaner stellten ihre Flugzeuge meistens in Splitterboxen in Erdwällen ab, in denen sie vor herkömmlichen Bomben und Tieffliegerangriffen sicher waren. Aber wenn einer von Kenneys mittelleichten Bombern tief über die Abstellplätze flog und Hunderte von langsam fallenden Splitterbomben abwarf, mußten einige in die Splitterboxen schweben und die japanischen Flugzeuge zerfetzen. Der amerikanische Bomber würde

sich längst in sicherer Entfernung befinden, wenn die langsam herabsinkenden Fallschirm-Splitterbomben detonierten.

Kenney entschied sich dafür, die Douglas A-20 für Angriffe mit Fallschirm-Splitterbomben einzusetzen, und erteilte einem als Original bekannten Flieger und Ingenieur, Major Paul I. Gunn, den Auftrag, das zweimotorige Schlachtflugzeug für die neue Verwendung umzubauen. Gunn, ein damals schon über 40 Jahre alter ehemaliger Marineflieger, war bei den Jungs als „Pappy" bekannt. Kenney ließ ihn in Brisbane die A-20 der 3. Schlachtfliegergruppe umbauen. Sie erhielten vier 12,7-mm-MGs im Bug, die ihren Tiefangriffen mörderische Wirkung verliehen. Außerdem wurden sie mit speziellen Aufhängungsvorrichtungen für Fallschirm-Splitterbomben ausgerüstet. Gunn hatte schon bald 16 Maschinen umgebaut. Danach begann er damit, einige B-25 der 5. Luftflotte für ähnliche Einsätze umzurüsten, indem er ihren mit Plexiglas verkleideten Bug durch einen Metallbug ersetzte, der bis zu acht 12,7-mm-MGs enthielt.

Kenney fand auch einen neuen Verwendungszweck für die 45-kg-Brandbombe der Luftstreitkräfte, die bei der Detonation im Umkreis von 25 Metern weißglühende Phosphorteilchen verspritzte. Bei Angriffen auf japanische Flugplätze erzielten diese Kenney-Cocktails, wie sie bald hießen, eine üble Wirkung, indem sie diejenigen feindlichen Maschinen in Brand setzten, die der Zerstörung durch Fallschirm-Splitterbomben entgangen waren. Die Springbomben-Angriffe sowie der Einsatz von Kenney-Cocktails und Fallschirm-Splitterbomben trugen Kenney zahlreiche Verunglimpfungen durch den japanischen Rundfunksprecher Tokyo Rose ein, der in seinen auf englisch ausgestrahlten Propagandasendungen diese „neuen und teuflischen Kampfmethoden" anprangerte. Aber, fügte Rose hinzu, was könne man anderes von dem Anführer „einer Gangsterbande aus einem mit Gangstern verseuchten Land" erwarten?

Kenney erfaßte das Wesen des Krieges im Pazifik rasch und begriff, wie strategische Luftstreitkräfte dort eingesetzt werden mußten. „Im Pazifik haben wir es mit einer Anzahl schwach besetzter Inseln zu tun", schrieb er Arnold, um die Lage in seinem neuen Befehlsbereich zusammenzufassen. „Diese Inseln sind nichts anderes als Flugplätze oder Absprunghäfen, von denen aus moderne Feuerkraft in die Luft gebracht wird.

Diese drei Aufnahmen zeigen von General George Kenney entwickelte Angriffsmethoden für Bomber. Auf der ersten schweben Fallschirmbomben in die Tiefe und detonieren auf einem japanischen Feldflugplatz auf Neuguinea. Auf der zweiten explodiert ein Kenney-Cocktail, eine Phosphorbrandbombe, über einem Flugplatz auf Neubritannien. Auf der dritten läßt ein leichter Bomber Bomben mit Zeitzündern über die Wasseroberfläche auf einen japanischen Frachter zuspringen.

„Die Luftstreitkräfte bilden die Angriffsspitze der alliierten Offensive im Südwestpazifik. Sie haben die Aufgabe, den Luftraum zu säubern, die Einrichtungen des Gegners zu vernichten, sein Nachschubsystem zu zerschlagen und vorrückende Bodentruppen im Erdkampf zu unterstützen.

„Die Säuberung des Luftraums bedeutet mehr als Luftüberlegenheit; sie bedeutet eine derartig totale Luftherrschaft, daß auch die Vögel unsere Luftflottenabzeichen tragen müssen." Die Zerschlagung des feindlichen Nachschubsystems bedeute, fuhr Kenney fort, „daß wir den Feind so vollständig und nachhaltig von seiner Versorgung abschneiden, daß er nicht nur keine Angriffe mehr vortragen, sondern wegen seiner Unfähigkeit, sich mit neuem Kriegsmaterial zu versorgen, auch keine erfolgreiche Verteidigung mehr aufrechterhalten kann".

Diese Aufgaben versuchte Kenney mit seinen verhältnismäßig wenigen Männern und ihren übermäßig beanspruchten Maschinen zu erfüllen. Sie bemühten sich, die japanischen Truppen auf Neuguinea „von ihrer Versorgung abzuschneiden", indem sie nach Neuguinea laufende Frachter versenkten und die japanische Nachschubbasis Rabaul erneut angriffen. Sie versuchten, den Luftraum über Neuguinea „zu säubern", indem sie Fallschirm-Splitterbomben und Kenney-Cocktails über den japanischen Flugplätzen abwarfen. Kenneys Flugzeuge flogen auch Einsätze zur Unterstützung der unter MacArthurs Oberbefehl stehenden australischen und amerikanischen Infanterieeinheiten, die sich über die Owen-Stanley-Kette und durch die Dschungel an der Nordküste Neuguineas vorankämpften und die Japaner langsam und mit hohen Verlusten aus den vorgeschobenen Stellungen und von den Flugplätzen zurückdrängten, die Port Moresby und Australien am meisten gefährdeten.

Um diese Aufgaben durchführen zu können, verschaffte sich Kenney zwei neue B-17 und vergrößerte sein Arsenal Ende Oktober 1942 um zwölf B-24, als ihm die 90. Bombergruppe unterstellt wurde. Mit dem Eintreffen von 50 P-38 Lightnings im August und September hatte sich die Schlagkraft der 5. Luftflotte weiter erhöht. Der neue Jäger erwies sich bald als ein weit gefährlicherer Gegner für die Zero als die P-40 oder P-39. Dieser zweimotorige schwere Jäger mit zwei Leitwerksträgern war zwar nicht so wendig wie die Zero, aber er war schneller, stieg besser, erreichte höhere Sturzfluggeschwindigkeiten und besaß eine enorme Feuerkraft (eine 20-mm-MK und vier 12,7-mm-MGs). Die P-38 konnte die relativ leicht gebaute Zero mit einem kurzen Feuerstoß zerstören.

Kenney versprach dem ersten P-38-Piloten, der eine feindliche Maschine abschoß, eine Air Medal (Fliegerauszeichnung). Ende November starteten fünf Lightnings von Port Moresby aus zur Unterstützung der australischen und amerikanischen Infanterieverbände, die im Nordosten Neuguineas in schweren Kämpfen mit japanischen Bodentruppen standen, zu einem Jagdbombereinsatz gegen den japanischen Flugplatz bei Lae. Jede P-38 trug zwei 225-kg-Bomben – unter jeder Tragfläche eine. Die Jagdbomber überflogen die Owen-Stanley-Kette, ohne eine einzige feindliche Maschine zu sichten, und kreisten dann über Lae, um ihr Ziel zu suchen, während sie beleidigende Herausforderungen in Pidgin-Englisch zu den Japanern hinunterfunkten.

Schließlich rollte ein aufgebrachter Zero-Pilot zum Start. Hauptmann Robert Faurot sah das Flugzeug und ging im Sturzflug tiefer. Er war nur noch 600 Meter hoch, als ihm einfiel, daß noch immer 450 Kilogramm

Flugzeugmechaniker bauen eine B-25 für Tiefangriffe um. Die vier 12,7-mm-MGs im Rumpfbug sowie je zwei auf beiden Seiten wurden so justiert, daß die Feuerkraft der Maschine sich auf ein Quadrat mit eineinhalb bis zwei Meter Seitenlänge konzentrierte. Mit dieser Bewaffnung hoffte George Kenney eine so totale amerikanische Luftherrschaft erkämpfen zu können, „daß die Vögel unsere Luftflottenabzeichen tragen müssen".

Hauptmann Robert Faurot posiert selbstbewußt vor seiner bemalten Lightning, nachdem er über Neuguinea den ersten mit einer P-38 erkämpften Luftsieg über eine japanische Maschine erzielt hat. Im Dezember 1942 hatten die Abschußerfolge der P-38 die amerikanische Luftüberlegenheit über die Japaner erheblich verstärkt.

Bomben an seiner Maschine hingen und die Leistungsfähigkeit der P-38 beeinträchtigen würden. Faurot klinkte die Bomben aus, zog den Steuerknüppel zurück, um aus dem Detonationsbereich zu kommen, und flog eine Kurve, um den Kampf mit der Zero aufzunehmen.

Ein Blick nach unten zeigte ihm die Zero beim Start auf der bis zum Strand führenden Piste. Faurots Bomben detonierten im Meer, und die Wasserfontänen verschlangen die Zero, die sich überschlug und in den Huon-Golf stürzte. Als sich Faurot seine Air Medal abholte, ermahnte ihn Kenney, der von diesem eigenartigen Luftsieg gehört hatte, scherzhaft: „Ich möchte, daß Sie sie abschießen und nicht mit Wasser besspritzen."

In Wirklichkeit hatte Kenney Spaß an solchen unorthodoxen Kampfmethoden. Den besten Beweis für die Wirksamkeit seines unkonventionellen Waffeneinsatzes lieferte die See-Luftschlacht in der Bismarcksee im März 1943. Nach monatelangen schweren Kämpfen hatten MacArthurs Australier und Amerikaner das Gebiet um Buna und Gona besetzt und damit die direkte Bedrohung Port Moresbys beseitigt, aber die Japaner hielten weiterhin verbissen den Raum Lae-Salamaua weiter westlich am Huon-Golf. Während die Japaner von Rabaul aus Verstärkungen in diesen Raum warfen, demonstrierte Kenneys 5. Luftflotte auf spektakuläre Weise ihre unorthodoxen Kampfmethoden.

Ende Februar erhielt Kenney vom Marinenachrichtendienst, der die japanischen Codes vor einiger Zeit geknackt hatte, die Mitteilung, vor Rabaul werde ein großer feindlicher Konvoi zusammengestellt, der Lae Anfang März im Schutze des dann erwarteten schlechten Flugwetters erreichen solle. Vermutlich sollte eine ganze japanische Infanteriedivision angelandet werden, um eine neue Offensive zu eröffnen. Nach dem verlustreichen Sieg bei Buna hätten MacArthurs Truppen den Japanern nicht standhalten können. Der Geleitzug durfte sein Ziel nicht erreichen.

Kenney flog nach Port Moresby und beriet sich mit seinem Stellvertreter, Brigadegeneral Ennis Whitehead, der die Gewässer um Neubritannien nun von B-24 und B-17 überwachen ließ. Diese Aufklärer kamen wenig später mit der Meldung zurück, daß acht Truppentransporter, die rund 7000 Mann befördern konnten, sowie etwa acht Geleitzerstörer (die Zahlenangaben über Truppenstärken und Schiffe sind noch immer strittig) aus Rabaul ausgelaufen seien.

Der Geleitzug wurde am 1. März 1943 erneut gesichtet, als eine B-24 auf einem Aufklärungsflug 14 japanische Schiffe mit Jagdschutz meldete. Die Liberator wurde von einer zweiten abgelöst, die den Konvoi jedoch aus den Augen verlor, als sich das Wetter verschlechterte. Auch einem Schwarm B-17 gelang es nicht, den Geleitzug wieder aufzuspüren.

Früh am nächsten Morgen stieß die B-24 *Butcher Boy* der 90. Bombergruppe jedoch durch die Wolken, zählte 14 Schiffe unter sich und funkte die genaue Position des Geleitzugs nach Port Moresby. Zu diesem Zeitpunkt standen die japanischen Schiffe 80 Kilometer nördlich von Neubritanniens Kap Gloucester in der Bismarcksee und hielten eindeutig Kurs auf die Vitiaz-Straße zwischen Neubritannien und Neuguinea.

Während die *Butcher Boy,* die sich in den Wolkenausläufern einer Sturmfront versteckte, mit dem Geleitzug Fühlung hielt, starteten in Port Moresby B-17 der 43. Bombergruppe und rasten in das 550 Kilometer entfernte Zielgebiet. Diese acht Flying Fortresses bombardierten den Konvoi mit ihren 450-kg-Bomben und meldeten, ein Truppentransporter sei auseinandergebrochen und sinke. Außerdem hätten sie Treffer auf zwei

anderen Schiffen erzielt. Der nächste Verband – 20 weitere Fortresses – fand brennende und bewegungslos im Wasser liegende Schiffe vor, belegte den japanischen Geleitzug mit einem Bombenteppich und traf zwei weitere Schiffe. Nach einem dritten Angriff sank ein weiteres Schiff am Eingang der Vitiaz-Straße.

Der Höhepunkt folgte am nächsten Morgen, am 3. März, als die restlichen japanischen Schiffe rund 80 Kilometer südöstlich von Finschhafen standen. Kenney hatte sie jetzt, wo er sie haben wollte – in Reichweite seiner schwerbewaffneten, mit Springbomben ausgerüsteten „Handelsstörer" vom Typ B-25 und der Schlachtflugzeuge des Typs A-20. Es hatte mittlerweile aufgeklart, und das Wetter war ausgezeichnet.

Der Angriff begann damit, daß zweimotorige australische Beaufighters aus 1800 Metern auf 150 Meter stürzten, über die Zerstörer hinwegrasten, wendeten und die Flakbedienungen auf den Decks der Truppentransporter mit Bordwaffen angriffen. Danach kamen Flying Fortresses, die ihre Bomben aus mittlerer Höhe warfen. Die B-17 wurden von 20 bis 30 japanischen Jägern angegriffen: Zekes (eine amerikanische Bezeichnung für Zeros), Hamps (eine Zero mit geringerer Spannweite) und Oscars (eine Neuentwicklung von Nakajima). Die Japaner wurden wiederum von den P-38-Maschinen der 39. Staffel angegriffen. In einem 25 Minuten dauernden erbitterten Luftkampf schoß die 39. Staffel bei drei eigenen Verlusten zehn japanische Jäger ab.

Nachdem die Beaufighters und Flying Fortresses ihre Arbeit getan hatten, kombinierte eine erste Welle Mitchells Bombenangriffe aus mittlerer Höhe mit weiteren Angriffen aus großer Höhe, die von zusätzlichen B-17 geflogen wurden. Während die Bomben aus den Mitchells fielen, tauchten zwölf weitere B-25 aus einer tiefhängenden Wolkenbank auf. Dabei handelte es sich um die von Pappy Gunn umgerüsteten B-25C1 der 90. Staffel mit ihren tödlichen Batterien von acht nach vorn schießenden

Ein mit Palmenzweigen als Insel getarntes japanisches Transportschiff wird im Januar 1943 vor Lae von amerikanischen Flugzeugen bombardiert. Die japanische Schiffahrt in der Bismarcksee lag in bequemer Reichweite der in Port Moresby stationierten alliierten Luftstreitkräfte.

Japanische Besatzungsmitglieder gehen in Deckung, während ihr Zerstörer, der in der Bismarcksee einen aus 22 Schiffen bestehenden Geleitzug verläßt, von B-25 im Tiefflug angegriffen wird.

MGs und zwei weiteren im Drehturm auf der Rumpfoberseite. Die Mitchells stürzten sich aus allen Rohren feuernd auf den auseinanderbrechenden Konvoi. Einige gingen auf Masthöhe hinunter und bestrichen die Decks mit ihren Bordwaffen, während andere dicht über dem Wasserspiegel anflogen. Wenn sie sich dann in der richtigen Entfernung vom Ziel befanden, lösten sie ihre Bomben aus, um sie übers Wasser springen zu lassen. Major Edward Larner, der Staffelkapitän, traf allein einen großen Zerstörer, der Schlagseite bekam, und einen Truppentransporter, der in Brand geriet. Noch bevor der Angriff zu Ende war, waren ein Kreuzer und ein Zerstörer versenkt worden, während neun weitere Schiffe mehr oder weniger stark beschädigt im Wasser trieben.

Bevor die B-25 der 90. Staffel abflogen, erschienen die A-20 Havocs der 89. Staffel auf dem Kampfschauplatz. Die zwölf Maschinen bildeten zwei Angriffskeile, stürzten sich aus 600 Meter Höhe auf die restlichen Schiffe und rasten so niedrig auf ihre Längsseiten zu, daß sie „ihre Masten beim Überflug fast streifen mußten", wie Hauptmann Edward Chudoba sich erinnerte. Chudoba raste auf sein Ziel, den Frachter *Taimei Maru,* zu und löste seine zwei 225-kg-Bomben aus.

Als Chudobas Havoc das Schiff überflog, erzitterte die Maschine, als sei sie getroffen worden. Chudoba war der Überzeugung, einen Flaktreffer erhalten zu haben. Nach der Landung stellte sich jedoch heraus, daß er die Spitze des Funkmasts des japanischen Schiffes gekappt hatte, wobei die Vorderkante einer Tragfläche 15 Zentimeter tief eingebeult worden war. Ein geringer Preis für die *Taimei Maru,* die nach diesem Angriff sank.

Nachmittags verschlechterte sich das Wetter über der Owen-Stanley-Kette und schränkte die Einsätze der amerikanischen und australischen Flugzeuge ein. Trotzdem starteten Ketten von B-25 und B-17, um den zersprengten japanischen Geleitzug nicht zur Ruhe kommen zu lassen. Eine B-17 der 63. Staffel erzielte zwei Volltreffer auf einem Schiff, setzte es in Brand und griff die Überlebenden danach dicht über der Wasseroberfläche anfliegend mit Bordwaffen an. Später flogen Aufklärer bis zum Einbruch der Dunkelheit weitere Tiefangriffe. Am Morgen des 4. März 1943 befand sich nur noch ein Geleitzerstörer des ursprünglichen Konvois auf dem Wasser. Auch er wurde wenig später versenkt.

Von den rund 7000 japanischen Soldaten, die nach Lae verlegt werden sollten, erreichten nur 800 ihren Bestimmungsort. Sie waren die Überlebenden eines Truppentransporters, der durch die ersten B-17-Angriffe versenkt worden war. Diese 800 wurden von zwei Zerstörern gerettet, die dann den Geleitzug verließen und mit hoher Fahrt nach Lae liefen. Nach japanischen Angaben wurden weitere 2427 Mann, deren Truppentransporter durch Luftangriffe versenkt worden waren, von Zerstörern aufgefischt und nach Rabaul zurückgebracht. Aber mehr als die Hälfte der für Lae bestimmten Truppen, 3664 ausgeruhte japanische Soldaten, fiel in der Schlacht in der Bismarcksee. Bei eigenen Verlusten von 13 Gefallenen und zwölf Verwundeten hatten Kenneys Staffeln sämtliche Truppentransporter des Konvois und vier Zerstörer versenkt. Die 5. Luftflotte hatte verhindert, daß japanische Verstärkungen nach Lae gelangten.

Kenney war jedoch nicht mehr da, um sich die Einzelheiten der Schlacht berichten zu lassen. Am Morgen des 4. März 1943, als die Tiefflieger das letzte japanische Schiff versenkten, verließ er, sehr zufrieden mit dem totalen Sieg seiner kleinen Luftflotte, sein Hauptquartier in Brisbane, um nach Washington zu reisen.

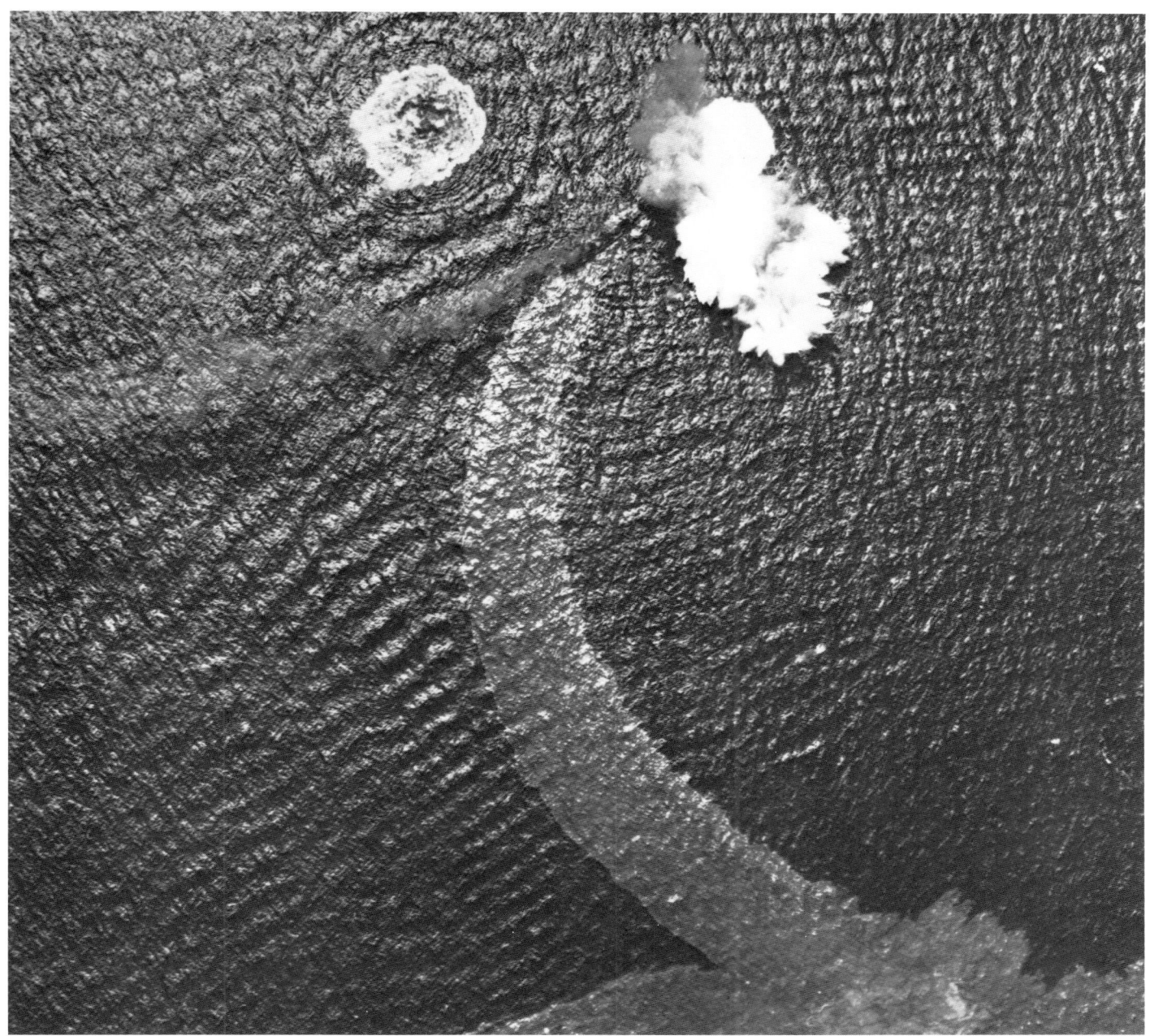

Ein in Rauch gehüllter japanischer Zerstörer versucht während der Schlacht in der Bismarcksee vergeblich eine Ausweichbewegung und hinterläßt dabei eine halbmondförmige Ölspur. Die Alliierten erkämpften gegen die Japaner einen überwältigenden Sieg, den General MacArthur als „einen der vollständigsten und vernichtendsten Erfolge aller Zeiten" bezeichnete.

Kenney hatte die Absicht, „bei Hap Arnold zu meckern, um mehr Flugzeuge zu bekommen" – mehr Jagdflugzeuge als Begleitjäger und vor allem mehr B-17-Bomber.

Arnold teilte ihm mit, er könne keine weiteren Flying Fortresses bekommen. Kenney meckerte lauter, bis ihm erklärt wurde, Präsident Roosevelt habe persönlich verfügt, daß keine weiteren B-17 mehr auf den Kriegsschauplatz im Pazifik verlegt werden dürften.

„Warum?" wollte Kenney wissen.

„Eaker will sie", erklärte Arnold ihm lakonisch.

Das war der ehemalige Dauerrekordflieger Ira C. Eaker, inzwischen Generalmajor, der auf der anderen Seite der Erde – im Nebel Englands – eine weitere Luftflotte mit völlig andersartigen Aufgaben aufstellte. ➤➤

Der Himmel wird bemannt

„Überall", berichtet die Chronik der amerikanischen Luftstreitkräfte, „herrschte atemlose Eile." Während die Flugzeugindustrie Vorbereitungen für eine Erhöhung der Produktion von Militärflugzeugen traf *(S. 28–29)*, machten sich die Heeresluftstreitkräfte – die durch den Anteil von Hitlers 500 000 Mann starker Luftwaffe an dem deutschen Blitzsieg über Polen wachgerüttelt worden waren – im Jahre 1940 daran, nie dagewesene Zahlen von Flugzeugführern, Navigatoren und Bombenschützen durch beschleunigte Ausbildungsprogramme in die Luft zu bringen. Allein die Zahl der Piloten mit abgeschlossener Ausbildung stieg von 8000 im Jahre 1941 auf fast 300 000 im Jahre 1944.

Der Glanz der silbernen Schwingen zog Tausende von Freiwilligen an. „Sie sind der größte Wunsch meines Lebens gewesen", erinnerte sich ein ehemaliger Flugschüler 40 Jahre später. Junge Männer, von denen viele noch nie aus ihrer engeren Heimat herausgekommen waren und noch kein Flugzeug von innen gesehen hatten, strömten in Scharen zu den Anwerbestellen und schworen – wie es im Air-Force-Lied hieß –, „ruhmreich zu leben oder im Feuer zu sterben".

Lediglich Bewerber, die eine genaue ärztliche Untersuchung und einen Intelligenztest bestanden, kamen in ein Klassifikationszentrum, in dem sie noch eingehender auf ihre physische und psychische Eignung hin untersucht wurden. Eine Reihe psychomotorischer Tests, darunter auch Analysen der Hand-Auge-Fuß-Koordination, unterteilten die Rekruten in potentielle Flugzeugführer, Navigatoren oder Bombenschützen.

Nach dieser Klassifikation begann für die Flugschüler mit der Vorausbildung die erste Ausbildungsphase. Navigatoren und Bombenschützen erhielten ihre eigene Spezialausbildung, während die zukünftigen Flugzeugführer in der Grundausbildung steckten. Dort wurden die Flugschüler zu dem Refrain „Kinn runter! Brust raus! Bauch rein!" militärisch gedrillt – mit täglichen Sportstunden und Prüfungen in den Unterrichtsfächern, die in neun Wochen von einfachen Additionen zu Differentialrechnung und Physik fortschritten.

Zukünftige Flugschüler, die ohne große Umstände vor ihrer Unterkunft abgesetzt werden, treffen zur Klassifikation auf Maxwell Field, Alabama, ein.

Ein Rekrut bekommt als erstes Uniformteil eine Mütze angepaßt. Es war eine Offiziersmütze, aber das Mützenabzeichen – oben links noch einmal abgebildet – wies ihn als Flugschüler aus.

Auf Randolph Field, Texas, machen Rekruten jene anstrengenden Freiübungen, die während der Grundausbildung täglich auf dem Dienstplan standen.

Ein Fluglehrer beobachtet, wie ein Schüler nach
acht Stunden Flugausbildung in einer Stearman
PT-17 zu seinem ersten Alleinflug startet.

Eine harte Auslese

Nach der Grundausbildung waren die in die
Flugzeugführerschulen überwechselnden
jungen Männer begierig, endlich einen Steuerknüppel in die Hände zu bekommen. Dieser Wunsch wurde ihnen erfüllt: Nach etwa
acht Flugstunden war im allgemeinen der
erste Alleinflug fällig. Wer nicht rasch genug
lernte, mußte bald ausscheiden. So stellte
ein Pilot später fest, 90 Prozent seiner Lehr-
gangskameraden seien im Laufe der Zeit
ausgeschieden – die meisten davon in der
Flugzeugführerschule.

Auf die anderen warteten in der Fortge-
schrittenenausbildung weitere Herausforderungen. „Das Cockpit einer BF-13 sieht wie
der Grand Canyon voller Wecker aus", sagte
ein Flugschüler, um die dort eingesetzten
schwereren und leistungsfähigeren Maschinen zu charakterisieren. Nach 70 Stunden
Fliegen im Verband, Nachtlandungen und
simuliertem Blindflug konnten die Männer in
Jagdflugzeuge oder Bomber steigen.

Im Meteorologieunterricht auf Maxwell Field
lernen Flugschüler in der Fortgeschrittenen-
ausbildung, wie man Wetterkarten liest.

46

Flugschüler halten Flugzeugmodelle hoch, um die Trudelphasen zu demonstrieren, während der Fluglehrer (rechts) sie nacheinander erläutert.

Ein Flugschüler am Steuerknüppel einer North American BT-14 erhält letzte Anweisungen, während er auf den Start zu einem Nachtflug wartet.

Silberne Schwingen

„Wo das Roheisen genommen und zum fertigen Produkt geformt wird" – so beschrieb eine Veröffentlichung der Luftstreitkräfte 1943 die Fliegerwaffenschulen. Zukünftige Jagdflieger brachten es dort auf 70 Flugstunden in einem Fortgeschrittenen-Schulflugzeug und lernten bei Luftkampfübungen Schießen und Kunstflug. Zukünftige Bomberpiloten flogen mehrmotorige Maschinen. Ihr Ausbildungsschwerpunkt lag bei Verbands- und Blindflugübungen.

Nach neunwöchiger Spezialausbildung erhielt der Flugschüler die silbernen Schwingen, aber seine Ausbildung war noch keineswegs abgeschlossen. Für den Jungpiloten begann nun eine zweimonatige Übergangsphase, nach der ihm, wie ein Ausbildungshandbuch versprach, das Jagdflugzeug oder der Bomber, den er im Einsatz fliegen sollte, „so vertraut wie seine Veranda zu Hause vorkommen" würde.

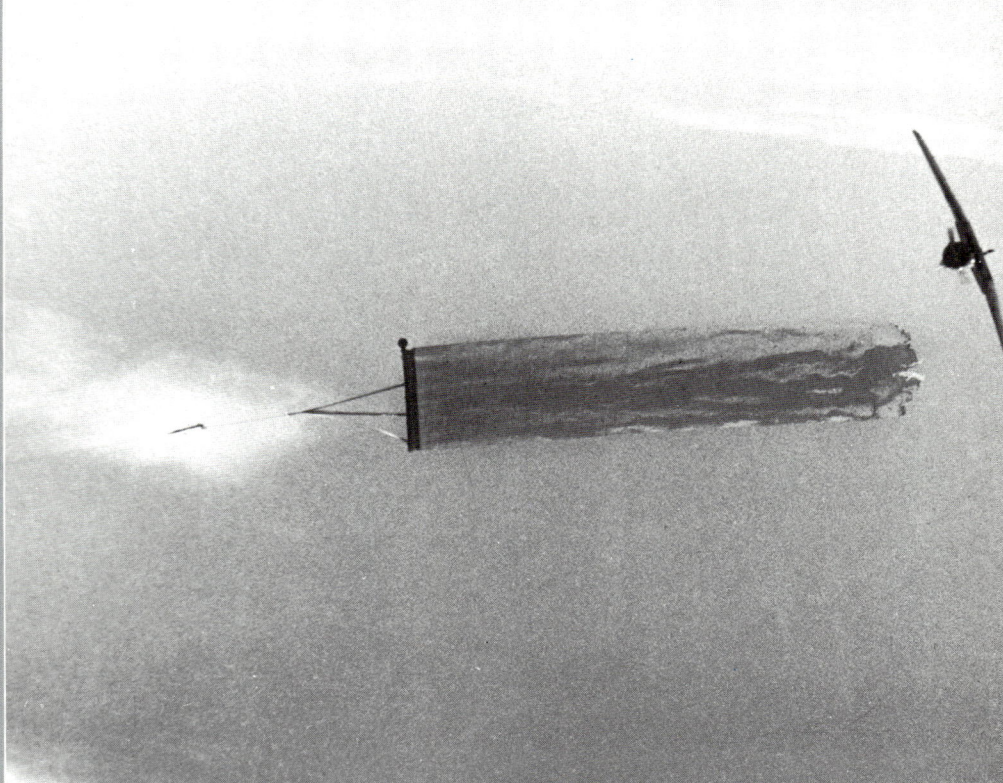

Bei Vorübungen für Nachtflüge beweist ein Flugschüler, dem die Augen verbunden sind, daß er die Anordnung der Instrumente und Bedienungseinrichtungen im Schulflugzeug AT-6A kennt.

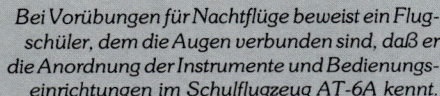

Ein Flugschüler in einer AT-6A fliegt einen Angriff auf ein Schleppziel. Die Schießausbildung begann oft am Boden mit dem Schießen auf Tontauben.

Flugunfälle waren unvermeidlich, da die noch unerfahrenen Piloten nicht immer ihre leistungsfähigen Flugzeuge zu beherrschen wußten.

Drei von Flugschlülern geflogene Curtiss AT-9
legen sich dicht aufgeschlossen in die Kurve. Das
Training von Fliegen im Verband förderte den im
Luftkampf unerläßlichen Zusammenhalt.

Ein Lehrer erklärt zwei in der Spezialausbildung
stehenden Flugschülern die Bordgeräte im Instrumentenbrett eines zweimotorigen Schulflugzeugs.

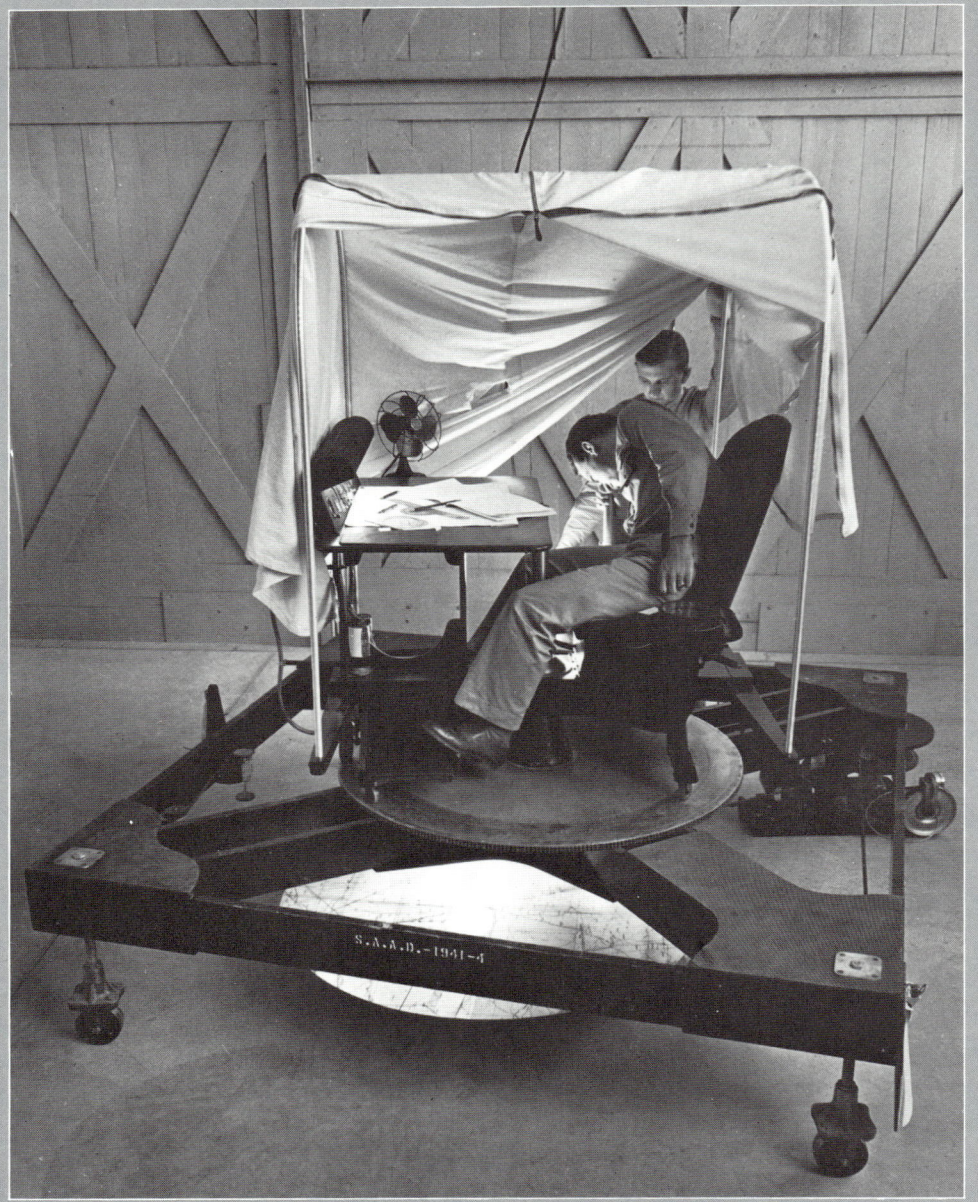

„Die drei Musketiere der Lüfte"

Während die Flugzeugführer ihre Spezialausbildung erhielten, besuchten Navigatoren und Bombenschützen ebenfalls eigene
Schulen. Ein zukünftiger Bombenschütze –
der bei der Klassifikation durch manuelle
Geschicklichkeit und gutes Zeitgefühl aufgefallen war – warf in seiner Ausbildung
Übungsbomben aus Höhen zwischen 150
und 4500 Metern unter allen möglichen
Bedingungen ab.

Ein zukünftiger Navigator sollte nach 100
Flugstunden beherrschen: Sichtnavigation,
Koppelnavigation, astronomische Navigation und Funkpeilung. Schon während der
Ausbildung verfolgte er das Ziel, sein Flugzeug nach 800 Kilometer Strecke bis auf acht
Kilometer an den Zielpunkt heranzuführen,
ohne mehr als dreieinhalb Minuten von der
geschätzten Ankunftszeit abzuweichen.

Sobald die Navigatoren und Bombenschützen ihre silbernen Schwingen erhalten
hatten, wurden sie mit den neuausgebildeten
Piloten zu operativen Lehrverbänden zusammengefaßt. Dort wurden „die drei Mus-
ketiere der Lüfte", wie die Luftstreitkräfte sie
nannten, Kampfbesatzungen zugeteilt und
auf ihren jeweiligen Fachgebieten weiter ausgebildet, bis sie schließlich zu Bomberstaffeln versetzt wurden.

*Ein Flugschüler, der Koppelnavigation übt, be-
trachtet eine Karte durch einen Navitrainer, ein
Gerät, das zur Simulation von Windeinflüssen auf
einen beabsichtigten Kurs diente.*

*Zukünftige Navigatoren lernen, mit Sextanten um-
zugehen, um bei astronomischer Navigation aus
der Messung von Gestirnhöhen ihre Positionsbe-
stimmungen vornehmen zu können.*

Auf „Hochsitzen" in dreieinhalb Meter Höhe stellen zukünftige Bombenschützen ihre Bombenzielgeräte auf ein bewegliches elektrisches Ziel ein.

Ein junger Bombenschütze erzielt einen Volltreffer. Die Übungsbomben waren mit Schwarzpulver gefüllt, damit die Treffer leicht erkennbar waren.

Ein zum Offizier beförderter Flugschüler läßt sich die silbernen Schwingen von seiner Freundin anstecken. Bis 1945 erhielten über 853 000 Piloten, Navigatoren und Schützen ihre Schwingen.

2

Angriffsziel Europa

Die Aufgabe, vor der Ira Eaker stand, als er am 20. Februar 1942 in England eintraf, konnte man mit Recht als die schwierigste bezeichnen, die damals ein amerikanischer Fliegergeneral zu lösen hatte. Hap Arnold hatte ihn damit beauftragt, die Vorbereitungen für die Stationierung der 8. Luftflotte zu treffen – des größten Kampfverbandes, den die amerikanischen Luftstreitkräfte im Zweiten Weltkrieg nach Übersee entsandten. Danach sollte Eaker die unter der Bezeichnung VIII. Bomberkommando zusammengefaßten Bombergruppen der 8. Luftflotte zu einer schlagkräftigen Waffe zusammenschmieden, die imstande war, schonungslos mit Bomben aller Kaliber auf Deutschland einzuhämmern. Außerdem sollten diese Angriffe – wegen der größeren Zielgenauigkeit – tagsüber geflogen werden, obwohl das starke Flakfeuer und die in Schwärmen mit Maschinenkanonen über die Bomber herfallenden Jagdflugzeuge der deutschen Luftwaffe die britische Royal Air Force bereits dazu gezwungen hatten, die Tagesangriffe aufzugeben und nur noch nachts zu bombardieren. Und Eaker sollte das alles schnellstens verwirklichen – möglichst innerhalb eines Jahres.

Aber als Eaker im Februar 1942 nach England kam, hatte er keine Flugzeuge, keine Besatzungen, keine Flugplätze, keine Werfthallen – nichts. Amerika, das vor rund zwei Monaten in den Zweiten Weltkrieg eingetreten war, litt noch immer unter einem Mangel an Flugzeugen, ausgebildeten Besatzungen und allen sonstigen Voraussetzungen für die Führung einer Luftoffensive, und von dem wenigen, was die Luftstreitkräfte besaßen, war überhaupt noch nichts nach Großbritannien unterwegs.

Eaker machte sich ruhig an die Arbeit. Dieser höfliche, freundliche Offizier, der vor dem Krieg in seiner Freizeit nebenbei ein Jurastudium abgeschlossen hatte, agierte vorbildlich diplomatisch und sicherte sich ein Maximum an Kooperation von seiten der RAF. Seine erste wichtige Aufgabe bestand darin, genügend Flugplätze für die insgesamt vorgesehenen 3500 Bomber und Jäger zu beschaffen oder bauen zu lassen. Eaker schätzte den Bedarf auf nicht weniger als 127 Flugplätze. Allein die Unterbringung so vieler Plätze – mit ihren Startbahnen, Abstellflächen, Kontrolltürmen, Unterkünften und Kantinen – stellte auf einer Insel, auf der es bereits übermäßig viele Militärflugplätze gab und deren Luftraum hoffnungslos überfüllt war, ein Problem für sich dar. Obwohl Luftmarschall Sir Arthur Harris mit dem Aufbau seiner eigenen Bomberflotte für Nachtangriffe auf Deutschland ausgelastet war, war er Eaker behilflich, mehrere RAF-Flugplätze zu übernehmen, und half ihm bei der Beschaffung geeigneter Flächen für die Anlage neuer Plätze – hauptsächlich in East Anglia. Von diesem nördlich von London gelegenen Küstenvorsprung aus würden Eakers Bomber es nicht weit zum von den Deutschen besetzten Europa und nach Deutschland selbst haben.

Ein Verband Flying Fortresses der 8. Luftflotte fliegt im August 1943 einen Tagesangriff auf den Flugplatz Amiens-Glisy, einen deutschen Jägerplatz in Nordfrankreich. Dieser und viele ähnliche Angriffe sollten die vorderste Verteidigungslinie der deutschen Luftwaffe zerschlagen.

Der Bau der ersten Flugplätze erwies sich jedoch als zeitraubend. Eaker konnte keine Pioniere der amerikanischen Armee einsetzen – sie waren noch nicht auf der Insel eingetroffen –, und bei den Engländern herrschte akuter Arbeitskräftemangel. Auch das feuchte englische Wetter hielt die Bauarbeiten auf. So klagte ein enttäuschter Ingenieur: „Wo gebaut wird, gibt's Schlamm; wo Krieg geführt wird, gibt's Schlamm; wo gebaut *und* Krieg geführt wird, ist es einfach höllisch."

Trotz dieser Schwierigkeiten gelang es Eaker bis Juli 1942, als seine Männer und Maschinen eintrafen, Landebahnen für die Flugzeuge und Unterkünfte für die Besatzungen und das Bodenpersonal bereitzustellen. Die amerikanische 8. Luftflotte und das rasch wachsende Bomberkommando der RAF verwandelten Großbritannien allmählich in einen riesigen stationären Flugzeugträger. Eaker gelang es auch, so wichtige Dienste wie einen Wetterdienst – „zur Erforschung dieses Hundewetters", wie Eaker es ausdrückte – und einen Nachrichtendienst einzurichten, dessen Hauptaufgabe in der genauen Lokalisierung der wichtigsten deutschen Industriebetriebe bestand. Mit Unterstützung der RAF richtete er außerdem jene Werfthallen ein, die benötigt werden würden, wenn die großen Bomber mit zerschossenen Motoren und gähnenden Löchern in ihren Aluminiumrümpfen von Einsätzen zurückkamen.

Die Bomber an Ort und Stelle zu bringen war keine Kleinigkeit. Die großen B-17 und B-24 konnten die rund 3400 Kilometer von Gander in Neufundland nach Prestwick in Schottland zwar im Nonstopflug zurücklegen, aber das Nordatlantikwetter – im Sommer unberechenbar und in den restlichen Monaten des Jahres scheußlich – machte den langen Flug gefährlich. Um diese Gefahren für die Bomber zu verringern, trieb Brigadegeneral Harold George auf Arnolds Befehl den Bau dreier Zwischenlandeplätze für Notfälle voran – zwei in Grönland und einer bei Reykjavik auf Island – und ließ zusätzlich zu Gander einen weiteren Absprunghafen an der Goose Bay in Labrador ausbauen. B-17 und B-24, die auf dem Flug nach Großbritannien mit Stürmen oder Gegenwind zu kämpfen hatten oder auch nur in die Wolkenbänke gerieten, die die Navigation über dem Nordatlantik behinderten, konnten mit Funkpeilung diese Ausweichplätze anfliegen und dort auf besseres Wetter warten.

Nach Errichtung dieser Zwischenlandeplätze am Rand des Nordatlantiks konnten auch Jagdflugzeuge von den Vereinigten Staaten nach Großbritannien fliegen. Die längste Teilstrecke – von Reykjavik nach Prestwick – betrug rund 1350 Kilometer und konnte von Jägern mit Zusatztanks bewältigt werden. In der Praxis gelangten jedoch nur wenige Jagdflugzeuge auf dem Luftweg über den Atlantik. Selbst die großen Bomber, die alle einen ausgebildeten Navigator an Bord hatten, kamen allzu häufig vom Kurs ab und blieben in der Wasserwüste des Atlantiks verschollen. Für Jagdflieger in ihren kleinen einsitzigen Maschinen mit unzureichender Navigationsausrüstung war der Flug ein Hasardspiel. Deshalb kamen die meisten Jagdflugzeuge auf dem Seeweg nach England – gemeinsam mit ihren Piloten und dem Bodenpersonal der 8. Luftflotte.

General Georges Flugplätze auf Grönland und Island waren zwar ab April 1942 einsatzbereit, aber Eakers Kampfverbände trafen mit Verzögerung ein. Der erste kam am 11. Mai in Großbritannien an. Dabei handelte es sich um die 15. Bomberstaffel, die mit zweimotorigen Bombern ausgerüstet war, nicht um einen Verband mit schweren viermotorigen Maschinen, auf die Eaker hoffte. Außerdem waren die Besatzungen der

Die Besatzung einer Flying Fortress, die auf dem Überführungsflug nach England wegen eines Sturmes im grönländischen Eis notlanden mußte, winkt einem Rettungsflugzeug zu. Nachdem Fallschirm-Verpflegungsbomben abgeworfen worden waren, die unter anderem Zigaretten und Whiskey enthielten, funkte der Pilot scherzhaft: „Werft ein paar Blondinen für uns ab und laßt uns in Ruhe."

15. Staffel mit dem Schiff gekommen, während ihre Maschinen auf einem langsameren Frachter nachfolgten. Erst am 1. Juli – über vier Monate nach Eakers Ankunft in England – landete eine einzelne B-17E der 97. (schweren) Bombergruppe glatt in Prestwick. Wenig später schwebte der Rest der 97. Gruppe zur Landung ein – allerdings ohne fünf B-17, die unterwegs vom Kurs abgekommen waren und von denen drei auf einem grönländischen Gletscher notlanden mußten.

Der ungeduldige Eaker, der demonstrieren wollte, daß die Yankees ihren Beitrag zum alliierten Kriegseinsatz leisten konnten, wartete nicht erst die Ankunft der gesamten 97. Gruppe ab, bevor er seinen ersten Angriff startete. Er griff auf die einzige größere Gruppe ausgebildeter Flieger zurück, die ihm unterstand: die Besatzungen der 15. Staffel, die seit ihrer Ankunft im Mai mit RAF-Maschinen flogen, die ihnen die 226. Staffel zur Verfügung gestellt hatte. Dabei handelte es sich um Bostons, wie die RAF eine modifizierte Version der Douglas A-20 Havoc bezeichnete – genau die Flugzeuge, die die Besatzungen der amerikanischen 15. Staffel beherrschten. Diesen ersten, eher symbolischen Einsatz befahl Eaker für den 4. Juli, den amerikanischen Unabhängigkeitstag. Sechs amerikanische Besatzungen sollten gemeinsam mit sechs erfahrenen RAF-Besatzungen fliegen. Aus den zwölf Flugzeugen sollten vier Ketten zu je drei Havocs gebildet werden. Als Ziele hatten sie vier deutsche Fliegerhorste in Holland zugewiesen bekommen, die im Tiefflug angegriffen werden sollten.

Der Mißerfolg des Unternehmens zeichnete sich schon ab, als die Havocs über der Nordsee von deutschen Schiffen gesichtet wurden, die sämtliche Flakstellungen entlang der niederländischen Küste alarmierten. Eine der vier Ketten entging der Flak nur deshalb, weil der Kettenführer das Angriffsziel nicht ausmachen konnte, auf Gegenkurs ging und nach England zurückflog. Einer weiteren Kette gelang es, ihr Zielgebiet, einen Fliegerhorst bei Haamstede, ohne Verluste beim An- und Abflug zu erreichen. Den beiden übrigen Ketten erging es jedoch schlechter.

Über dem Flugplatz Bergen-Alkmaar gerieten die Angreifer in starkes Flakfeuer. Sie schafften es, den Platz im Hagel zerspringender Flakgranaten zu bombardieren, aber eine der drei Maschinen wurde dabei abgeschossen. Noch schwereres Abwehrfeuer erwartete die Kette, die den Fliegerhorst De Kooy der deutschen Luftwaffe angriff. Die Havocs mußten fünf Kilometer weit durch Sperrfeuer fliegen, um überhaupt das Angriffsziel zu erreichen. Das RAF-Führungsflugzeug kam durch, warf seine Bomben und drehte ab. Aber die erste der beiden mit amerikanischen Besatzungen folgenden Havocs erhielt einen Flakvolltreffer und stürzte ab, während die von Hauptmann Charles C. Kegelman geflogene zweite durch einen Treffer in den rechten Motor schwer beschädigt wurde.

Die Detonation riß den Propeller ab und setzte den Motor in Brand, so daß Kegelman seine Bomben im Notwurf ausklinken mußte. Während Rauch und Flammen aus dem beschädigten Motor schlugen, streifte die rechte Tragflächenspitze den Boden. Als Kegelman die Steuersäule zurückriß, so daß der Bug zitternd hochstieg, hörte er den Rumpf über den Erdboden scharren. Aber die robuste Havoc wurde wieder in die Luft zurückkatapultiert, und Kegelman schaffte es, sein beschädigtes Flugzeug mit einem Motor und einer angeknickten Tragfläche nach Swanton Morley, von wo er gestartet war, zurückzufliegen.

Eakers Unternehmen am Unabhängigkeitstag konnte kaum als Erfolg bezeichnet werden: Drei Havocs – und neun Mann – waren verlorengegangen, und nur fünf der zwölf Maschinen hatten ihre Bomben überhaupt in der Nähe ihrer Angriffsziele abgeworfen. Trotzdem wurde in Großbritannien und den Vereinigten Staaten ausführlich über diesen Einsatz berichtet – als Beispiel für alliierte Waffenbrüderschaft und Tapferkeit.

Zu seinem Bedauern konnte Eaker diesem Unternehmen erst nach sechs Wochen einen rein amerikanischen Einsatz folgen lassen. Ende Juli waren 44 „Flying Fortresses" der 97. Gruppe zu ihren Einsatzhäfen in East Anglia überführt worden. Aber Eaker mußte bald feststellen, daß viele der Besatzungen, deren Ausbildung wegen der bevorstehenden Versetzung nach Übersee forciert worden war, erbärmlich schlecht auf Einsätze vorbereitet waren. Manche Piloten hatten keine Erfahrung im Verbandsflug, und alle Besatzungsmitglieder wußten nicht genug über die Verwendung ihrer für Höhenflüge unentbehrlichen Sauerstoffgeräte. Außerdem stellte sich heraus, daß viele Bordschützen noch nie vom Flugzeug aus auf bewegliche Ziele geschossen hatten.

Eaker übergab die 97. Gruppe Oberst Frank A. Armstrong, einem scharfsinnigen Fliegerführer, der hohe Anforderungen stellte. Er führte mit der Gruppe ein intensives Ausbildungsprogramm durch. Der heimtückischste Gegner der Amerikaner war das Wetter, das die ersten Todesopfer forderte, als eine „Flying Fortress" im Nebel über Wales gegen einen Berg raste, wobei alle zehn Besatzungsmitglieder den Tod fanden.

Anfang August stufte Armstrong 24 Besatzungen der 97. Gruppe als einsatzbereit ein, so daß zwei Staffeln mit je zwölf Maschinen gebildet werden konnten, und am Abend des 16. August 1942 wurden 18 dieser Besatzungen alarmiert, um an einem Unternehmen teilzunehmen, das als „VIII Bomber Command, Mission No. 1" bekannt werden sollte. Dieser erste Einsatz hielt sich in bescheidenem Rahmen. Eaker wollte nicht weit nach Deutschland hinein vorstoßen, sondern plante lediglich einen kurzen Luftsprung über den Ärmelkanal nach Rouen in Nordfrankreich, um den Güterbahnhof Sotteville anzugreifen. Über diesen Verkehrsknotenpunkt, zu dem ein großes Lokomotivenausbesserungswerk gehörte, liefen deutsche Truppen- und Nachschubtransporte nach Frankreich und Holland.

Aber so bescheiden die „Mission No. 1" auch war, so bedeutsam war sie zugleich. Luftmarschall Harris, der Befehlshaber des RAF-Bomberkommandos, und andere hohe RAF-Offiziere zweifelten an der Durchführbarkeit der amerikanischen Tagesangriffe. Sie konnten nicht glauben, daß es der 8. Luftflotte gelingen würde, Tagesangriffe zu fliegen, ohne schwerste Verluste zu erleiden. Ihre Wellington- und Blenheim-Bomber waren von den Me 109 und Fw 190 der deutschen Luftwaffe zerschossen worden, als die Engländer einige Tagesangriffe über dem Kontinent versucht hatten. Harris hatte Eaker wiederholt versichert, es sei vernünftiger, wenn die 8. Luftflotte sein Bomberkommando verstärke, indem sie sich den RAF-Nachtangriffen anschlösse.

Eaker beharrte jedoch auf seiner Auffassung, B-17 und B-24 könnten mit ihren zehn oder mehr 12,7-mm-MGs – womit sie schwerer als jeder englische Bomber bewaffnet waren – Jägerangriffe abwehren, vor allem, wenn sie dichtaufgeschlossen flögen und ihr Abwehrfeuer konzentrierten. Indem die amerikanischen Besatzungen bei Tageslicht angriffen und das streng geheime Norden-Bombenzielgerät der Heeresluftstreitkräfte einsetzten – das damals genaueste Bombenzielgerät der Welt –, konnten sie außerdem Punktziele bombardieren, statt nachts ihre Bombenlast mehr oder weniger ungezielt auf verdunkelte Städte zu werfen.

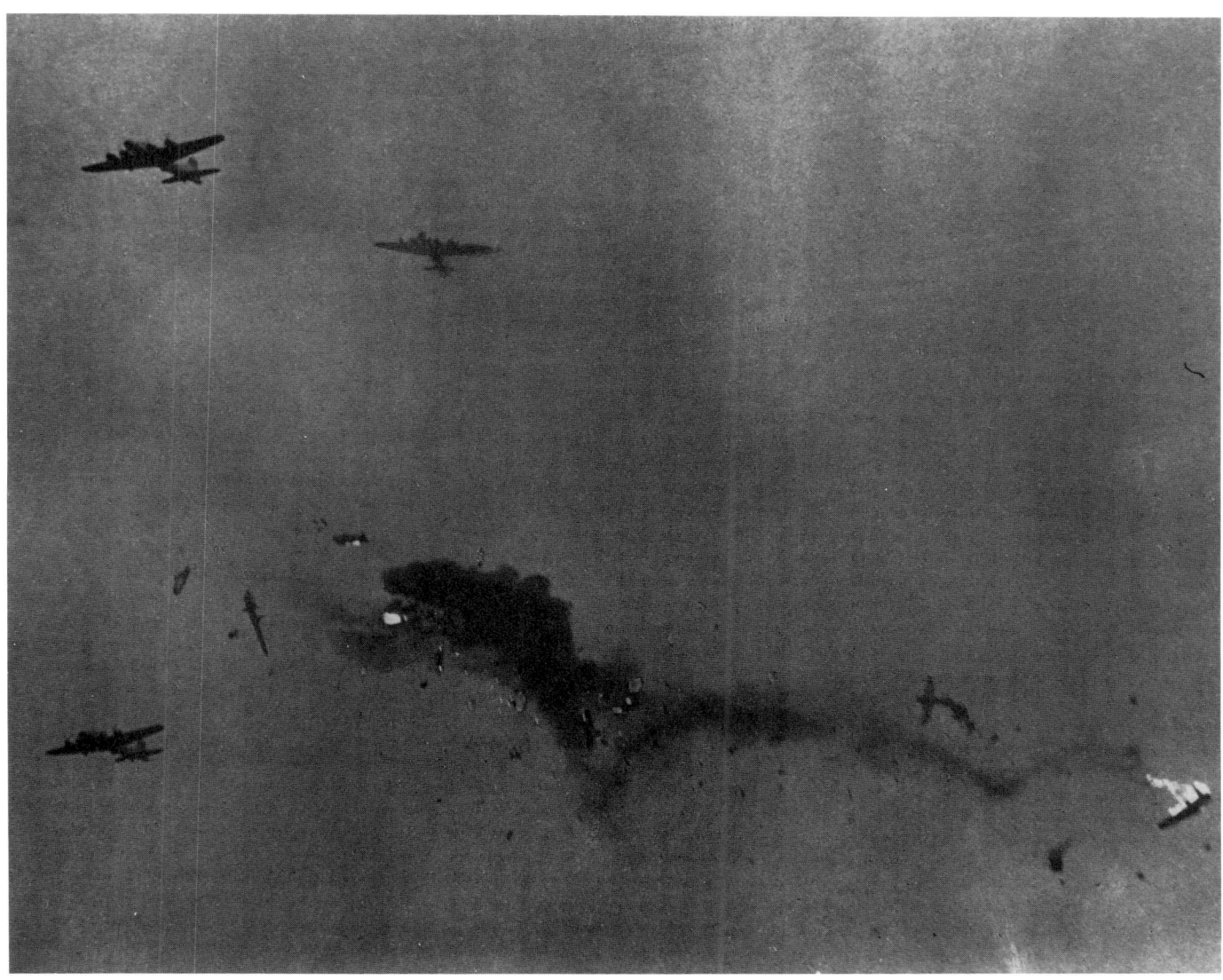

Opfer des Wetters: Zwei B-17, die in der Luft zusammengestoßen sind, stürzen vom wolkenverhangenen englischen Himmel. Solche Zusammenstöße kamen recht häufig vor.

Eaker, der von seiner Auffassung überzeugt war, ließ sich nicht umstimmen. Ähnlich unnachgiebig war Generalmajor Carl A. „Tooey" Spaatz, der Mitte Juni in England eingetroffen war, um den Befehl über die gesamte 8. Luftflotte zu übernehmen, während Eaker weiterhin ihre Bomber führte. Spaatz, Eakers alter Freund und Fliegerkamerad, sprach sich ebenso nachdrücklich für Präzisionsangriffe bei Tage aus.

Dieser erste Einsatz war deshalb die Nagelprobe für die gesamte AAF-Auffassung von Luftkriegführung und lockte beachtliche Zuschauermengen auf den Hauptflugplatz der 97. Gruppe in der Nähe des Dorfes Grafton Underwood in East Anglia. Nicht weniger als 30 Reporter britischer und amerikanischer Zeitungen drängten sich in dem winzigen Kontrollturm, und die RAF-Beobachter traten sich gegenseitig auf die Füße. Spaatz unterstrich die Bedeutung dieses Einsatzes, indem er genehmigte, daß Eaker daran teilnahm, obwohl es nicht üblich war, den Verlust erfahrener Offiziere im Generalsrang bei Feindeinsätzen zu riskieren.

Das Unternehmen begann mit einem Täuschungsmanöver: Sechs B-17 starteten in Polebrook, dem Nebenflugplatz der 97. Gruppe, und teilten sich in zwei Ketten, die nach Dünkirchen und Cherbourg zu fliegen schienen. Dadurch würden sich die deutschen Jäger hoffentlich von Rouen weglocken lassen. Ungefähr 15 Kilometer vor der feindlichen Küste sollten die beiden Ketten abdrehen und nach Polebrook zurückfliegen.

Etwa eine Viertelstunde nach dem Start dieser Köder starteten die restlichen zwölf B-17 in Grafton Underwood. Der Kettenführer der ersten Kette war Armstrong, der Gruppenkommandeur. Eaker flog in der ersten Maschine der zweiten Kette, die den Namen *Yankee Doodle* trug. Als die letzte B-17 am Nachmittagshimmel außer Sicht kam und den Ärmelkanal ansteuerte, wo das Treffen mit vier Staffeln RAF-Spitfires, die als Begleitschutz eingeteilt waren, stattfinden sollte, begann für die Zurückbleibenden eine spannende dreistündige Wartezeit.

Kurz vor 19 Uhr sichtete der Kontrollturm Grafton Underwood eine Flying Fortress. Die Zuschauer zählten besorgt, wie viele Maschinen ihr folgten. Alle der zwölf auf Rouen angesetzten B-17 landeten glatt und wurden von ihrem Bodenpersonal, den hohen Offizieren und Reportern umringt. Die „Mission No. 1" hatte perfekt geklappt. Die B-17 hatten ihre Bomben aus 7000 Meter Höhe abgeworfen – oberhalb der Reichweite der

Nach dem ersten rein amerikanischen Einsatz im besetzten Frankreich, einem Tagesangriff auf Rouen, beobachten Offiziere und Kriegsberichterstatter, wie der erste zurückkehrende Bomber des Kommandos zur Landung ansetzt.

Brigadegeneral Ira Eaker, der Führer des Angriffs auf Rouen, raucht eine Zigarre, während er Fragen von Kriegsberichterstattern beantwortet.

deutschen Flak in Rouen –, und lediglich zwei von ihnen waren leicht beschädigt worden. Sie hatten den riesigen Güterbahnhof mit über 16 Tonnen Bomben belegt. Die alliierte Luftaufklärung zeigte später, daß etwa die Hälfte der Bomben ins Zielgebiet gefallen war und das Ausbesserungswerk, weitere Betriebsgebäude, Rollmaterial und Gleisanlagen beschädigt hatte. Die wenigen deutschen Jagdflieger, die mit Me 109 und Fw 190 an den Spitfires vorbei bis zu den Fortresses vorgestoßen waren, hatten angesichts der B-17 nicht viel Angriffslust gezeigt.

Deutsche Jäger hatten sich auch von den sechs Ködern ferngehalten, die somit unbeschädigt wieder auf ihrem Flugplatz Polebrook landeten. Dieser außergewöhnlich erfolgreiche erste Einsatz untermauerte die Argumente, mit denen Eaker und Spaatz für Angriffe bei Tag plädiert hatten. Eaker äußerte mit charakteristischer Zurückhaltung, er sei „mit dem heute Erreichten zufrieden". Aber er wußte recht gut, daß dieser Angriff mit lediglich einem Dutzend Bombern genau wie sein anglo-amerikanischer Einsatz am 4. Juli wenig mehr als symbolischen Wert hatte.

Die Begeisterung und das Selbstvertrauen, von denen Eakers Besatzungen nach dem Angriff auf Rouen erfüllt waren, hielten auch während der nächsten acht Einsätze vom 19. August bis zum 5. September 1942 an, bei denen keine einzige Maschine verlorenging. Aber auch bei diesen Einsätzen lagen die Ziele in Nordfrankreich oder den Niederlanden. Außerdem wurden die Bomber von zahlreichen Spitfires begleitet, die dafür zu sorgen schienen, daß die deutschen Jäger respektvoll Abstand hielten.

Die deutschen Jagdflieger waren jedoch nicht so ängstlich, wie manche Bomberbesatzungen glaubten. Sie studierten lediglich die B-17, suchten ihre schwachen Stellen und überlegten, wie sie am erfolgreichsten angegriffen werden konnte. Am 6. September bewies die Luftwaffe, daß sich dieses Studium gelohnt hatte.

Unterdessen konnte Eaker drei Gruppen einsetzen: die erfahrene 97., die 301. und die soeben eingetroffene 92. Gruppe. Am 6. September starteten 41 Flying Fortresses der 92. und 97. Gruppe, um das Flugzeugwerk Avions Potez in Méaulte in Nordfrankreich anzugreifen, das den

Einsatzoffizier Meteorologe ÖLVERSORGUNG BENZINVERSORGUNG

SPEZIALISTEN

Instrumente Bewaffnung Elektrisch Ausrüstu

Funkgeräte

BOMBENWARTE Fallschirme Höhenlader

BODEN-MANNSCHAFT

Flugzeugwarte Erster Wart

Seitenschütze

Funker/Seitenschütze Bordschütze (unterer Gefechtsstand) Bordmechaniker/Bordschütze (oberer Gefechtssta

FLIEGENDES PERSONAL

Pilot Kopilot Bombenschütze/Bugschütze Navigator/Bugschütze

Es waren 36 Mann nötig, um im Jahre 1942 eine B-17E in die Luft zu bringen. Später kam noch ein weiterer Bordschütze hinzu.

Luftschrauben

ugwarte

Deutschen als Instandsetzungsbetrieb für ihre Flugzeuge diente. Dieser Verband wurde heftig angegriffen, sobald er die französische Küste überflogen hatte. Die deutschen Jäger, hauptsächlich Fw 190 des erfolgreichen Jagdgeschwaders 26, durchstießen den Spitfire-Schirm, konzentrierten sich auf die Bomber und schossen zwei Flying Fortresses ab – die ersten Verluste der 8. Luftflotte.

Nach der Bombardierung der Potez-Flugzeugwerke erzwang der nasse englische Herbst eine einmonatige Angriffspause – obwohl in dieser Zeit einige weitere Bomber samt Besatzungen aus Amerika auf Eakers hastig angelegten Flugplätzen landeten. Am 9. Oktober 1942 konnte Eaker seinen ersten 100-Bomber-Angriff auf einen Industriekomplex mit Hüttenwerken und Lokomotivenfabriken im nordfranzösischen Lille fliegen. Eaker faßte Maschinen aus einer B-24- und vier B-17-Gruppen zu einem Verband mit 108 schweren Bombern zusammen, der bei hervorragendem Flugwetter nach Lille startete. Da das Angriffsziel in Reichweite eigener Jäger lag, wurden die Bomber von 156 alliierten Jägern begleitet: von Spitfires der RAF und von P-38 der neu aufgestellten 1. Jagdgruppe der amerikanischen Heeresluftstreitkräfte.

Trotzdem stand dieser Einsatz von Anfang an unter einem Unstern. Mechanische Defekte aller Art zwangen 19 Fortresses dazu, den Angriff abzubrechen und nach England zurückzukehren. Zehn der 24 Liberators mußten ebenfalls umkehren. Die restlichen 79 Bomber flogen weiter – und stießen auf schätzungsweise 60 Fw 190, die im Sturzflug an den alliierten Begleitjägern vorbei die B-17 und B-24 angriffen. Die meisten deutschen Jäger wandten eine neue Angriffstaktik an: Sie flogen die viermotorigen Maschinen von hinten und unten an. Dort waren sie für die Bordschützen in den „Schwalbennestern" und die Bordmechaniker in den Rumpftürmen unerreichbar. Lediglich die Bordschützen in den Bodenkanzeln und ihre Kameraden in den engen Heckkanzeln konnten die Angreifer abwehren.

Die Luftkämpfe waren kurz, heftig und verlustreich. Eine Liberator und drei Flying Fortresses wurden abgeschossen, und von den 75 Maschinen, die nach England zurückkamen, trugen viele Spuren dieses Kampfes. Die Luftschlacht über Lille bestätigte die Befürchtungen, die Eaker und sein Vorgesetzter Spaatz schon seit langem hegten: Wenn die alliierten Luftstreitkräfte tatsächlich „die deutsche Industrie zerschlagen" wollten, wie Eaker es ausdrückte, um den Gegner seiner „Kriegsmittel" zu berauben, mußte etwas gegen die deutsche Luftwaffe unternommen werden. Trotz ihrer starken Abwehrbewaffnung hatten sich die B-17 und die B-24 als verwundbar erwiesen, wenn die Jäger energisch genug angriffen. Nur Begleitjäger konnten hier helfen. Aber bislang hatte die 8. Luftflotte erst vier Jagdgruppen, deren P-38 Lightnings häufig mechanische Defekte aufwiesen. Außerdem besaßen die P-38 nicht die nötige Reichweite für Einsätze nach Deutschland hinein. Auch die Spitfires der RAF, die als reine Abfangjäger mit geringer Reichweite ausgelegt waren, konnten nur für Kurzstrecken wie nach Lille eingesetzt werden.

Da Eaker und Spaatz keine Langstrecken-Begleitjäger hatten, mußten sie versuchen, der deutschen Luftwaffe anders beizukommen. Ein – allerdings wenig verlockendes – Mittel wäre gewesen, Bomber ohne Begleitschutz tief nach Deutschland hineinzuschicken, um sie die Werke bombardieren zu lassen, in denen die Fw 190 und Me 109 gebaut wurden. Aber bevor die beiden Generale einen Plan dieser Art ausarbeiten konnten, erhielten sie zwei Hiobsbotschaften. Die erste: Das britische und das amerikanische Oberkommando hatten beschlossen, Marokko und Algerien in Nordwestafrika – bisher zum Herrschaftsbereich der französischen Vichy-Regierung gehörend – zu besetzen und die in Tunesien stehenden deutschen und italienischen Truppen anzugreifen. Dadurch sollten die Streitkräfte der Achsenmächte aus Nordafrika vertrieben und den Alliierten Stützpunkte gesichert werden, von denen aus sie übers Mittelmeer nach Sizilien vorstoßen und später ganz Italien besetzen konnten. Die britisch-amerikanischen Streitkräfte, die im November 1942 in Algerien und Marokko an Land gehen sollten, mußten natürlich durch starken Luftwaffeneinsatz geschützt werden. Bis dahin würde das Unternehmen *Torch,* wie der Deckname für die Landung in Nordafrika lautete, bevorzugt neue Flugzeuge und Besatzungen zugewiesen bekommen, die sonst für die 8. Luftflotte bestimmt gewesen wären. Eaker würde nur beschränkt Ersatz erhalten und mußte sogar damit rechnen, einige seiner besten, in England aufgestellten Bombergruppen abgeben zu müssen.

Die zweite enttäuschende Nachricht war ein Befehl des britisch-amerikanischen Oberkommandos, in dem Eaker angewiesen wurde, vorerst keine Industrieziele, zu denen auch die deutschen Flugzeugwerke gehörten, mehr anzugreifen, sondern sich statt dessen auf die französischen Häfen – von Brest im Norden bis zu den Häfen St.-Nazaire und Bordeaux weiter südlich – zu konzentrieren, in denen deutsche U-Boote lagen. Diese U-Boote hatten der alliierten Schiffahrt große Verluste zugefügt. Deshalb hoffte das Oberkommando, es werde der 8. Luftflotte gelingen, einige der Bunker zu treffen, in denen die U-Boote repariert und für neue Unternehmen ausgerüstet wurden. Die Zerstörung dieser U-Boot-Bunker mit ihren 3,5 Meter dicken Stahlbetondecken gehörte zu den undankbarsten und gefährlichsten Aufträgen, die der 8. Luftflotte in ihrem ersten Einsatzjahr zugewiesen wurden.

Eaker eröffnete die Offensive gegen die U-Boot-Bunker, indem er am 21. Oktober 1942 Lorient von 90 viermotorigen Maschinen angreifen ließ. Jagdschutz konnte nur auf einem Teil des An- und Abfluges gestellt

Ein Bordschütze kriecht in den unbequemsten – und einsamsten – Gefechtsstand der B-17, den Sperry-Kugelturm an der Unterseite des Bombers. Der in dieser Plexiglaskugel auf dem Rücken liegende Bordschütze bediente zwei 12,7-mm-MGs mit Handgriffen und Pedalen.

werden, denn Lorient lag außerhalb der Reichweite alliierter Jäger. Obwohl das Wetter in England zum erstenmal seit Wochen mitmachte – seit dem Großangriff auf Lille hatten elf geplante Einsätze abgesagt werden müssen –, gerieten die Fortresses und Liberators über dem Atlantik in dichte Wolken. Drei der Gruppenkommandeure entschieden sich dafür, das Unternehmen abzubrechen; 51 B-17 und alle B-24 kehrten um und flogen nach England zurück.

Damit waren nur noch die 15 Fortresses der 97. Gruppe, der erfahrensten Einheit, übrig, die jetzt eine Lücke in der Wolkendecke suchten. In der zugewiesenen Angriffshöhe – 6600 Meter – war das Ziel nicht zu erkennen. Der kleine Verband ging unter die Wolken, bis auf etwa 5300 Meter, herab. Zum Glück für die 97. Gruppe schlief die deutsche Flak in Lorient, und die B-17 belegten die U-Boot-Bunker mit 30 Bomben von je einer Tonne Gewicht. Obwohl fünf dieser gewaltigen Bomben Volltreffer waren, „prallten sie von diesen massiven U-Boot-Bunkern aus Stahlbeton wie Tischtennisbälle ab", erinnerte sich ein Navigator. Aber drei Reparaturbetriebe und zwei Schwimmdocks wurden zerstört und zwei U-Boote beschädigt.

Bevor die Fortresses abdrehen konnten, wurden sie von 36 Fw 190 des Jagdgeschwaders 2, einer weiteren Eliteeinheit der deutschen Luftwaffe, angegriffen. Die Deutschen schossen wie über Lille aus der „Sechs-Uhr-Position" und rollten den Verband von hinten auf. Zwei B-17, die etwas zurückgeblieben waren, wurden rasch abgeschossen, und eine dritte folgte ihnen wenig später mit brennender Tragfläche in die Tiefe.

Obwohl die 8. Luftflotte bei diesem Angriff ein Fünftel der über dem Ziel angelangten Maschinen verloren hatte, führte Eaker den Befehl aus, die Bombardierung der U-Boot-Bunker fortzusetzen. Am 9. November 1942 griff ein gemischter Verband aus 43 B-17 und B-24 den U-Boot-Stützpunkt St.-Nazaire an. Dabei handelte es sich um einen Versuchsangriff: Die beiden B-17-Gruppen sollten in ungewöhnlich geringer Höhe angreifen, weil die 97. Gruppe damit in Lorient so viele Treffer erzielt hatte. Die Fortresses gerieten ins Abwehrfeuer von etwa 75 Flakgeschützen, die St.-Nazaire bei den amerikanischen Besatzungen die Bezeichnung „Flak City" einbrachten. Rund 50 davon waren deutsche 8,8-cm-Flakgeschütze, die 10-kg-Granaten mit unheimlicher Treffsicherheit verschossen. Von den 31 B-17, die St.-Nazaire erreichten, überstanden nur sechs das Flakfeuer unbeschädigt, während drei abgeschossen wurden.

Zwei Wochen später, am 23. November, griff die Achte beim fünften Einsatz der undankbaren Offensive gegen U-Boot-Bunker erneut St.-Nazaire an. Diesmal hatte die deutsche Luftwaffe eine weitere unangenehme Überraschung parat: Die Jäger griffen die Fortresses aus einer unerwarteten Richtung an – von vorn. Die angreifenden Fw 190 – 30 Maschinen des erfolgreichen Jagdgeschwaders 2 – wurden von Oberstleutnant Egon Mayer, einem der besten deutschen Luftkriegstaktiker, geführt. Mayer hatte die B-17 bei früheren Einsätzen studiert und war zu dem Schluß gekommen, ihre wahre Schwachstelle liege vorn. Die meisten Fortresses hatten nur zwei 7,62-mm-MGs auf Drehkränzen unmittelbar hinter dem verglasten Bug. Diese 7,62-mm-MGs, die später durch wirkungsvollere 12,7-mm-MGs in einem „Kinnturm" ersetzt wurden, waren im schneller gewordenen Luftkrieg des Jahres 1942 praktisch wertlos, denn auch ihr Schwenkbereich war begrenzt.

Mayer war auch aufgefallen, daß das 12,7-mm-Zwillings-MG im Rumpfturm sich nicht so weit senken ließ, daß von vorn angreifende Jäger

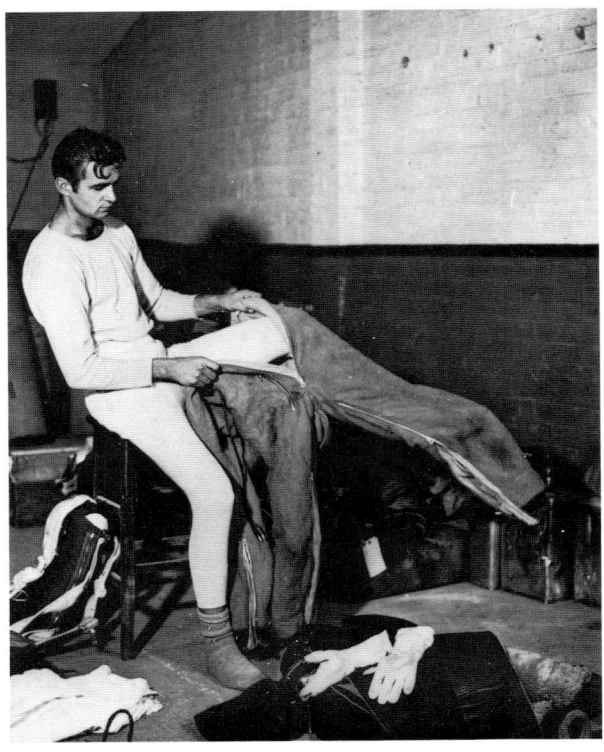

Als Vorbereitung auf einen Feindflug zieht der
Bordschütze Frank Lusic als erstes einen heizbaren
Anzug mit Stromkabel und Stecker an.

Im Freien, wo Lusic die restlichen Ausrüstungsteile
vor sich liegen hat, wickelt er sich ein dickes
Handtuch als Kälteschutz um den Hals.

Nachdem Lusic in eine lammfellgefütterte Fliegerkombination geschlüpft ist, zieht er seidene Hand-
schuhe an, über denen er lederne tragen wird.

Lusic steht mit scharfer Munition behängt zum
Einsteigen in die Flying Fortress bereit. In der
rechten Hand hält er seine Sauerstoffmaske.

abgewehrt werden konnten. Allerdings mußte man schon ein erfahrener Jagdflieger sein, um eine B-17 von vorn anzufliegen und unter dem Bomber wegzutauchen, bevor man ihn rammte, denn die Annäherungsgeschwindigkeit der beiden Flugzeuge betrug fast 1000 Stundenkilometer. Aber ein kurzer Feuerstoß aus der Maschinenkanone eines Jägers genügte, um einen oder zwei Motoren einer B-17 oder einen Treibstofftank in Brand zu schießen. Und Mayer versprach sich von dieser riskanten Taktik außerdem eine Verunsicherung der nach vorn blickenden Besatzungsmitglieder der B-17 – Pilot, Kopilot, Navigator und Bombenschütze –, wenn sie die Fw 190 mit aufblitzendem Mündungsfeuer auf sich zurasen sahen. Er hoffte, daß dieser Effekt die Bomberverbände sprengen und die Zielgenauigkeit der Bombenwürfe beeinträchtigen würde.

Das Hauptopfer von Mayers neuer Angriffstechnik während des Einsatzes am 23. November 1942 wurde die 91. Gruppe, die diesmal lediglich einen mit fünf Bombern zu schwachen Verband hatte aufbieten können. Zwei dieser Maschinen fielen sofort den Frontalangriffen zum Opfer. Zwei weitere wurden so stark beschädigt, daß sie nur mit Mühe nach England zurückkehren konnten, wo eine notlanden mußte, was drei Besatzungsmitgliedern das Leben kostete. Nur Leutnant Charles Cliburn schaffte es, sein Flugzeug zum Einsatzhafen Bassingbourn zurückzubringen. Das gelang ihm, obwohl er „schwer verletzt" war, wie es in der Verleihungsurkunde für das Fliegerverdienstkreuz hieß, und obwohl „das Flugzeug schwer beschädigt, die elektrische und hydraulische Steuerung weggeschossen und das rechte Höhenruder unbeweglich war".

Eakers Enttäuschung über die verlustreichen und wenig wirkungsvollen Angriffe auf die U-Boot-Bunker verstärkte sich noch, als seine besten Bombergruppen nach Süden verlegt wurden, um das Unternehmen *Torch* zu unterstützen. Die erfahrenste Einheit der 8. Luftflotte, die 97. Gruppe, wurde als erste abgezogen und auf dem vor kurzem vergrößerten Flugplatz von Gibraltar stationiert, der während der Invasion in Nordafrika als Hauptabsprunghafen für die Bomber dienen sollte. Dann folgten die 301. Gruppe und vier der fünf Jagdgruppen sowie die 15. Staffel, die den Angriff am 4. Juli mit geliehenen Havocs geflogen hatte. Eaker blieb lediglich eine Rumpfmannschaft – und die wenigen Maschinen, die er behalten durfte, konnten meistens wegen Schlechtwetter nicht fliegen.

Er hatte jedoch Grund zur Hoffnung: Seine Taktik der Tagesangriffe war offiziell genehmigt worden. Das war eines der Ergebnisse der Konferenz von Casablanca, zu der Premierminister Churchill, Präsident Roosevelt und Charles de Gaulle, der Führer des Französischen Komitees zur Nationalen Befreiung, Mitte Januar 1943 – zwei Monate nach der Besetzung Marokkos durch alliierte Invasionstruppen – zusammengekommen waren. Eaker flog von England nach Marokko, um an der Konferenz teilzunehmen, und hatte dort Gelegenheit, seine Argumente Churchill vorzutragen, der wie die RAF die Angriffstaktik der amerikanischen Heeresflieger skeptisch beurteilte und sich Roosevelt gegenüber in diesem Sinne geäußert hatte. Mit seinem weichen texanischen Akzent setzte Eaker dem Premierminister auseinander, wie schwierig es sei, für Tagesangriffe ausgebildete Besatzungen in Spezialisten für Nachtangriffe umzuschulen. Dann erregte er Churchills Aufmerksamkeit durch eine zufällige Redewendung: „Wenn die RAF nachts bombardiert", sagte Eaker, „und wir tagsüber bombardieren – Bombenangriffe rund um die Uhr –, hat die

deutsche Luftabwehr keine Pause mehr." Churchill zog seine Einwände gegen die Angriffstaktik der Amerikaner zurück und benützte Eakers Redewendung „Bombenangriffe rund um die Uhr" kurz nach seiner Rückkehr nach England in einer Unterhausrede. Damit war der Keim zu der aus Tages- und Nachtangriffen bestehenden Kombinierten Bomberoffensive gelegt, die bald zur maßgeblichen Luftkriegführung wurde und Deutschland in den kommenden Monaten in Trümmer legen sollte.

Eaker kam mit einer von den Vereinigten Stabschefs aufgestellten Prioritätenliste aus Casablanca in sein Hauptquartier Pinetree bei High Wycombe, westlich von London, zurück. An erster Stelle standen noch immer die deutschen U-Boot-Bunker, aber dann folgten Angriffsziele, die Eakers Geschmack eher entsprachen: die deutsche Flugzeugindustrie, das Verkehrsnetz und Ölraffinerien. Außerdem sollte er „der deutschen Tagjagd schwere Verluste zufügen". Roosevelt, Churchill und ihre militärischen Berater hatten sich dafür entschieden, im Frühjahr 1944 von England aus eine Großinvasion des besetzten Frankreichs zu beginnen. Falls die deutsche Luftwaffe jedoch so schlagkräftig blieb, wie sie es Anfang 1943 offensichtlich war, liefen die Invasionstruppen bei der Überquerung des Ärmelkanals Gefahr, schwerste Verluste zu erleiden, bevor sie die Strände Nordfrankreichs erreichten. Aus diesem Grunde mußten Eaker

Aus Furcht vor feindlichen Luftangriffen tarnte man das Dach eines B-17-Werks von Boeing in Seattle, Washington, mit einer 10,5 Hektar großen Scheinstadt. Zum Bau dieser Anlage wurden 2360 Raummeter Holz, 140 000 Quadratmeter Maschendraht und 500 Tonnen Stahl benötigt.

und die 8. Luftflotte dafür sorgen, daß die schärfste Klinge der deutschen Luftwaffe – ihre Jagdwaffe – stumpf wurde.

Wie die Bomber der 8. Luftflotte das schaffen sollten – mit ihrer Abwehrbewaffnung schossen sie während der schnellen feindlichen Frontalangriffe nur allzu wenige Fw 190 und Me 109 ab –, machte Eaker viel Kopfzerbrechen. Von Januar bis April 1943 verfügte er lediglich über sechs schwache Bombergruppen, von denen vier mit B-17 und zwei mit B-24 ausgerüstet waren – insgesamt rund 100 Bomber.

Trotz dieses Mangels an Besatzungen und Flugzeugen setzte Eaker die 8. Luftflotte schon in der ersten Woche nach der Konferenz von Casablanca erstmals auf ein Ziel in Deutschland an. Er stellte einen Verband aus 64 B-17 und 27 B-24 auf: Die Fortresses sollten die U-Boot-Werft Vegesack bei Bremen angreifen und die Liberators Wilhelmshaven bombardieren.

Schlechtes Wetter und Navigationsfehler verhinderten den Angriff der Liberators, die nach England umkehrten. Auch die B-17 hatten ihre Probleme. Vegesack lag unter einer geschlossenen Wolkendecke, so daß sich Oberst Frank Armstrong, Eakers bewährtester Gruppenkommandeur, der den Verband führte, für einen Angriff auf Wilhelmshaven entschied. Der große Marinestützpunkt am Jadebusen war durch Wolkenschleier hindurch kaum zu erkennen, und die Verteidiger begannen sofort, ihn künstlich zu vernebeln. Nur 53 der insgesamt 64 B-17 hatten das Angriffsziel lange genug in Sicht, um es anfliegen und ihre Bomben werfen zu können. Dann flogen die Angreifer, die der Flak auswichen und 50 bis 75 deutsche Jäger abwehren mußten, mit Höchstgeschwindigkeit nach England zurück, nachdem eine ihrer Maschinen abgeschossen worden war. Wie die übrigen Ersteinsätze der 8. Luftflotte war der Angriff auf Wilhelmshaven nicht sonderlich wirkungsvoll, aber er war trotzdem eine ermutigende Premiere – und schien zu beweisen, daß die amerikanischen Bomber Ziele im Reichsgebiet angreifen konnten, ohne schwere Verluste befürchten zu müssen.

Innerhalb von 14 Tagen ließ Eaker einen weiteren Ersteinsatz folgen: Diesmal griffen die Amerikaner das wichtigste Industriezentrum Deutschlands, das Ruhrgebiet, an, dem sie den ironischen Spitznamen „Happy Valley" gaben – wegen der starken Flakkonzentrationen und der zu allem entschlossenen deutschen Jäger, die es verteidigten. Ihr Angriff galt dem Güterbahnhof Hamm, über den die Industrieerzeugnisse aus dem Ruhrgebiet nach Osten und Norden befördert wurden. Als sich herausstellte, daß Hamm unter einer geschlossenen Wolkendecke lag, wurde als Ausweichziel die Hafenstadt Emden bombardiert.

Aber der Güterbahnhof Hamm blieb ein vorrangiges Ziel, das Eaker am 4. März 1943 von einem weiteren Verband angreifen ließ. Wolken über Norddeutschland überzeugten die drei führenden Gruppen davon, daß dieser Einsatz aussichtslos sei. Zwei drehten ab, um sich besser sichtbare Ziele zu suchen; die dritte flog gleich nach England zurück. Auf diese Weise blieb lediglich die 91. Gruppe übrig, die in den Wolken die Verbindung zu den übrigen Maschinen des Verbandes verloren hatte und jetzt allein nach Hamm weiterflog. Geführt wurde die 91. Gruppe, die durch neue Flugzeuge und Besatzungen aufgefrischt worden war, nachdem sie über St.-Nazaire schwerste Verluste erlitten hatte, von dem 22jährigen Major Paul Fishburne. Der junge Offizier hatte gewisse Zweifel, als er merkte, daß der Verband auf nur 15 Fortresses zusammengeschrumpft war, die noch dazu das Gebiet mit der stärksten Luftabwehr Deutschlands angreifen sollten.

Sollte er das Leben aller dieser Jungs aufs Spiel setzen, um Hamm zu bombardieren? „Das war ein wichtiges Ziel", erinnerte er sich später, „aber die anderen Gruppen hatten offenbar abgedreht, um ein Ausweichziel anzugreifen. Niemand hätte mir Vorwürfe gemacht, wenn ich umgekehrt wäre. Wir flogen weiter."

Fishburne und sein kleiner Verband stießen beim Anflug auf wenig Gegenwehr durch Flak oder Jäger und warfen die Bomben mit bemerkenswerter Präzision auf den Güterbahnhof Hamm. Die mit Radar arbeitenden Jägerleitstellen der Luftwaffe waren offenbar damit beschäftigt, die Kurse der stärkeren amerikanischen Bomberverbände zu verfolgen, die andere Ziele anflogen. Aber die deutschen Jäger erholten sich schnell von ihrer Überraschung und fielen über Fishburne und seine 91. Gruppe her, als sie von Hamm zur holländischen Küste zurückflog. Über 50 Fw 190, Me 109 und zweimotorige Me 110 griffen den Bomberverband eine Stunde lang immer wieder an, wobei die einmotorigen Jäger oft gleich zu dritt aus größerer Höhe auf die Bomber herabstießen.

Bevor Fishburne die holländische Nordseeküste erreichte, wurden drei seiner B-17 abgeschossen, und eine beschädigte weitere Maschine stürzte über der See ab. Die elf Fortresses, die den Rückflug nach Bassingbourn schafften, brachten einen Toten und fünf Schwerverletzte mit. Fishburne wurde für seine Zielstrebigkeit und die von ihm bewiesenen Führereigenschaften mit dem Fliegerverdienstkreuz ausgezeichnet.

Zwei Wochen nach diesem Angriff aufs Ruhrgebiet flog die 8. Luftflotte ihren ersten wirklich erfolgreichen Einsatz gegen ein Ziel in Deutschland: Sie bombardierte erneut Vegesack und die Bremer Vulkan-Schiffbau, eine große U-Boot-Werft an der Weser. Von den 103 eingesetzten Bombern trafen 97 ihr Ziel mit bemerkenswerter Genauigkeit. Die Angreifer mußten jedoch auch feststellen, daß die deutsche Luftwaffe entschlossener kämpfte – 60 Jäger verfolgten den Verband aus B-17 und B-24 auf dem Rückflug bis weit über die Nordsee hinaus. Die meisten Angriffe waren wie üblich wieder Frontalangriffe. Ein Navigator, der sich an diese Angriffe erinnerte, staunte über die Geschicklichkeit der deutschen Piloten, deren Flugzeuge „in wunderbarer Choreographie aufblitzten, kurvten und erregende Flugfiguren zeigten. Das Unpersönliche an dieser Bedrohung war unheimlich. Man hätte glauben können, wir kämpften gegen herrliche Raubvögel."

Die Bedrohung erwies sich jedoch auch als real, wenn Granaten aus den Maschinenkanonen der Jäger in die Bomber einschlugen. Ein Heckschütze, Feldwebel Casimer P. Piatek, hielt unmittelbar nach einem Feindflug in seinem Tagebuch fest, was passierte, als seine B-17 *Miss Bea Haven* von deutschen Jägern getroffen wurde. „Nachdem wir das Zielgebiet verlassen hatten", schrieb Piatek, „wurden wir von 15 bis 20 Fw 190 und Me 109 angegriffen. Ich schoß ungefähr eine Viertelstunde lang auf die Jäger. Dann detonierte plötzlich eine 2-cm-Granate hinter mir im Heck und legte unsere Sauerstoffversorgung auf der linken Seite der Maschine lahm."

Nach diesem Angriff ging die Flying Fortress in einem unfreiwilligen Sturzflug von 7000 Meter auf etwa 3600 Meter herunter. „Als wir wieder horizontal flogen", fuhr Piatek fort, „stellte ich fest, daß meine MGs Ladehemmung hatten, und begann deshalb, nach vorn zu den Seiten-MGs zu kriechen. Als ich das Spornrad erreicht hatte, gingen wir erneut in einen Sturzflug über. Ich konnte Traban und Ryan (die Schützen an den Seiten-MGs) an der Decke kleben sehen. Nach dem Abfangen waren wir noch ungefähr 60 Meter über dem Wasserspiegel.

Ein Bomber mit Nehmerqualitäten

„Kaum zu glauben, daß sie sich noch in der Luft halten konnten", staunte Ira Eaker, der Oberbefehlshaber der 8. Luftflotte, über die vielen Flying Fortresses, die schwer beschädigt von Feindflügen heimkehrten. Aber die robuste B-17 bewies immer wieder, daß sie imstande war, schwere Beschädigungen durch Flakbeschuß oder die Bordwaffen feindlicher Jäger zu verkraften. Viele Besatzungen waren der Überzeugung, sie verdankten ihr Überleben diesem von Boeing gebauten Flugzeug.

Die rechts unten abgebildete B-17 wurde über dem Güterbahnhof der ungarischen Stadt Debrecen durch einen Flaktreffer beinahe zerrissen. Die Seilzüge des Seitenruders waren durchtrennt, die des Höhenruders beschädigt. Leutnant Guy M. Miller, einem verhältnismäßig unerfahrenen Piloten, gelang es, die Flying Fortress in der Luft zu halten. Miller steuerte und stieg, indem er die Motorenleistung veränderte, und er schaffte den Rückflug über die Adria zu seinem Einsatzflughafen in Italien.

Diese B-17 mußte wegen eines Motorenschadens aus dem Verband ausscheren und wurde von der hinter ihr fliegenden Maschine gerammt. Sie landete ohne Seitenruder auf ihrem Stützpunkt.

Diese von der Flak getroffene B-17 der 91. Bombergruppe hat den Rückflug noch geschafft, obwohl Kugelturm und Rumpf durch gezackte Stahlsplitter aufgerissen worden waren.

Staunende Offiziere und Flugzeugwarte begutachten eine beschädigte B-17 der 379. Bombergruppe, die England ohne ihren Plexiglasbug, der abgeschossen worden war, erreichte.

Feuer aus den Maschinenkanonen eines Düsenjägers Me 262 hat eine Tragfläche dieser B-17 der 390. Bombergruppe schwer beschädigt.

Dieser durch einen Flaktreffer beinahe zerrisssene Bomber flog noch 840 Kilometer weit nach Italien und landete glatt, bevor er auseinanderbrach.

„Ich warf einen Blick auf Ryan, dessen Gesicht eine einzige blutige Masse war, und hielt ihn für todsicher erledigt. Ich kam in die Funkkabine und sah Gentry, dem es praktisch den halben Brustkorb weggerissen hatte, auf dem Boden liegen. Danach sah ich mir Phillips an, der drei 7,9-mm-Geschosse im rechten Bein zwischen Knie und Knöchel stecken hatte.

„Als nächstes stellte ich fest, daß etwa zwei Meter aus der Flosse unseres Höhenleitwerks fehlten. Die Verkleidung unseres Motors Nr. 2 war weggeschossen worden und hatte die Flosse demoliert. Der Pilot konnte die Luftschraube des Motors Nr. 2 nicht in Segelstellung bringen, so daß sie sich bis zur Landung mitdrehte. Sie vibrierte so stark, daß wir dachten, die Maschine würde auseinanderbrechen."

Aufgrund der Gefahr, die von dem sich mitdrehenden Propeller ausging, glaubte Hauptmann Guy McClung, der Pilot der *Miss Bea Haven*, ursprünglich, eine Notwasserung in der Nordsee sei am sichersten. Als McClung jedoch von den Verwundeten an Bord hörte, beschloß er, den Weiterflug nach England zu wagen. Er erreichte es mit Mühe und Not und setzte die beschädigte Maschine auf die erste verfügbare Landebahn – auf einen RAF-Jägerflugplatz. „Wir setzten mit einer perfekten Landung im weichen Gras auf", schrieb Piatek, „obwohl wir einen platten Reifen hatten, ein Motor ganz ausgefallen war und zwei weitere Unmengen von Öl spuckten." Die Verwundeten wurden in ein Lazarett gebracht, und die restlichen Besatzungsmitglieder blieben über Nacht bei der RAF. Am nächsten Tag kehrten sie zu ihrem Stützpunkt zurück und mußten feststellen, daß „die Kameraden schon fast dabei waren, unsere Kleidungsstücke unter sich aufzuteilen, weil sie glaubten, wir seien abgestürzt. Der Operationsoffizier wollte uns die nächsten Einsätze nicht mitfliegen lassen. Er sagte, wir müßten uns erholen. Damit hatte er allerdings recht."

Trotz der Erschöpfungserscheinungen bei den Besatzungen und der Einsatzverluste war die Stärke des VIII. Bomberkommandos im Mai 1943 von rund 125 Flugzeugen auf über 300 gestiegen. Die Fliegerschulen in den Vereinigten Staaten waren in Schwung gekommen und bildeten Rekordmengen von Piloten und anderen Besatzungsmitgliedern aus. Gleichzeitig wurde die Produktion von Flying Fortresses immer mehr gesteigert. Als das Frühjahr ungewöhnlich mildes Wetter über dem Nordatlantik brachte, starteten fünf vollausgebildete B-17-Gruppen, die auf dem Flugplatz Gander in Neufundland auf das Abklingen der letzten Winterstürme gewartet hatten, nacheinander zum Überführungsflug nach Prestwick. Mitte Mai konnte die Achte 198 Fortresses und Liberators aufbieten, die drei Ziele in Deutschland und dem besetzten Europa angriffen. Und am 11. Juni konnte Eaker 252 viermotorige Maschinen einsetzen, die die Hafenstädte Wilhelmshaven und Cuxhaven bombardierten.

Der Mai brachte eine weitere Erfolgsmeldung: Den Wartungstechnikern war es gelungen, die letzten Kinderkrankheiten der bereits in England befindlichen P-47 Thunderbolts zu beseitigen. Eaker konnte jetzt drei Gruppen seiner eigenen Jäger für Begleitaufgaben einsetzen. Zusatztanks erhöhten die Reichweite der P-47 so weit, daß sie die Bomber über die Nordsee und im besetzten Europa zumindest bis nach Aachen in der Nähe der belgisch-deutschen Grenze begleiten konnte.

Nachteilig für Eaker und seine Besatzungen wirkte sich die Tatsache aus, daß die deutsche Luftwaffe damit begonnen hatte, den im Nordwesten des Reichsgebiets sowie in Holland und Belgien stehenden Jagdverbänden etwa 300 weitere Fw 190 und Me 109 zuzuführen. Die entscheidenden

Nach den schweren Angriffen der „Blitz Week" vom 24. bis 30. Juli 1943, bei denen Hamburg einem Flammenmeer glich, stehen in der Innenstadt nur noch ausgebrannte Ruinen.

Kämpfe um die Luftherrschaft in Europa standen bevor – und sie würden erheblich verlustreicher werden als die bisherigen Gefechte, bei denen die 8. Luftflotte bis Ende Mai 1943 bereits 188 schwere Bomber verloren hatte, die über dem Kontinent abgeschossen worden waren, was bei zehn Mann pro Maschine zugleich auch den Verlust von 1880 Besatzungsmitgliedern bedeutete. Hinzu kamen noch die Toten und Verwundeten, die an Bord beschädigter Maschinen nach England zurückgebracht wurden.

Eaker begann diese Luftschlachten gegen die Luftwaffe – die den ganzen Sommer 1943 hindurch toben sollten – mit einem Doppelangriff am 13. Juni, bei dem 60 B-17 U-Boot-Anlagen in Kiel bombardierten, während 102 Flying Fortresses das gleiche in Bremen taten. Als nächstes setzte er am 22. Juni in einer Großoffensive 235 viermotorige Maschinen auf das Ruhrgebiet an, wo sie die Buna-Werke in Hüls angriffen, während ein kleinerer Verband aus zwei B-17-Gruppen ein Automobilwerk im belgischen Antwerpen bombardierte.

Nach einer dreiwöchigen Schlechtwetterperiode ließ Eaker dann Ende Juli größere und häufigere Angriffe der 8. Luftflotte fliegen. Daraus entstand die sogenannte „Blitz Week": der erste Versuch, gemeinsam mit der RAF „Bombenangriffe rund um die Uhr" zu fliegen. Am ersten Tag, dem 24. Juli 1943, flog die 8. Luftflotte einen massiven Ablenkungsangriff, als Eaker Ziele in Norwegen – eine chemische Fabrik, ein Hüttenwerk und U-Boot-Anlagen – von 309 B-17 angreifen ließ. An den beiden folgenden Tagen arbeitete die 8. Luftflotte mit dem Bomberkommando der RAF bei abwechselnden Angriffen auf Hamburg zusammen. Die RAF setzte in der Nacht zum 25. Juli 791 viermotorige Maschinen ein, die Großbrände in der Stadt entfachten. Zwei Nächte später verursachte ein ähnlicher Verband, der riesige 2-t-Bomben und Brandbomben abwarf, einen Feuersturm mit Temperaturen bis zu 1200° C, dem große Teile der Innenstadt zum Opfer fielen und bei dem über 40 000 Menschen zu Tode kamen. Obwohl die mit jeweils über 200 Bombern durchgeführten amerikanischen Tagesangriffe Einzelzielen in Hamburg wie etwa der Werft Blohm & Voss galten, fachten sie die Flächenbrände weiter an.

Die 8. Luftflotte beteiligte sich mit drei Angriffen an drei aufeinanderfolgenden Tagen weiterhin an der „Blitz Week". Am 28. Juli schickte Eaker 302 schwere Bomber nach Deutschland hinein. Eine Gruppe, deren Maschinen eigens mit Zusatztanks ausgerüstet worden waren, bombardierte ein Fw-190-Werk in Oschersleben, nur 150 Kilometer südwestlich von Berlin. Am 29. Juli griffen die Bomber die Kieler Werften und die Heinkel-Flugzeugwerke in Warnemünde an und am 30. Juli die Fieseler-Werke in Kassel, die ebenfalls an der Fw-190-Produktion beteiligt waren. Unterdessen hatten die sechs Angriffstage schwere Verluste gefordert. Die amerikanischen Bomber waren weit über die Reichweite der Begleitjäger vom Typ P-47 hinaus vorgedrungen, wobei 88 viermotorige Maschinen abgeschossen worden waren. Die Besatzungen waren so erschöpft, daß trotz gutem Flugwetter zwei Wochen lang keine Einsätze mehr geflogen wurden.

Eakers Bomberverband war schon vor Beginn der „Blitz Week" geschwächt worden, weil drei seiner B-24-Gruppen – die 44., 93. und 389. Gruppe – nach Nordafrika verlegt worden waren, um dort zur 9. Luftflotte zu stoßen – einer bunt zusammengewürfelten Ansammlung von Flugzeugen unter Befehl von General Lewis Brereton, mit dem Auftrag, gemeinsam mit der RAF die britische 8. Armee im Jahre 1942 bei ihrem erfolgreichen Feldzug gegen Generalfeldmarschall Erwin Rommels gefürchtetes Afrikakorps zu unterstützen. Nach Rommels Rückzug aus Libyen hatte die 9. Luftflotte in der Wüste um Bengasi mehrere Flugplätze angelegt, und auf diesen heißen, sandigen Feldflugplätzen wurden die von der Achten abkommandierten 124 B-24 zusammen mit den beiden B-24-Gruppen stationiert, über die Brereton bereits verfügte. Als Angriffsziel dieser fünf Gruppen war Ploesti im weit entfernten Rumänien vorgesehen.

Wirtschaftsanalytiker der Alliierten hatten schon seit langem einen Angriff auf Ploesti, das Zentrum der rumänischen Ölindustrie, befürwortet. Erdölprodukte waren ein empfindlicher Punkt der deutschen Kriegswirtschaft, da die inländische Ölförderung nur unbedeutend war. Falls es gelang, das Dutzend Raffinerien in Ploesti zu zerstören, war die deutsche Kriegsmaschinerie in Zukunft auf mühsam aus Kohle hergestellten synthetischen Treibstoff angewiesen. Ploesti war zu weit von England entfernt, als daß die 8. Luftflotte es hätte angreifen können, aber von den Flugplätzen der 9. Luftflotte bei Bengasi aus befand es sich in Reichweite von B-24, die mit Zusatztanks ausgerüstet waren.

Geplant wurde der Angriff in erster Linie von Oberst Jacob Smart, der den kühnen Plan ausarbeitete, die Raffinerien im Tiefflug zu bombardieren, um die Zielsicherheit der Bombenschützen zu erhöhen und die Verteidiger zu überrumpeln. Die Ausbildung dafür war gründlich: Die Bomberbesatzungen übten mit ihren 27 Tonnen schweren Liberators wochenlang Tiefstflüge und warfen Übungsbomben auf eine in den libyschen Sand gebaute maßstabgetreue Nachbildung von Ploesti.

Leider beruhte der gesamte Plan auf fehlerhaften Informationen. Die alliierten Nachrichtendienste hatten Smart und den übrigen Planern versichert, die Flak in Ploesti sei zahlenmäßig schwach und mit Rumänen bemannt, die nicht sonderlich kriegsbegeistert seien und deshalb vielleicht eher in Deckung gehen würden, statt auf die angreifenden Flugzeuge zu schießen. Die Wirklichkeit sah jedoch anders aus. Ein äußerst gründlicher Luftwaffenoffizier, Generalmajor Alfred Gerstenberg, hatte Ploesti in eine Festung verwandelt. Die Raffinerien waren mit 8,8-cm-Flak und Dutzenden von 2-cm- und 3,7-cm-Schnellfeuerkanonen umgeben. Schwere MGs waren auf Fabrikdächern in Stellung gebracht worden. Außerdem wurden diese Abwehrwaffen nicht von Rumänen, sondern von 50 000 gutausgebildeten Deutschen bedient. Weiterhin hatte Gerstenberg auf nahe gelegenen Flugplätzen 69 deutsche Jäger in Bereitschaft. Und das deutsche Frühwarnsystem erstreckte sich bis in das von den Achsenmächten besetzte Griechenland: Die deutschen Verteidiger im Mittelmeerraum und auf dem Balkan wurden alarmiert, sobald die amerikanischen Bomber in Bengasi zu ihrem vermeintlichen Überraschungsangriff starteten.

Breretons 178 Liberators röhrten am 1. August 1943, einem Sonntag, die Startbahnen hinunter. Eine Maschine stürzte beim Start ab und explodierte. Zehn weitere mußten bald umkehren – hauptsächlich wegen durch Sand bewirkter Motorschäden. Die übrigen 167 Bomber hatten auf dem siebenstündigen Flug ins Zielgebiet mit weiteren Schwierigkeiten zu kämpfen. *Wingo Wango,* die B-24 mit dem für diesen Einsatz zuständigen Chefnavigator an Bord, bäumte sich plötzlich und unerklärlicherweise auf, trudelte ab und stürzte ins Mittelmeer. Über Albanien löste sich der Verband in den Wolken in zwei Teile auf, zwischen denen zuletzt rund 100 Kilometer lagen. Die Absicht, die Luftabwehr in Ploesti dadurch zu überwältigen, daß alle fünf Gruppen beinahe gleichzeitig angriffen, ließ sich nun nicht mehr verwirklichen.

Weiteres Mißgeschick erwartete die beiden Führungsgruppen unter dem Befehl der Obersten Keith K. Compton und Addison Baker. Als diese Vorausabteilung über die rumänische Tiefebene dröhnte, deutete Comptons Führungsflugzeug einen Kontrollpunkt falsch und ging auf einen zu weit östlichen Kurs, der nicht nach Ploesti, sondern über die rumänische Hauptstadt Bukarest führte.

Baker erkannte diesen Fehler sehr schnell und ließ die 34 Liberators seiner 93. Gruppe nach Norden eindrehen, wo das Ziel lag. Aber Comptons Gruppe korrigierte ihren Fehler erst, als die B-24 die Vorstädte von Bukarest erreichten. Das bedeutete, daß die fünf Gruppen Ploesti in drei Abteilungen erreichten und dadurch für die deutsche Flak leichter verwundbar waren, als wenn sie zusammengeblieben wären. Und die ersten Gruppen flogen Ploesti aus Richtungen an, die bei ihren Übungsflügen in der Wüste nicht berücksichtigt worden waren.

Bakers Gruppe, die in 15 Meter Höhe auf Ploesti zuraste, war als erste über dem Zielgebiet. Heuhaufen flogen auseinander und ließen Maschinenkanonen und -gewehre erkennen. Weitere Luftabwehrwaffen schossen von eigens errichteten Flaktürmen. Bakers Führungsflugzeug geriet sofort in Brand, aber der Oberst dachte nicht daran, eine Notlandung zu versuchen. Statt dessen flogen Baker und sein Kopilot John L. Jerstad mit ihrer Brandfackel weiter auf die Raffinerien zu und führten die restlichen B-24 zum Angriff, bis ihre Liberator in einer Feuerkugel explodierte.

Die übrigen B-24 von Bakers Gruppe folgten ihrem Führer ins Flakfeuer und schafften es, den größten Teil einer Raffinerie zu zerstören. Als Lagertanks detonierten, bildete sich eine ölig schwarze Rauchwand, während die rotglühenden Deckel explodierender Tanks wie geschnippte Münzen durch die Luft wirbelten. Weniger als die Hälfte der Maschinen dieser ersten Welle entkam dem Inferno. Sobald die restlichen Bomber Ploesti hinter sich hatten, wurden sie von deutschen Jägern angegriffen.

Der gleiche Empfang erwartete die nachfolgenden B-24-Gruppen. Eine Staffel aus Oberst John R. „Killer" Kanes Gruppe verlor neun ihrer 16 Maschinen, bevor Ploesti hinter ihr lag, und aus Kanes letzter Welle wurden fünf von sechs Bombern abgeschossen. Kanes Kopilot, Leutnant Raymond B. Hubbard, erinnerte sich, daß sie „von Feuer eingehüllt waren. Ich warf einen Blick aus den Seitenfenstern und sah die anderen durch Rauch und Flammen fliegen. Es war wie ein Flug durch die Hölle."

Als diese späteren Bomberwellen aus dem Chaos auftauchten, wurden sie von weiteren Wellen deutscher Jäger angegriffen. Einige beschädigte Maschinen, deren Treibstoff knapp wurde, weil ihre Tanks getroffen waren, nahmen Kurs auf die nahe neutrale Türkei, wo die Besatzungen interniert wurden. Anderen gelang es, die von den Alliierten besetzten Inseln Sizilien, Malta oder Zypern zu erreichen. Wieder andere versuchten, Bengasi zu erreichen, schafften es nicht und stürzten ins Mittelmeer. Nur 88 Maschinen glückte die Heimkehr zu ihrem Einsatzhafen. Insgesamt waren 53 Liberators mit 310 Gefallenen verlorengegangen. Die Zahl der Gefallenen hätte noch höher gelegen, wenn nicht eine ganze Anzahl stark beschädigter Maschinen auf den weiten Getreidefeldern im Raum Ploesti notgelandet wäre. Die 108 Mann – darunter 70 Verwundete –, die diese Notlandungen überlebten, gerieten in Kriegsgefangenschaft. Die Gesamtverluste der 9. Luftflotte an Gefallenen, Verwundeten, Gefangenen und Internierten betrugen 579 Mann. Von den Maschinen, die den Rückflug nach Bengasi schafften, wiesen 55 schwere Beschußschäden auf. Am Tag nach dem Angriff waren von den 178 ursprünglich eingesetzten Liberator-Maschinen nur noch 33 flugfähig.

Obwohl einige der Raffinerien in Ploesti schwer beschädigt worden waren, wirkte sich der amerikanische Angriff kaum nachhaltig auf die rumänische Ölproduktion aus. Die Schäden wurden behelfsmäßig repariert, und die unbeschädigten Anlagen erhöhten einfach ihre Produktion. Die Überlebenden der 44., 93. und 389. Gruppe wurden nach England zurückgeflogen und stießen wieder zur 8. Luftflotte. Ihre restlichen Liberators blieben in Nordafrika und wurden später der 15. Luftflotte zugeteilt, die in Italien aufgestellt wurde.

Während das Ploesti-Unternehmen ausgearbeitet und durchgeführt wurde, plante General Eaker ebenfalls einen ehrgeizigen Einsatz. Er verfügte nun über 16 B-17-Gruppen und konnte damit einen kühnen Doppelvorstoß bis weit nach Deutschland hinein wagen, bei dem etwa ein Drittel eines aus 376 Bombern bestehenden Verbandes die Messerschmitt-Werke in Regensburg angreifen sollte, während sich die übrigen zwei Drittel die Schweinfurter Kugellagerfabriken vornehmen sollten.

Der Nachrichtendienst der 8. Luftflotte hatte Schweinfurt als besonders wichtiges Angriffsziel ausgewählt. Falls es gelang, die dortigen Kugellagerfabriken zu zerstören, würde in Deutschland – so glaubte man wenigstens – größter Mangel an Kugellagern herrschen, die für die beweglichen Teile von Flugzeugen, Panzern und Lastwagen gebraucht wurden. Nach dieser Theorie hätte die 8. Luftflotte die Möglichkeit gehabt, Hitlers Rüstungsindustrie mit einem einzigen Schlag irreparablen Schaden zuzufügen. Der Regensburger Verband sollte als erster nach Deutschland einfliegen, die für Schweinfurt bestimmte Gruppe sollte dichtauf folgen. Unter halbwegs günstigen Umständen würde dieser Doppelangriff die deutsche Jagdwaffe überfordern. Die Regensburger Gruppen sollten die Verteidiger außerdem dadurch verblüffen, daß sie nach Süden über die Alpen abflogen, um auf einigen vor kurzem in Tunesien angelegten Flugplätzen zu landen, von denen aus sonst Bomber zu Einsätzen gegen Ziele in Südeuropa starteten. Der Angriff war für den 17. August 1943 geplant – dem Jahrestag des ersten Einsatzes der 8. Luftflotte, die ein Jahr zuvor mit zwölf Maschinen den Güterbahnhof Rouen angegriffen hatte.

Das englische Wetter durchkreuzte den klug ausgedachten Plan. Am Morgen des 17. August lag East Anglia unter einer dichten Nebeldecke. Der Kommandeur des für Regensburg bestimmten Verbandes, Oberst Curtis LeMay, wartete im Morgengrauen verärgert eineinhalb Stunden lang auf besseres Wetter und ließ dann doch seine Gruppen im Nebel starten. Alle 147 B-17 starteten unfallfrei, weil LeMay – ein strenger Vorgesetzter, dem seine Männer den Spitznamen „Eisenarsch" gegeben hatten – die Besatzungen seines aus fünf Gruppen bestehenden Verbandes wochenlang Blindflugstarts hatte üben lassen.

Der Nebel verhinderte auch, daß die als Begleitjäger eingeplanten P-47 rechtzeitig starteten. Einige von ihnen stießen zu Teilen des Regensburger Verbandes. Doch die einzigen Jäger, die LeMay aus seiner Position in der Führungsgruppe sah, „hatten schwarze Kreuze auf den Tragflächen", wie er später erbittert feststellte. Noch schlimmer war, daß die 230 Bomber, die Brigadegeneral Robert Williams nach Schweinfurt führen sollte, erst dreieinhalb Stunden nach der vorgesehenen Abflugzeit starteten, weil deren Besatzungen nicht für Starts im Nebel ausgebildet waren. Damit war

Während des ersten amerikanischen Großangriffs auf die Ölraffi-

nerien der rumänischen Stadt Ploesti rast eine B-24 (rechts oben) aus einer Wand aus Rauch und Flammen hervor. „Die Hitze war gewaltig", erinnerte sich ein Oberst.

der taktische Vorteil verspielt. Nun konnten die deutschen Jäger LeMays Verband angreifen, zum Auftanken landen und dann wieder in der Luft sein, um Williams' Gruppe abzufangen.

Schon eine Viertelstunde nach dem Überfliegen der holländischen Küste wurden LeMays rückwärtige Formationen von den ersten deutschen Jägern angegriffen – und sie hatten noch zwei Stunden bis zum Zielgebiet zu fliegen. Sobald eine Jagdstaffel abdrehte, um auf ihrem Fliegerhorst nachzutanken, nahm eine andere ihren Platz ein. Etwa 300 Fw 190 und Me 109 griffen die B-17 unter Ausnutzung sämtlicher Tricks in ihrem Repertoire an: von vorn, im Sturzflug von oben, mit Bomben, die zwischen den Flying Fortresses detonierten, und mit einer neuen Waffe – Raketen. Die 100. Gruppe, die das verwundbare Schlußlicht des Verbandes bildete, erlitt die schwersten Verluste. Oberstleutnant Beirne Lay jr. beobachtete, daß die 100. Gruppe einmal von zwei vollständigen deutschen Jagdstaffeln angegriffen wurde. „Die Jäger bildeten eine Schlange wie vor der Essensausgabe und ballerten drauflos", schrieb Lay später. „Jede Sekunde kam eine Granate aus einer Maschinenkanone."

Nach einer Stunde Jägerangriffe war Lay „davon überzeugt, daß unserer Gruppe die Vernichtung drohte. Sieben waren abgeschossen worden, am Himmel wimmelte es weiter von aufsteigenden Jägern, und die Flugzeit bis zum Ziel betrug noch 35 Minuten. Ich bezweifle, daß jemand in unserer Gruppe daran glaubte, wir könnten wesentlich weiterkommen, ohne 100 Prozent Verluste zu erleiden."

Trotz der erbitterten Angriffe deutscher Jäger stießen LeMays Fortresses, von denen bereits 17 abgeschossen worden waren, ins Zielgebiet vor und flogen wirkungsvolle Angriffe, bei denen sämtliche Gebäude der Messerschmitt-Werke beschädigt wurden. Danach nahmen die restlichen Maschinen – ohne vier weitere, die noch abgeschossen wurden, nachdem der Verband nach Süden eingeschwenkt war, um die Alpen zu überfliegen – Kurs über das Mittelmeer zu Flugplätzen in Algerien und Tunesien, die von den meisten erreicht wurden. Lays 100. Gruppe hatte am stärksten gelitten, und die Gesamtverluste waren erschreckend. Von den 147 Bombern, mit denen LeMay gestartet war, waren 24 über Deutschland abgeschossen worden oder auf dem Abflug nach Süden aus unterschiedlichen Gründen verlorengegangen. Viele der glücklich nach Nordafrika gelangenden Maschinen waren so stark beschädigt, daß sie auf Wüstenflugplätzen stehenbleiben mußten. Drei weitere gingen auf dem Rückflug nach England durch Motorschaden verloren.

General Williams' nach Schweinfurt fliegende Gruppen stießen wegen ihres verspäteten Starts auf frisch betankte und neu munitionierte deutsche Jagdverbände. Die Angriffe begannen an der belgischen Küste und hielten bis ins Zielgebiet an. Diesmal konzentrierte sich die Luftwaffe auf die Führungsgruppen, vor allem die unter einem Unstern stehende 91. Gruppe, mit der Williams flog, und die 381. Gruppe. Die amerikanischen Besatzungen waren über manche Angriffsmethoden der Deutschen verblüfft. So staunte Tom Murphy, ein Bordschütze der B-17 *Joker* der 381. Gruppe, als er deutsche Jäger durch ihr eigenes Flakfeuer fliegen sah, um an die Bomber heranzukommen. „Das hatte ich noch nie gesehen. Normalerweise lauern sie knapp außerhalb der Flaksperre, bis wir hindurchfliegen. Aber heute können sie's nicht erwarten, an uns ranzukommen. Ich beobachte, wie eine Fortress der 91. und dann eine der 351. vom Himmel fallen. Aus keiner der beiden kommen Fallschirme."

Vor dem ersten und zugleich letzten Flug der „Lady Be Good" läßt sich die Besatzung unter dem Heckstand der B-24 photographieren.

Die Geschichte einer unglücklichen Lady

Am 4. April 1943 starteten zwei Staffeln B-24 der 376. Bombergruppe im libyschen Suluq, um die italienische Hafenstadt Neapel anzugreifen. Nur eine Maschine kehrte nicht zurück: Die *Lady Be Good* und ihre aus Neulingen bestehende Besatzung waren auf ihrem ersten Feindflug verschollen. Suchflüge über dem Mittelmeer und der nordafrikanischen Küste, wo der Bomber vermutet wurde, blieben ergebnislos, und die Männer wurden offiziell als vermißt geführt.

Sie blieben 16 Jahre lang verschollen, bis in der Sahara tätige Geologen das abgestürzte Flugzeug entdeckten. Daraufhin wurde eine Suche nach der Besatzung eingeleitet. Ihre mumifizierten Leichen wurden etwa 150 Kilometer von der Absturzstelle entfernt im Wüstensand aufgefunden.

In der Dunkelheit war der Pilot William Hatton um mehr als 650 Kilometer über seinen Einsatzhafen hinausgeflogen – offenbar wegen einer mißverstandenen Anflugpeilung, die er von einem alliierten Funkfeuer erhalten hatte. Ein in der Nähe der Leiche des Kopiloten aufgefundenes Tagebuch *(rechts)* erzählt die tragische Geschichte, wie die Besatzung mit ihren Fallschirmen absprang, als der Treibstoffvorrat zu Ende ging, und sich in einem Gebiet, das die Araber als „Wüste des Durstes" kennen, auf die vergebliche Suche nach Wasser machte.

Mitglieder einer Untersuchungskommission der Heeres und der Luftstreitkräfte begutachten vor dem demolierten Rumpf der B-24 ein 12,7-mm-MG.

SUNDAY, APR. 4, 1943

Naples – 28 planes – things pretty well mixed up – got lost returning, out of gas, jumped, landed in desert at 2:00 in morning, no one badly hurt, can't find John, all others present.

MONDAY 5

Start walking N.W., still no John. a few rations, ½ canteen of water, 1 cap full per day. Sun fairly warm good breeze from N.W. Nite very cold no sleep. Rested & walked.

TUESDAY 6

Rested at 11:30, sun very warm no breeze, spent p.m. in hell, no planes, etc. rested until 5:00 p.m. walked & rested all nite. 15 min. on, 5 off.

WEDNESDAY, APR. 7, 1943

Same routine, every one getting weak, can't get very far; prayers all the time, again p.m. very warm, hell. Can't sleep. every one sore from ground.

THURSDAY 8

Hit Sand Dunes, very miserable, good wind but continuous blowing of sand, every one very weak, thought Sam & Moore were all done. La Motte eyes are gone, every one else's eyes are bad. Still going N.W.

FRIDAY 9

Shelly, Rip, Moore, appear & try to go for help, rest of us all very weak, eyes bad, not any travel, still very little water. nites are about 35°, good N. wind, no shelter, 1 parachute left.

SATURDAY, APR. 10, 1943

Still having prayer meetings for help. No signs of anything, a couple of birds; good wind from N. – Really weak now, can't walk, pains all over. Nite very cold, no sleep.

SUNDAY 11

Still waiting for help, still praying. eyes bad, lost all our wgt. aching all over, could make it if we had water; just enough left to put on our tongue to, have hope for help very soon, no act. still praying.

MONDAY 12

No help yet, very cold nite.

Die letzten Eintragungen im Tagebuch des Kopiloten Robert Toner berichten von dem langsamen Tod der Besatzung bei Tagestemperaturen von bis zu 55° C.

Als die B-17 nacheinander abstürzten, hinterließen sie 7000 Meter tiefer auf deutschem Boden eine Flammenspur. Ein Navigator der 379. Gruppe erinnerte sich an sein fasziniertes Entsetzen beim Anblick „der flackernden gelb-orangen Fackeln auf der Erde", von denen jede eine brennende B-17 bezeichnete. Vor dem Hintergrund der in der einsetzenden Abenddämmerung dunkelgrün wirkenden Felder unter den Maschinen „war die Spur aus Flammenzeichen gespenstisch": Die Brände und der schwarze Qualm erinnerten an „einen nächtlichen Leichenzug mit Fackeln und Pferden mit schwarzem Kopfschmuck".

Irgendwie gelang es den Überlebenden der eineinhalbstündigen Luftschlacht, die bis Schweinfurt andauerte, ihre 225-kg-Bomben und Brandbomben mit beachtlicher Genauigkeit zu werfen und in einer Kugellagerfabrik zahlreiche Treffer zu erzielen. Das Werk war außer Betrieb gesetzt — zumindest bis die tüchtigen deutschen Aufräumkommandos die Trümmer beseitigen und die Produktion wieder in Gang bringen konnten.

Der Rückflug nach England war weniger schrecklich als der Anflug auf Schweinfurt, denn über Eupen an der deutsch-belgischen Grenze trafen 86 Thunderbolts mit den heimkehrenden Verbänden zusammen und begannen, die nachdrängenden deutschen Jäger abzuschießen. Aber dieser Einsatz kostete, wie ein Pilot erbittert feststellte, „36 in das Blut von 360 amerikanischen Fliegern getauchte Abfallhaufen aus Aluminiumschrott", und dabei waren weitere Dutzende von Gefallenen und Verwundeten an Bord der zurückgekehrten Maschinen noch gar nicht mitgezählt.

Zu den Bombern, die trotz starker Beschußschäden den Rückflug nach East Anglia schafften, gehörte die B-17 *El Rauncho*. Da ein Flaktreffer in der Tragfläche die Steuerbarkeit beeinträchtigte und zwei Motoren ausgefallen waren, setzte der Pilot, Randolph Jacobs, mit hoher Fahrt zu einer Bauchlandung an. „Das Flugzeug", schrieb Walter E. Owens, der das Kriegstagebuch der 384. Gruppe führte, „schlitterte in rasendem Tempo die ganze Landebahn hinunter, kreischte ununterbrochen und zog einen Funkenregen hinter sich her. Am anderen Ende drehte es sich plötzlich und übersprang eine Flakstellung, bevor es endlich keine 25 Meter von einer abgestellten Maschine entfernt zum Stehen kam." Der Pilot Jacobs, der unverletzt aus seiner B-17 kletterte, zündete sich nonchalant eine Zigarre an und meinte: „Anscheinend wollten sie sich ihre Schrauben- und Mutternfabrik nicht von uns kaputtmachen lassen."

Tatsächlich hatte der Angriff vom 17. August 1943 trotz hoher Bomberverluste die Kugellagerproduktion in Schweinfurt nicht zum Erliegen gebracht, so daß Eaker einen weiteren Versuch unternehmen mußte. Zwei Wochen lang baute er erneut seine Verbände auf und ließ nur kurze Einsätze unter schwerem Jagdschutz gegen Ziele in Nordfrankreich fliegen. Danach begann Eaker eine Serie von Angriffen auf Ziele in Deutschland, die ihren Höhepunkt mit drei Großangriffen an aufeinanderfolgenden Tagen erreichte. Mit dem ersten Einsatz am 8. Oktober begann die später als kritisch bezeichnete Woche in der Geschichte der 8. Luftflotte. Dieser 400-Bomber-Angriff auf Bremen kostete 30 Maschinen. Der Angriff am nächsten Tag, der längste, den die Achte jemals flog, führte 51 B-17 nach Danzig, während insgesamt 327 Fortresses und Liberators Flugzeugfabriken im besetzten Polen und in Anklam, nördlich von Berlin, zu bombardieren hatten. Die Verluste: weitere 28 Bomber. Ein am 10. Oktober gegen den wichtigen Verkehrsknotenpunkt Münster geflogener Angriff führte dazu, daß erneut 30 Maschinen verlorengingen.

Drei Schlechtwettertage erzwangen die Einstellung der Angriffe – zur großen Erleichterung der überlebenden Besatzungen. Am Morgen des 14. Oktober, einem Donnerstag, teilten die Einsatzoffiziere den auf ihren englischen Flugplätzen zusammengerufenen Besatzungen mit, da gutes Flugwetter vorausgesagt sei, werde der Feindflug Nr. 115 die Woche abrunden. Als Ziel sei erneut Schweinfurt vorgesehen.

Dieser zweite Angriff auf die Kugellagerfabriken erwies sich als verlustreiche Wiederholung des ersten. Sobald die als Begleitjäger eingeteilten P-47 wegen ihres beschränkten Treibstoffvorrats umkehren mußten, fielen die Messerschmitts und Focke-Wulfs über die 291 B-17 her. „Wohin man auch am Himmel sah, griffen die Deutschen an", berichtete ein Überlebender, „und B-17 qualmten, brannten, stürzten trudelnd ab."

Die Me 109 und Fw 190 schossen kleine Raketen auf die Bomber ab und stießen auch herab, um die gewohnten blitzschnellen Frontalangriffe zu fliegen. Von den Nachtjägern ausgeliehene zweimotorige Maschinen blieben außer Reichweite der Abwehrbewaffnung der B-17 und verschossen große 20-cm-Raketen, deren Sprengkraft viermal höher als die der 8,8-cm-Flakgranaten war. Wie ein überlebender Pilot feststellte, erledigte MG-Feuer einen Bomber langsam, aber Raketen vernichteten eine Fortress oft mit einer gewaltigen Explosion – mit fürchterlicher Endgültigkeit. Der Pilot beobachtete, wie eine Rakete einer B-17 in seiner Nähe eine Tragfläche abriß. Die Tragfläche „klappt in Flammen gehüllt und mit noch laufenden Propellern nach hinten. Die Metallbeplankung wird vom Rumpf gerissen, und die Besatzung ist in der Führerkanzel zu sehen – noch immer mit den Händen am Steuer. Möglicherweise ist sie durch den Schock getötet worden oder durch den Schlag bewußtlos. Das Flugzeugwrack beginnt den langen Absturz auf deutschen Boden."

Die Deutschen wandten außerdem eine tödliche Angriffstechnik an, die sie vier Tage zuvor über Münster zur Perfektion entwickelt hatten: Sie konzentrierten sich auf eine einzelne Gruppe, drängten sie aus dem Bomberstrom ab und schossen sie dann in Stücke. Auch diesmal markierte wieder eine Spur aus abgestürzten und brennenden B-17 die Route nach Schweinfurt – und zurück nach England.

Viele Bomberbesatzungen hatten erstaunlichen Mut bewiesen. Selbst schwer beschädigte Fortresses setzten den Anflug fort. Mehrere Besatzungen, deren Maschinen brannten, machten disziplinierte Zielanflüge, ohne sich darum zu kümmern, daß die noch an Bord befindlichen Bomben jederzeit detonieren konnten. Aber Mut allein genügte offenbar nicht. Einige weitere Unternehmen dieser Art hätten das Ende des VIII. Bomberkommandos bedeutet. Schon vor dem ersten Angriff auf Schweinfurt hatte die Achte 411 Bomber verloren. Nach dieser Katastrophe waren es 471 schwere Bomber. Als nach dem zweiten Angriff auf Schweinfurt die letzten Versprengten auf ihren Flugplätzen gelandet waren, war die Zahl der Verluste auf 723 emporgeschnellt.

Die 8. Luftflotte brauchte vor allem Jäger, die imstande waren, die Fortresses bis zu ihren Angriffszielen und dann wieder nach Hause zu begleiten – und es gab bereits Jagdflugzeuge, die diese Leistungsfähigkeit besaßen. Die besten dieser Maschinen beruhten auf einer gelungenen Kombination aus einer amerikanischen Konstruktion, einem englischen Motor und einem einfachen neuen Zusatztank, der die Reichweite dieses Typs so sehr erhöhte, daß er als Begleitjäger bis nach Berlin vorstoßen konnte – über eine Gesamtstrecke von knapp 2000 Kilometern.

Eine Frau auf Feindflug

Für die Besatzung der *Little Bill,* einer in Algerien stationierten B-17 der 12. Luftflotte, hätte der 22. Januar 1943 ein Tag wie jeder andere sein können. Sie war für „die Milchtour" eingeteilt, wie die Besatzungen der Zwölften ihre beinahe täglichen Routineangriffe auf feindliche Ziele in Nordafrika und Süditalien nannten, als mitgeteilt wurde, daß ihr Einsatz diesmal anders ablaufen würde als gewöhnlich. Die Luftaufklärung versprach nicht nur ein lohnendes Ziel – den Flugplatz El Aouina bei Tunis, auf dem deutsche Transportmaschinen, die Truppen gebracht hatten, abgestellt waren –, sondern diesmal würde auch eine Frau mitfliegen. Margaret Bourke-White, die berühmte Photographin der Zeitschrift *Life,* hatte von Generalmajor James Doolittle, dem Oberbefehlshaber der 12. Luftflotte, die Erlaubnis erhalten, an diesem Einsatz teilzunehmen.

Bourke-White *(rechts),* die zwei Garnituren Unterwäsche – mit langen Unterhosen –, einen geliehenen Pullover, eine lederne Fliegerkombination, einen Schal, zwei Paar Wollsocken und Pelzstiefel trug, war die erste Frau, die eine amerikanische Einsatzstaffel auf einem Feindflug begleitete. Trotz der damit verbundenen Gefahren fühlte sie sich „prächtig" und litt nur unter der starken Kälte von −39° C in der Einsatzgipfelhöhe. Ihre Finger wurden gefühllos, während sie aus dem Bombenschacht nach unten photographierte. Ihre Atemluft gefror im Zuleitungsschlauch ihrer Sauerstoffmaske und drohte ihn zu blockieren, was Bourke-White dadurch behob, daß sie die Schlauchenden zusammendrückte, um den Eisansatz abzusprengen. Indem sie tragbare Sauerstoffflaschen benutzte, die jeweils für drei Minuten ausreichten, konnte sie sich durch das ganze Flugzeug bewegen. Einige ihrer Aufnahmen machte sie, indem sie Kopf und Schultern aus der Schießscharte des Funkers ins Freie steckte. Aber die Luftströmung war so stark, daß sie bald aufgab.

Sie machte die meisten Aufnahmen aus den Öffnungen für die Seiten-MGs, hastete von einer zur anderen und stützte sich auf die 12,7-mm-MGs. Aber „es war schwierig", wie sie berichtete, „sich dabei nicht völlig zu verheddern", weil die Schläuche und Leitungen von Sauerstoffversorgung und Bordsprechanlage doch sehr hinderlich waren.

Dreieinhalb Stunden nach dem Start trafen Bourke-White und die Staffel wieder auf dem algerischen Einsatzflughafen ein. Ihre Photos und spätere Luftaufklärung zeigten, daß bei dem Angriff zwölf deutsche Flugzeuge zerstört und weitere 19 beschädigt worden waren. Nachdem ihre Aufnahmen vom amerikanischen Nachrichtendienst freigegeben worden waren, erschienen sie fünf Wochen später in *Life.*

Eine B-17 des 43 Maschinen starken Bomberverbandes, in dem Margaret Bourke-White mitflog, befindet sich auf Ostkurs über der wolkenverhangenen afrikanischen Küste. Um die Deutschen irrezuführen, flog der Verband zunächst einen Scheinangriff auf die tunesische Stadt Bizerta, bevor er den Flughafen von Tunis bombardierte.

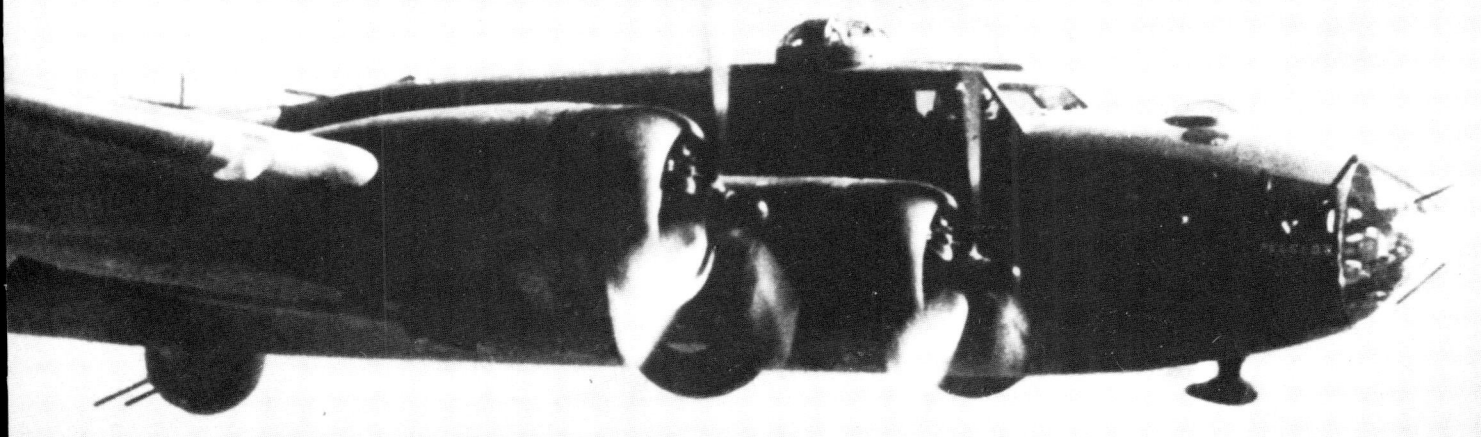

Der Verbandsführer (in der Mitte stehend) und seine Offiziere planen den Einsatz im Stabsquartier, einem ehemaligen Spielkasino.

Offiziere bezeichnen Notlandemöglichkeiten auf ihren Karten.

Waffenwarte hieven mit Hilfe eines Flaschenzugs Bomben in das Magazin einer B-17.

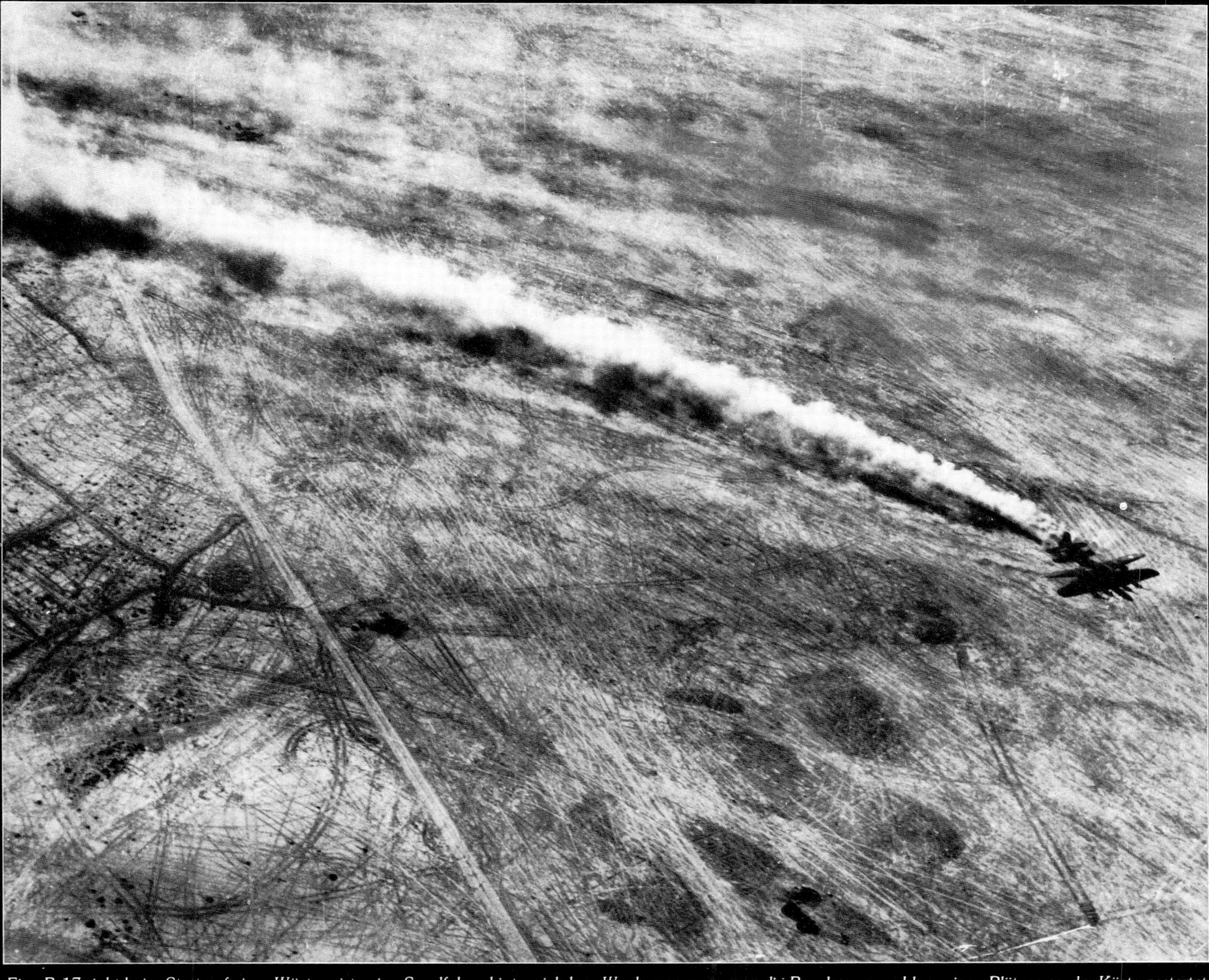

Eine B-17 zieht beim Start auf einer Wüstenpiste eine Sandfahne hinter sich her. Wochen zuvor waren die Bomber von schlammigen Plätzen an der Küste gestartet.

Während über El Aouina schwarze Rauchwolken hängen, gehen die B-17 nach dem Angriff, bei dem sie fast 90 Tonnen Splitterbomben abwarfen, auf Heimatku

Der Funker legt in 3000 Meter Höhe seine Sauerstoffmaske an.

Die Bombenschützen ziehen ihre Spezialanzüge aus.

Nach der Anspannung raucht ein Seitenschütze eine Zigarette.

Der Angriffserfolg sei „zu schön, um wahr zu sein", meinte der Kopilot eines Bombers.

Die vom Einsatz zurückgekehrten Besatzungen besprechen den Angriff mit Nachrichtenoffizieren.

Erst nach der Auswertung können die Männer essen und einander ihre Erlebnisse erzählen.

Ein Pilot und sein Staffelkapitän, der ein Messer als Zeigestab benutzt, begutachten Abzüge der Aufnahmen, die fest in ihre Bomber eingebaute Kameras gemacht haben

3

„Kleine Freunde" kommen zu Hilfe

Bei einem der ersten Einsätze als Jagdschutz für Bomber, den die mit P-47 ausgerüsteten Jagdgruppen der 8. Luftflotte im Herbst 1943 flogen, führte Francis „Gabby" Gabreski aus Oil City, Pennsylvania, seine „Keyworth Blue"-Staffel der 56. Gruppe über Holland. Vor sich erkannte er einen Verband aus einem Dutzend Me 110, die auf eine Gruppe B-17 herabstießen, um sie mit Raketen anzugreifen. Trotz der wendigen und gefährlichen Me 109 und Fw 190, die Major Gabreski über den zweimotorigen Me 110 kreisen sah, schob er sofort den Gashebel des 2000-PS-Motors seiner schweren Thunderbolt nach vorn, griff an und zersprengte die Me 110, bevor sie ihre Raketen abschießen konnten. Dann trat er in das Ruderpedal und kippte über eine Tragfläche ab, um einem der Gegner im Sturzflug zu folgen.

Die ersten Feuerstöße seiner acht 12,7-mm-MGs gingen daneben. „Ich vergeudete wirklich Munition", gestand Gabreski später ein, aber dann traf er „mit einem gutgezielten Feuerstoß die Führerkanzel und die Motoren. Alle meine MGs durchsiebten das Flugzeug, als es – in kaum 100 Meter Entfernung – explodierte und sofort langsamer wurde." Gabreski konnte nicht mehr verhindern, daß seine Thunderbolt im Sturzflug durch die Wrackteile raste. Sogar durch die Belüftungsanlage kamen verbrannte Teile der Me 110 in sein Cockpit.

Gabreski hatte seine beschädigte Maschine eben hochgezogen, um zu prüfen, ob die Steuerung noch funktionierte, als er eine weitere Me 110 sah, die sich in Position neben die B-17 zu schieben versuchte, um ihre Raketen abschießen zu können. Er schob erneut den Gashebel nach vorn und schickte den feindlichen Jäger mit einigen kurzen Feuerstößen brennend in die Tiefe. Dann sammelte Gabreski die anderen Keyworth Blues, die inzwischen die kreisenden Me 109 und Fw 190 abgewehrt hatten, und führte sie über den Ärmelkanal zu ihrem Flugplatz bei Halesworth an der Küste von East Anglia zurück.

Nach der Landung stellte Gabreski fest, daß die Vorderkante der rechten Tragfläche seiner P-47 an mehreren Stellen eingebeult war und daß die Beplankung der linken Tragfläche große Risse aufwies. Die Triebwerksverkleidung war aufgerissen, und in einem zerplatzten Zylinder steckte eine nicht detonierte deutsche 2-cm-Granate. Gabreski, der selber nur knapp mit dem Leben davongekommen war, marschierte in den Raum, in dem die Einsätze seiner Staffel besprochen wurden, und meldete gelassen: „Zwei Me 110 zerstört und eine P-47 halb zerstört."

Diese Art selbstbewußter Angriffsfreude sowie überlegenes fliegerisches Können sollten Gabreski zu dem erfolgreichsten amerikanischen Jagdflieger in Europa machen, der 28 Luftsiege errang und eine Anzahl weiterer feindlicher Maschinen am Boden zerstörte. Die gleichen Eigenschaften waren nicht nur für die höchst erfolgreiche 56. Jagdgruppe, sondern auch

Das Photo zeigt Oberstleutnant Francis Gabreski, ein Jagdflieger-As der 56. Jagdgruppe der 8. Luftflotte, mit der stolzen Bilanz seiner 28 Luftsiege am Rumpf seiner P-47 Thunderbolt.

für viele der übrigen Jagdverbände charakteristisch, die in der zweiten Hälfte des Jahres 1943 und im Jahre 1944 zur 8. Luftflotte stießen. Zum Schrecken der kampferprobten Veteranen der deutschen Luftwaffe erwiesen sich die verhältnismäßig unerfahrenen amerikanischen Jagdflieger als kampflustige Gegner. Und zur allgemeinen Überraschung erwies sich die plump wirkende P-47, die ein Abfluggewicht von fast 7,5 Tonnen hatte, als wendig genug, um es mit den flinken Messerschmitts und Focke-Wulfs aufzunehmen, die nur rund die Hälfte wogen.

Aber der Aufbau der Jagdverbände der 8. Luftflotte ging fast ebenso langsam voran wie zuvor die Aufstellung der Bomberverbände der Achten. Noch am 1. Juni 1943 verfügte General Eaker lediglich über drei Gruppen P-47 – keine 225 Maschinen –, die es mit den 600 Jagdflugzeugen aufnehmen sollten, die die Luftwaffe im Westen stationiert hatte, um Deutschland vor alliierten Bombern zu schützen. Noch schlimmer war jedoch die geringe Eindringtiefe der Thunderbolts. Die schweren Maschinen mit ihren riesigen, durstigen Motoren konnten von ihren englischen Einsatzhäfen aus kaum 280 Kilometer weit fliegen, bevor sie umkehren mußten. Das bedeutete, daß sie die Bomber nur auf Kurzstrecken zu Zielen in Nordfrankreich und den Niederlanden begleiten konnten.

Der erste technische Durchbruch kam im Juli 1943, als die kameradschaftlichen Rivalen der 56. Jagdgruppe, die 4. und 78. Jagdgruppe, mehrere hundert Zusatztanks erhielten, die eiligst aus den Vereinigten Staaten nach England geschickt worden waren. Mit diesen unter ihren Rümpfen hängenden 750-Liter-Behältern verlängerte sich die Eindringtiefe der P-47. Sobald der zusätzliche Treibstoff verbraucht war, konnten die leeren Behälter abgeworfen werden.

Die ersten abwerfbaren Zusatztanks befriedigten jedoch keineswegs. Sie bestanden aus schwerem Wachskarton und waren lediglich für Überführungsflüge gedacht gewesen, damit Jagdflugzeuge auf dem Luftweg nach England gebracht werden konnten. Sie wurden so schnell undicht, daß amerikanische Techniker davor warnten, sie weiter als bis zur Hälfte zu füllen. Durch ihren Luftwiderstand verringerten sich die Flugleistungen der Thunderbolts, und mit den nicht einmal 400 Litern Zusatztreibstoff kamen die P-47 nur bis zur deutschen Grenze. Außerdem ließen sich die Tanks nicht unter Druck setzen, was bedeutete, daß in der dünnen Luft oberhalb von 6500 Metern kein Treibstoff mehr zu den Motoren der Jagdflugzeuge gelangte. Dadurch befanden sich die „Kruken", wie die Piloten ihre großen Maschinen nannten, gegenüber den oft in 9000 Meter Höhe lauernden deutschen Jägern erheblich im Nachteil.

Trotzdem gaben die Abwurftanks aus Wachspappe den ersten Jagdgruppen der 8. Luftflotte die Möglichkeit, der Luftwaffe einen Vorgeschmack zukünftiger Kämpfe zu geben. Bei ihrem ersten mit Zusatztanks geflogenen Einsatz trafen über 50 Maschinen der 4. Jagdgruppe am 28. Juli über Holland mit einem aus Deutschland zurückkommenden B-17-Verband zusammen. Die P-47 warfen sich den mindestens 200 Fw 190 und Me 109 entgegen, die den Fortresses zusetzten, und überraschten die deutschen Piloten, die 420 Kilometer von England entfernt keine Thunderbolts erwarteten. Die 4. Jagdgruppe meldete neun Abschüsse, einen wahrscheinlichen Abschuß und vier beschädigte feindliche Maschinen, während sie selbst nur eine einzige P-47 verloren hatte.

Zwei Tage später setzten die 4. und 78. Gruppe 107 Thunderbolts zu ähnlichen Aufgaben ein. Der 78. Jagdgruppe gelang es sogar, bei Haldern

Amerikanische Bomber, die 1943 über England in Richtung Deutschland fliegen, bilden die von Oberst Curtis E. LeMay entwickelte Einsatzformation, um möglichst gut vor Angriffen feindlicher Jäger geschützt zu sein. Solange sie in dieser Formation flogen, hatten die Bomber nach allen Seiten freies Schußfeld und konnten die Angreifer unter koordiniertes Kreuzfeuer nehmen.

einige Kilometer weit nach Deutschland vorzustoßen, einen Verband mit Focke-Wulfs und Messerschmitts anzugreifen und 16 Maschinen abzuschießen – bei drei eigenen Verlusten. Die 4. und 56. Gruppe, die auch in Luftkämpfe mit feindlichen Jägern verwickelt gewesen waren, hatten bei vier eigenen Verlusten neun deutsche Jäger abgeschossen.

Den eindrucksvollsten Sieg erzielten die Jagdflieger der Achten in diesem frühen Stadium am 16. August, als die 4. Gruppe ein B-17-Geschwader auf einem Feindflug nach Frankreich begleitete. Als deutsche Jäger die Bomber angriffen, stürzten sich die ehrgeizigen Piloten der 4. Jagdgruppe auf sie und schossen 18 Me 109 und Fw 190 ab, wobei wieder nur eine P-47 verlorenging.

Dieser Einsatz wurde von Major Donald Blakeslee geplant, der mit einer P-47 über der Luftschlacht kreiste und seinen Männern über Funk Anweisungen gab. Blakeslee, der später als Oberst Kommandeur der 4.

Jagdgruppe wurde, war vermutlich der erfahrenste Jagdflieger der Achten. Er hatte sich vor dem Eintritt Amerikas in den Zweiten Weltkrieg freiwillig zur RAF gemeldet und Dutzende von Einsätzen mit Spitfires geflogen. Nach dem Kriegseintritt der Vereinigten Staaten wechselte Blakeslee die Uniform – wie zahlreiche andere amerikanische Freiwillige, die ebenfalls beim RAF-Jägerkommando Kampferfahrung gesammelt hatten. Blakeslee flog buchstäblich jeden Einsatz seiner bewährten Gruppe mit und hatte schließlich so viele Flugstunden angesammelt (schätzungsweise 1000), daß er sein Flugbuch fälschen mußte, um zu verhindern, daß er Flugverbot erhielt, weil er die bei den amerikanischen Luftstreitkräften zulässigen 250 bis 300 Einsatzstunden für Jagdflieger weit überschritten hatte.

Der Hauptkonkurrent der 4. Jagdgruppe, die 56. Gruppe, wurde von einem ebenso fähigen und anspruchsvollen Offizier geführt: dem 29jährigen Oberst Hubert „Hub" Zemke, dessen Handbuch für Jagdflieger seine Piloten aufforderte, selbst auf überlegene feindliche Verbände „mit Höchstgeschwindigkeit herabzustoßen" und dann „wie der Teufel zu kämpfen", bis Verstärkung kam. Zemke und seine 56. Gruppe bestanden ihre Bewährungsprobe am 17. August 1943, als sie den bedrängten B-17, die Schweinfurt bombardiert hatten, auf dem Rückflug entgegenkamen. Die 56. Gruppe stieß mit Zusatztanks 25 Kilometer weit nach Deutschland vor und stellte fest, daß die Bomber von dem deutschen Jagdgeschwader 26 angegriffen wurden. Zemkes Piloten fielen über die Deutschen her, schossen 17 feindliche Maschinen ab und verloren selbst nur eine.

B-24 schließen sich vor England hinter einem buntbemalten Sammelflugzeug zusammen. Die Bildung großer Verbände mit Hunderten von Maschinen verlief oft hektisch. Um sie zu beschleunigen, wurden ausgediente Bomber mit auffälligen Markierungen – Punkten, Zebrastreifen, Blinklichtern – als Sammelflugzeuge eingesetzt. Sie kehrten zum Einsatzflughafen zurück, sobald die geordneten Verbände ihren Feindflug begannen.

Daß die Amerikaner diese erstaunlichen Erfolge bei so geringen eigenen Verlusten erzielen konnten, lag zum Teil mit daran, daß die deutschen Jagdflieger, wenn sie angegriffen wurden, im allgemeinen mit einer Rolle in den Sturzflug übergingen – eine im Luftkampf mit der leichten englischen Spitfire, die sie als Gegner kannten, durchaus bewährte Taktik. Aber im Duell gegen die schwere Thunderbolt, die höhere Sturzfluggeschwindigkeiten als jeder andere Jäger erreichte, waren sie damit unterlegen.

Die Erfolge der Amerikaner ließen sich aber auch auf die aggressive Kampfweise zurückführen, die Blakeslee und Zemke ihren Piloten eingetrichtert hatten – und auf die überschwere Bewaffnung der Thunderbolts mit acht 12,7-mm-MGs. Die beiden 2-cm-Maschinenkanonen, mit denen die meisten einmotorigen deutschen Jäger bewaffnet waren, konnten für schwerfällige Bomber tödlich sein, aber ihre niedrige Feuergeschwindigkeit – etwa zehn Schuß pro Sekunde – bedeutete einen entschiedenen Nachteil im Kurvenkampf mit einer 650 Stundenkilometer schnellen P-47. Ein Thunderbolt-Pilot, der den Feuerknopf an seiner Steuersäule eine Sekunde lang drückte, löste damit einen Hagel von über hundert 12,7-mm-Geschossen aus – teils panzerbrechende Geschosse, teils Leuchtspurgeschosse. Ein einziger Feuerstoß dieser Art konnte die Tragfläche eines deutschen Jägers wie mit einer Kreissäge abtrennen, sein Leitwerk kappen oder ihn durch eine Benzintankexplosion völlig zerstören.

Trotzdem wurden die „Kruken" nach wie vor durch die undichten, lästigen Abwurftanks behindert, die sie dazu zwangen, die Bomber ab der deutschen Grenze den Angriffen der feindlichen Jäger auszuliefern. Die Lösung dieses letzten drängenden Problems war das Werk eines der unbesungenen Helden des Zweiten Weltkriegs: Oberstleutnant Cass Hough, stellvertretender Direktor der Abteilung Flugtechnik der großen Instandsetzungswerft der 8. Luftflotte in Bovingdon bei London.

Hough war an der Konstruktion und Erprobung dreier brauchbarer Metalltanks beteiligt. Der erste, der etwa 400 Liter faßte, wurde ab September 1943 in einem englischen Werk produziert. Ein weiterer mit 320 Liter Inhalt wurde eilig in den Vereinigten Staaten in die Fertigung genommen. Diese beiden Metalltanks ließen sich unter Druck setzen. Houghs Techniker entwickelten ein System, das die vom Motor eines Jagdflugzeugs gelieferte Druckluft in die Zusatztanks leitete. Und Hough baute ein von der RAF entwickeltes Ventil um, das dafür sorgte, daß der Innendruck in den Tanks stets dem von außen einwirkenden Luftdruck entsprach. Das bewirkte, daß die Treibstoffzufuhr zum Motor in allen Flughöhen einwandfrei klappte. Nach diesen Erfolgen entwickelte Hough noch einen ausgezeichneten 570-Liter-Tank.

Houghs Neuerungen wirkten sich geradezu revolutionär auf die Flugleistungen der P-47 aus. Die kleineren Tanks waren so strömungsgünstig, daß sie die Fluggeschwindigkeit der Maschine lediglich um 20 bis 25 Stundenkilometer senkten. Dadurch verringerte sich wiederum der Treibstoffverbrauch auf dem Flug in feindliches Gebiet, was die Eindringtiefe der Thunderbolt vergrößerte.

Die bedeutsamen Vorteile dieser Leistungssteigerung machten sich sehr schnell bemerkbar. Am 27. September 1943 begleiteten Thunderbolts erstmals einen Bomberverband bis zu einem Ziel in Deutschland – nach Emden – und legten dabei insgesamt fast 650 Kilometer zurück. Bei diesem bahnbrechenden Einsatz begleiteten Blakeslees 4. Gruppe und die noch unerfahrene 353. Gruppe einen Bomberverband ins Zielgebiet, nachdem

Hauptmann Robert Johnson, hier mit seinem
Ersten Wart, überbot als erster Amerikaner den
1914–18 aufgestellten Rekord von 26 Luftsiegen.

Oberst Hubert „Hub" Zemke brachte es auf
17,75 Luftsiege. (Das Bewertungssystem kannte
anteilige Luftsiege, deshalb dieser Bruchteil.)

Oberst Donald Blakeslee, der draufgängerische
Kommandeur der 4. Jagdgruppe, erzielte
15,5 Luftsiege, die meisten mit P-51 Mustangs.

sie wie vereinbart über den westfriesischen Inseln mit den Bombern
zusammengetroffen waren. Die 56. und 78. Gruppe, die ihren B-17-
Verband in den Wolken verfehlt hatten, stießen über dem Kontinent
trotzdem auf einige deutsche Jäger und verwickelten sie in Luftkämpfe.
Zwei weitere Jagdgruppen, die ohne Zusatztanks flogen, stießen nach
Holland vor, um den Gegner im dortigen Luftraum zu binden. Das
Ergebnis dieser Einsätze am 27. September war der bisher größte Luftsieg
der Amerikaner: Ihre Jäger schossen 21 Messerschmitts und Focke-Wulfs
ab und verloren selbst nur eine einzige Maschine.

Eine Woche später, am 4. Oktober 1943, stieß die 56. Gruppe noch
weiter ins Reichsgebiet vor und fing 40 Me 110 ab, die eben die letzten
Maschinen eines Frankfurt bombardierenden B-17-Verbandes mit Rake-
ten angreifen wollten. Die Thunderbolts stürzten sich unter Zemkes
Führung auf die deutschen Flugzeuge und schossen innerhalb von fünf
Minuten 15 Messerschmitts ab. Am 8. Oktober erzielte die 56. Gruppe
weitere fünf Abschüsse und besaß bald ein halbes Dutzend „Asse"
(Jagdflieger mit fünf Abschüssen). Zemke selbst, Major David Schilling,
Leutnant Robert Johnson und der verwegenste, unbekümmertste Pilot der
Gruppe, Hauptmann Walker „Bud" Mahurin, hatten je fünf Abschüsse,
während Hauptmann Gerald Johnson sieben erzielt hatte.

Mit dieser Ansammlung von Scharfschützen wurde die 56. am 5.
November die erste von England aus operierende Jagdgruppe, die
nachweislich mehr als 100 feindliche Maschinen abgeschossen hatte.
Irgend jemand bemerkte, die Piloten dieser Gruppe jagten wie ein Rudel
Wölfe – ein Kompliment, das ihnen so gut gefiel, daß sie sich den
Beinamen „das Wolfsrudel" gaben.

Trotz aller Erfolge im Kampf gegen die Luftwaffe waren die amerikanischen Piloten sich darüber im klaren, daß die P-47 den deutschen Jägern
in niedrigen Höhen unterlegen war. In über 6000 Meter Höhe reichten die
650 Stundenkilometer Höchstgeschwindigkeit der Maschine aus, aber

„Hauptmann Mutig" – so charakterisierte Präsident Roosevelt den Jagdflieger Donald S. Gentile, der insgesamt 21,8 Luftsiege erkämpft hatte.

sobald die „Kruke" sich in Höhen um 1500 Meter oder noch tiefer locken ließ, sank ihre Geschwindigkeit auf etwa 550 Stundenkilometer ab. Dieses Manko wurde im Winter 1943/44 beseitigt, als die P-47 neue Luftschrauben erhielten, deren breite Blätter wie Kanupaddel geformt waren. Die neuen Blätter nutzten die Motorenleistung intensiver aus und verbesserten auch die bisher eher geringe Steiggeschwindigkeit der Maschine.

Vor dieser Verbesserung konnte die „Kruke" jedoch selbst erfahrene Jagdflieger in Schwierigkeiten bringen, wenn sie unvorsichtig genug waren, sich in Bodennähe in Luftkämpfe verwickeln zu lassen. Hauptmann Donald S. Gentile, einer der erfahrenen ehemaligen Spitfire-Piloten der 4. Gruppe, zu deren führenden Assen er später zählen sollte, geriet im Dezember 1943 mit seiner Thunderbolt in einen derartigen Luftkampf in geringer Höhe, der beinahe tödlich für ihn geendet hätte.

Seine Gruppe, die amerikanische Bomber zu Industriezielen im Raum Paris zu begleiten hatte, war in Luftkämpfe mit Fw 190 verwickelt, als Gentile, der bereits einen deutschen Jäger abgeschossen hatte, sich hinter eine weitere Fw 190 setzte. Der Deutsche versuchte, sich in Bodennähe in Sicherheit zu bringen, weil er wußte, daß die Leistung der P-47 abfallen würde, falls der Amerikaner die Verfolgung fortsetzte. Gentile blieb mit hämmernden MGs hinter ihm. Die Fw 190 wurde nicht mehr abgefangen und zerschellte in einer orangeroten Feuerkugel auf dem Erdboden. Gentile zog mit aller Kraft den Steuerknüppel zurück und konnte nur hoffen, daß die Wirbelschleppe seines Opfers nicht auch die P-47 ins Trudeln und zum Absturz bringen würde.

Er hatte die Thunderbolt kaum abgefangen, als er hinter sich Kanonenfeuer hörte und etwas über seine linke Tragfläche zischen sah. Bei der eifrigen Verfolgung der Fw 190 hatte Gentile seinen Rottenflieger verloren, dessen Aufgabe es sonst gewesen wäre, ihm den Rücken freizuhalten. Jetzt schlossen zwei schnelle Fw 190 zu Gentiles schwerfälliger P-47 auf.

Gentile trat sofort in das Ruderpedal und legte die Thunderbolt in eine steile Kehrtkurve. Aber die beiden Focke-Wulfs ließen sich nicht abschütteln, und Gentile mußte in seiner Verzweiflung bis auf Baumhöhe herabgehen, während seine Verfolger näher kamen und die vordere Fw 190 ihn mit kurzen Feuerstößen aus ihren Maschinenkanonen eindeckte. Schließlich gelang es Gentile, einen der Deutschen abzuschütteln, der andere blieb jedoch unerbittlich hinter ihm. Im Tiefstflug hatte der Deutsche keine Mühe, die P-47 in Sicht zu behalten. Nur Gentiles geschickte Ausweichmanöver hinderten den Verfolger daran, ihn abzuschießen.

Als die Focke-Wulf dichter aufschloß, während sie ein Waldstück umrundeten, rief Gentile in sein Mikrophon: „Hilfe! Hilfe! Ich werde niedergemacht!" Er hörte eine Stimme, die er an der gedehnten Sprechweise als die seines Staffelkameraden Leutnant Willard Millikan erkannte: „Also, wenn Sie mir Ihr Rufzeichen und Ihre ungefähre Position durchgeben, schicken wir Hilfe."

„Ich bin mit einer Hundertneunzig hier unten bei einer Bahnlinie!" brüllte Gentile. Aber keiner der Piloten, die in mindestens 6000 Meter Höhe über ihm kreisten, konnte die beiden Flugzeuge dicht über dem Erdboden erkennen, so daß keine Hilfe kam. Gentile, der sich für „erledigt" hielt, wollte von der Bahnlinie wegsteigen, etwas Höhe gewinnen und dann mit dem Fallschirm abspringen. Zuvor rief er noch ins Mikrophon: „Horseback! Horseback! Sag ihnen, daß ich zwei Hundertneunziger erwischt habe, falls ich nicht zurückkomme!"

Er zog den Steuerknüppel zurück, und seine rüttelnde P-47, die nicht so rasch steigen konnte und dem Überziehen nahe war, gewann mühsam Höhe. Die Fw 190 raste unter ihm vorbei, und wenn Gentile sich nicht zuvor verschossen hätte, hätte er nachdrücken und an diesem Tag seine dritte Focke-Wulf abschießen können. Der Deutsche, der ebenfalls keine Munition mehr hatte, gab die Verfolgung auf und flog davon.

Gentile machte, daß er nach Hause kam. Er war körperlich so erschöpft, daß er nach der Landung auf dem Platz der 4. Jagdgruppe feststellen mußte, daß er nicht mehr die Kraft zum Aussteigen hatte. Er blieb in seiner Maschine sitzen. Ein Nachrichtenoffizier kletterte auf die Tragfläche, um ihn zu befragen. „Gentile gab keine Antwort", berichtete er, sondern saß „mit rollenden Augen im Cockpit und atmete keuchend".

Nachdem der allseits bewunderte Gentile heil nach Hause gekommen war, konnten seine Kameraden sich über sein haarsträubendes Erlebnis amüsieren. Einer von ihnen dichtete sogar ein Lied auf die Melodie von „Tramp, Tramp, Tramp, the Boys are Marching", das mit den Worten „Hilfe, Hilfe, Hilfe, ich werde niedergemacht" begann.

Diese Unverwüstlichkeit und ihr bissiger Humor trugen dazu bei, daß die Piloten die gewaltige Belastung im Einsatz ertragen konnten. Sie machten ihre Sache gut. Sie waren einfach etwas Besonderes – und das wußten sie auch. Das zeigte sich schon in ihrer nachlässigen Kleidung. Wie andere amerikanische Piloten zogen die meisten Jagdflieger die Versteifungsdrähte aus ihren Uniformmützen, die dann schlapp wie Spanielohren herabhingen. Diese schneidig-legere Mützenmode, die dem Träger den Status eines altgedienten Veteranen verlieh, war als 50-Feindflüge-Kniff bekannt. Die Jagdflieger neigten auch dazu, mit offenen Uniformjacken herumzulaufen und die Feinheiten der militärischen Formen nonchalant zu mißachten. Ihre Respektlosigkeit zeigte sich beispielsweise, als ein Pilot der 4. Gruppe, die in längeren Vorträgen von Vorgesetzten aufgefordert worden war, „unerschrocken" zu kämpfen, seinen Gefechtsbericht nach einem gefährlichen Einsatz mit den Worten schloß: „Ich erhebe Anspruch auf eine zerstörte Me 109 und verdammt viel Unerschrockenheit."

Während die P-47 sich abmühten, mit einem 320-Liter-Zusatztank einige Kilometer weit nach Deutschland vorzustoßen, trafen die ersten Maschinen eines anderen Musters, der P-38 Lightning, in England ein. Die 8. Luftflotte hoffte, daß dieses zweimotorige Jagdflugzeug, dessen normale Eindringtiefe erheblich höher als die der P-47 war, sich als idealer Langstrecken-Begleitjäger erweisen würde. Mit zwei von Oberst Houghs Metalltanks unter den Tragflächen konnte die Lightning praktisch über ganz Deutschland operieren – und mehrere mit P-38 ausgerüstete Jagdgruppen begannen auch damit.

Es wurde jedoch bald deutlich, daß die P-38 für die ihr zugedachten Aufgaben ungeeignet war. Bei einem der ersten Begleiteinsätze der 55. Gruppe im November 1943 mußten drei der 48 Lightnings schon kurz nach dem Start von ihren englischen Einsatzhäfen wegen Motorschäden umkehren. Ihre Allison-Motoren und die für Höhenflüge eingebauten Turbolader versagten in der Winterkälte Nordeuropas, wo die Temperatur in 7500 Meter Höhe bis auf −50° C absinken konnte.

Die weiterfliegenden Piloten zitterten bald vor Kälte – die Cockpitheizung der P-38 funktionierte ebenfalls nicht immer zufriedenstellend –, und mehrere von ihnen merkten bald, daß ihre Motoren in der eisigen Kälte

Eine P-38 Lightning wird für einen Langstrecken-Begleiteinsatz betankt. Die zweimotorige Maschine, die an Aufhängepunkten unter den Tragflächen zwei metallene 625-Liter-Abwurftanks trug, konnte amerikanische Bomber weit nach Deutschland hinein begleiten. Durch den zusätzlichen Treibstoff in den Abwurftanks erhöhte sich die Eindringtiefe der P-38 um über 160 Kilometer.

weniger leisteten. Über dem Ziel, wo die P-38 ihre Bomber zu schützen versuchten, wurden sie rasch von deutschen Jägern in Luftkämpfe verwickelt, bei denen fünf Lightnings abgeschossen wurden. Zwei weitere gingen aus unbekannten Gründen verloren, und von den heimkehrenden Maschinen wiesen 16 schwere Schäden durch MK- und MG-Feuer auf. Weitere Einsätze im November endeten ebenso schlimm. Bis zum Monatsende hatte die 55. Gruppe 18 Flugzeuge über dem Festland verloren, während vier weitere in England hatten notlanden müssen.

Diese hohen Verluste waren nicht nur auf die mechanischen Defekte der P-38, sondern auch auf ihre charakteristische Form zurückzuführen. Mit ihren zwei Motoren und den beiden Leitwerksträgern bot die Lightning ein am europäischen Himmel einzigartiges Erscheinungsbild – was in der Praxis bedeutete, daß die deutschen Piloten sie bereits aus größerer Entfernung erkannten, vor allem wenn ihre Motoren einen doppelten Kondensstreifen erzeugten. Ein Kondensstreifen tritt unter bestimmten atmosphärischen Bedingungen in großen Höhen hinter allen Flugzeugtriebwerken auf. Da das Überraschungsmoment fehlte, konnten die P-38 nur selten über feindliche Jäger herfallen, wie es den stumpfnasigen P-47, die Ähnlichkeit mit der Fw 190 hatten, oft gelang. Die mit P-38 ausgerüsteten Gruppen der 8. Luftflotte erreichten nie die Abschußzahlen der anderen Jagdgruppen und hatten größere Verluste.

Kurz nachdem die ersten P-38-Gruppen einsatzbereit waren, tauchte auf Jägerflugplätzen der 8. Luftflotte eine kleine, elegante und unbekannte Maschine auf. Dieses neue Flugzeug war die P-51 Mustang, die alle an einen Langstrecken-Begleitjäger gestellten Anforderungen glänzend erfüllte: Sie besaß die gleiche Eindringtiefe wie jeder Bomber, ohne die Mängel der P-38 aufzuweisen. Die P-51 erwies sich als mechanisch zuverlässig, war sehr schnell (700 Stundenkilometer in 9000 Meter Höhe), verfügte mit ihrer Standardbewaffnung aus sechs 12,7-mm-MGs über reichlich Feuerkraft und konnte unvorsichtige deutsche Jäger oft überraschend angreifen, weil sie Ähnlichkeit mit der Me 109 hatte.

Die Entwicklungsgeschichte der P-51 begann im April 1940, als eine englische Kommission in den Vereinigten Staaten eine große Zahl weiterer Curtiss P-40D Warhawks kaufen wollte, die als Verstärkung für die mehreren hundert P-40 gedacht waren, die bereits für die Einsätze der RAF in Nordafrika gekauft worden waren. Curtiss war jedoch völlig damit ausgelastet, P-40 für die Heeresluftstreitkräfte zu liefern. Als James H. Kindelberger, der Präsident der North American Aviation, von diesem Engpaß hörte, unterbreitete er das Angebot, ein besseres Jagdflugzeug mit dem gleichen wassergekühlten Allison-Motor, wie ihn die P-40 hatte, zu bauen – und das in sechs Monaten. Die Engländer waren einverstanden. Die amerikanischen Heeresflieger erhielten zur Erprobung ebenfalls zwei der neuen Jagdflugzeuge, die als XP-51 bezeichnet wurden.

Die Mustang beeindruckte die Engländer mehr als die Amerikaner – durch ihre klaren Linien, den umfangreichen Panzerschutz für den Piloten,

Waffenwarte (unten links) tragen die sechs 12,7-mm-MGs einer P-51 Mustang sowie gegurtete Munition, die gerade für ein MG ausreicht. Auf dem Photo unten legen zwei Mann des Bodenpersonals Gurte in die Munitionskammer in der Tragfläche einer P-47 Thunderbolt ein, während ein Waffenwart einen der MG-Läufe reinigt.

große, selbstdichtende Treibstofftanks und gute Leistungen in geringen Höhen. Die RAF setzte die Maschine anfangs für Luftbildaufklärung und Angriffe auf Bodenziele jenseits des Ärmelkanals ein. Englische und amerikanische Fachleute waren sich jedoch darüber einig, daß das Flugzeug nicht als Höhenjäger geeignet sei – sein Motor war zu schwach.

Irgendwann Ende 1942 hörte dann ein amerikanischer Jagdflieger aus dem Ersten Weltkrieg, Major Thomas Hitchcock, der in der amerikanischen Botschaft in London als Militärattaché Dienst tat, daß die RAF mit einer ihrer Mustangs experimentierte, indem sie das amerikanische Flugzeuggerippe mit einem stärkeren und sparsameren Motor – dem Rolls-Royce Merlin 61 – kombinierte. Hitchcock drängte die Heeresluftstreitkräfte, einen Versuch mit der gleichen Kombination anzustellen. Seiner Überzeugung nach mußte dabei ein ausgezeichneter Höhen- und Langstreckenjäger herauskommen.

Obwohl Tommy Hitchcock eher als Weltklasse-Polospieler denn als Fachmann für Flugzeugbau bekannt war, war Hap Arnold der Ansicht, der von Hitchcock vorgeschlagene aeronautische Kreuzungsversuch lohne sich möglicherweise, und gab im November 1942 sein Einverständnis dazu. Die Umkonstruktion von Allison auf Rolls-Royce dauerte ihre Zeit, so daß die ersten P-51B erst nach einem Jahr in England eintrafen. Aber mit ihren großen innenliegenden Treibstofftanks und einem Verbrauch, der etwa bei der Hälfte der bei P-38 und P-47 gewohnten Werte lag, erschien die Mustang mit Rolls-Royce-Motor den Jägerkommandeuren in England sofort als das Flugzeug, auf das sie gewartet hatten. Ihre Reichweite war phänomenal: Mit zwei 850-Liter-Zusatztanks unter den Tragflächen konnten spätere Muster der P-51 2700 Kilometer weit fliegen.

Zu den ersten Enthusiasten gehörte Don Blakeslee, der Kommandeur der 4. Jagdgruppe, der sofort ins Hauptquartier von Generalmajor William E. Kepner, dem Befehlshaber des VIII. Jägerkommandos, fuhr, weil er hoffte, Mustangs für seine Gruppe „organisieren" zu können. Aber Kepner wollte nicht recht. Er erinnerte Blakeslee daran, daß die 8. Luftflotte mitten in einer Großoffensive stand, für die jeder Mann gebraucht wurde, und daß es normalerweise einige Wochen dauerte, bis Piloten sich an ein neues Flugzeugmuster gewöhnt hatten. „General", antwortete Blakeslee wie aus der Pistole geschossen, „wenn Sie mir die Mustangs geben, gebe ich Ihnen mein Wort, daß sie binnen 24 Stunden eingesetzt werden." Kepner gab nach, und einige der ersten verfügbaren Mustangs landeten auf dem Flugplatz der 4. Gruppe in Debden.

Blakeslees Piloten waren begeistert. Die Veteranen unter ihnen, die bei der RAF die leichte, wendige Spitfire geflogen hatten, waren nie sonderlich von der schweren P-47 eingenommen gewesen, so robust sie auch war. Nach Aussage eines Piloten der 4. Gruppe war die Spitfire „ein trittsicheres kleines Fohlen" – und die Thunderbolt „ein stiernackiger, unhandlicher Hengst". Mit der P-51 stand Blakeslees Piloten eine Maschine zur Verfügung, die so reaktionsschnell und hochgezüchtet wie die Spitfire war. „Gehören alle uns", erklärte Blakeslee seinen anerkennend pfeifenden Piloten, als die Maschinen eintrafen. Und er erzählte ihnen von seinem Versprechen, die P-51 binnen 24 Stunden in den Kampf zu werfen. „Wie man sie fliegt", sagte er, „könnt ihr auf dem Weg zum Ziel lernen." Damit hatte Blakeslee nicht einmal unrecht. Wie sich zeigte, hatten viele seiner Piloten ihre neuen Mustangs ganze 40 Minuten lang ausprobiert, bevor sie mit ihnen zum ersten Feindflug starteten.

Als die Mustangs in England eintrafen, war General Eakers 8. Luftflotte zu erstaunlicher Größe angewachsen. Am 13. Dezember 1943 konnte Eaker 637 Bomber, die von rund 500 Jägern begleitet wurden, zu einem Dreifachangriff auf Bremen, Kiel und Hamburg einsetzen. Auf solche Einsatzstärken hatte er von Anfang an hingearbeitet: genügend B-17 und B-24, um jedes Ziel mit einem Bombenteppich belegen zu können, und genügend Begleitjäger, um die Bomberverluste entscheidend verringern zu können. Eaker war überzeugt, nun die Mittel in der Hand zu haben, um Hap Arnolds Neujahrsbefehl für die 8. Luftflotte ausführen zu können: „Vernichtet die feindliche Luftwaffe, wo immer ihr sie antrefft – in der Luft, am Boden und in den Fabriken."

Aber dann schien für Eaker der Himmel einzustürzen. General Dwight D. Eisenhower, seit kurzem Oberbefehlshaber der Alliierten Invasionsstreitkräfte, die im Frühjahr 1944 über den Ärmelkanal hinweg auf das europäische Festland vorstoßen sollten, wollte sich seine Fliegergenerale selbst aussuchen. Eisenhower fand es beeindruckend, wie Generalmajor James Doolittle – derselbe Jimmy Doolittle, der im April 1942 den berühmten Luftangriff auf Tokio befehligt hatte – die 12. Luftflotte geführt hatte, deren Aufgabe es gewesen war, das Landungsunternehmen *Torch* in Nordafrika und die anschließend über das Mittelmeer hinweg durchgeführten Invasionen in Sizilien und Italien zu unterstützen. Doolittle wurde Oberbefehlshaber der 8. Luftflotte, und Tooey Spaatz, der unterdessen im Mittelmeerraum für den gesamten Luftwaffeneinsatz auf diesem Kriegsschauplatz verantwortlich gewesen war, wurde nach England zurückgeholt, um die amerikanischen Luftwaffenoperationen in Europa zu koordinieren. Eaker wurde auf den freigewordenen Posten im Mittelmeerraum versetzt. Für ihn war es „herzzerreißend", wie er Arnold schrieb, seinen Befehlsbereich „unmittelbar vor dem Höhepunkt zu verlassen".

Tatsächlich sollte das neue Jahr mehrere Höhepunkte bringen – und weitere Krisen. Doolittle übernahm eine schlagkräftige Streitmacht, aber die durchzuführende Aufgabe blieb gewaltig. Bevor die alliierte Invasion beginnen konnte, mußte ein entscheidender Schlag gegen die deutsche Luftwaffe geführt werden. Anfang 1944 war es Generalmajor Adolf Galland, dem deutschen General der Jagdflieger, durch Aufstellung neuer Verbände und den heimlichen Abzug anderer von der Ostfront und aus dem Mittelmeerraum gelungen, im Westen 1000 Jäger zu stationieren. Doolittle blieben nur vier Monate Zeit, um Gallands Streitmacht zu zerschlagen. Um dieses Ziel zu erreichen, begann er eine neue Luftoffensive mit dem Decknamen *Argument*.

Doolittles Bemühungen, *Argument* im Januar und Februar 1944 anlaufen zu lassen, wurden durch das kalte, unfreundliche Winterwetter behindert. Deutschland lag unter grauen Wolkenmassen, die manchmal bis zu 6000 oder gar 9000 Meter Höhe hinaufreichten und nicht nur die Ziele verdeckten, sondern auch Bomberverbände zerrissen und verhinderten, daß die Jäger wie vorgesehen mit den B-17 und B-24 zusammentrafen, für die sie Begleitschutz fliegen sollten. Solche Pannen behinderten den ersten Großangriff im neuen Jahr, der am 11. Januar 1944 geflogen wurde.

Die Ziele waren fünf Flugzeugfabriken im Raum Braunschweig, darunter ein wichtiges Fw-190-Montagewerk in Oschersleben. Das Wetter über Deutschland, das laut Voraussage der Meteorologen brauchbar sein sollte, verschlechterte sich so rasch, während die 663 Bomber nach Osten flogen, daß Doolittle, dem diese Wetterverschlechterung über Funk gemeldet

Begleitschutz für die Bomberströme

Als die 8. Luftflotte ab 1944 gewaltige Bomberverbände weit nach Deutschland hinein entsandte, stand ihr Jägerkommando vor dem Problem, wie es Begleitschutz für die aus B-17 und B-24 bestehenden Bomberströme fliegen konnte. Eine Lösung bestand darin, zahlreiche, sich ablösende Jagdgruppen einzusetzen.

Jäger, deren Eindringtiefe sich durch Abwurftanks erhöhte, starteten zu unterschiedlichen Zeiten auf verschiedenen Jägerflugplätzen, um sich bei der Begleitung der Bomber abzulösen. Wie der unten dargestellte Einsatzplan zeigt, sollten etwa 200 P-47 die Bomber auf dem größten Teil der Strecke zu den Angriffszielen – drei Flugzeugwerken in Deutschland – begleiten. Rund 50 P-51 sollten im Zielgebiet Begleitschutz fliegen. Danach sollten etwa 100 P-38 die zurückkehrenden Bomber begleiten, um im weiteren Verlauf des Rückflugs von 250 frischen P-47 abgelöst zu werden.

In der Praxis klappte nicht alles wie geplant. Die Begleitjäger wurden durch Wolken behindert, und die Deutschen schossen 65 amerikanische Flugzeuge ab.

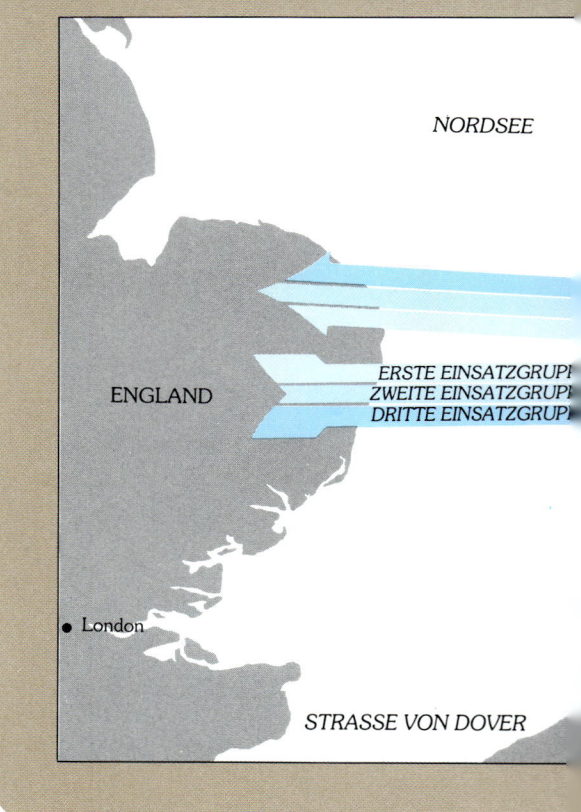

NORDSEE

ENGLAND

ERSTE EINSATZGRUPPE
ZWEITE EINSATZGRUPPE
DRITTE EINSATZGRUPPE

London

STRASSE VON DOVER

Nach dem Start bilden P-47 Viererketten, um zum Treffpunkt mit ihren Bombern zu fliegen.

P-47 fliegen parallel zu den B-17, um den Bombern ihre Hoheitsabzeichen zu zeigen.

Eine P-47 macht Jagd auf eine Fw 190, die den Begleitschutz des Verbandes durchstoßen will.

Zurückkehrende P-47, deren Treibstofftanks fast leer sind, kippen rasch zur Landung ab.

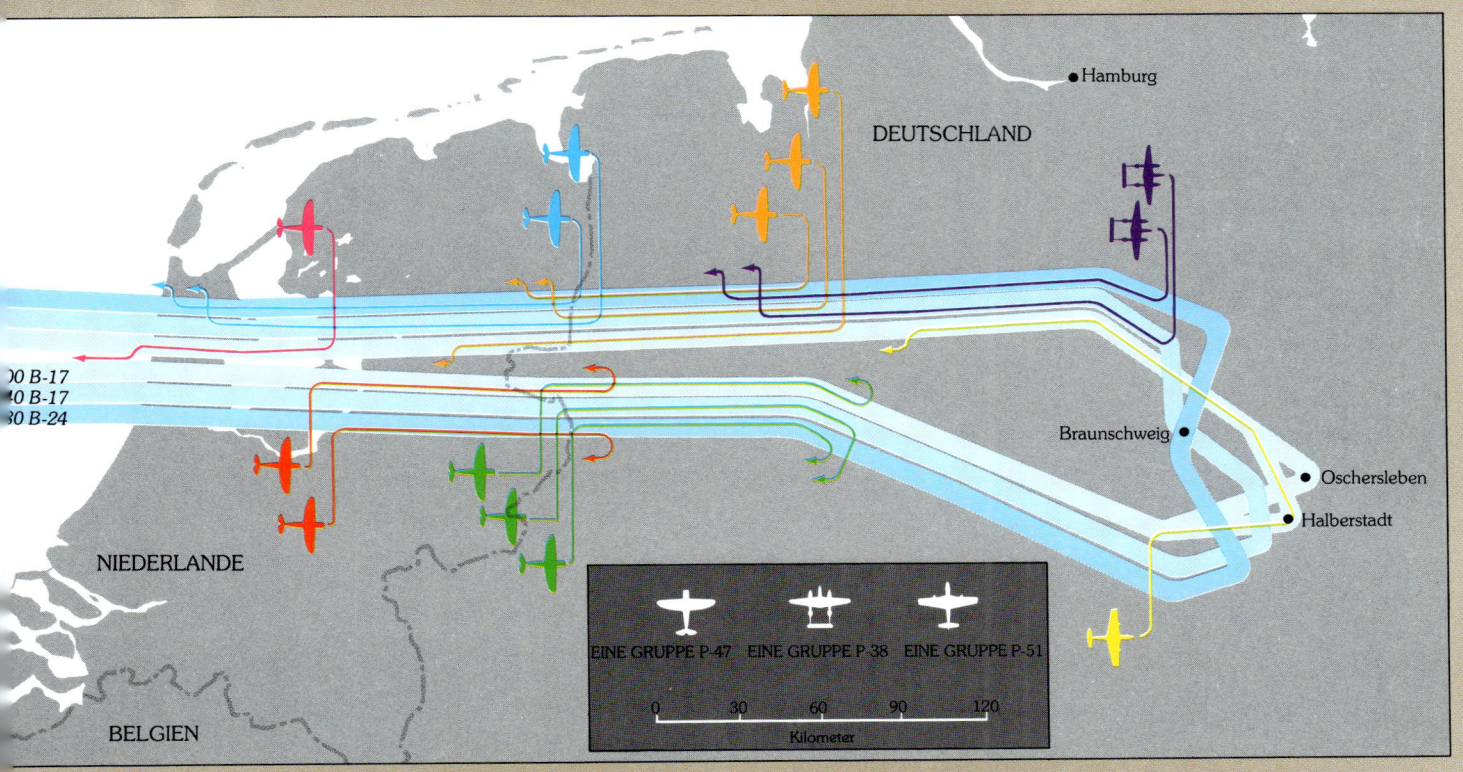

Der Plan für einen Angriff in Deutschland zeigt 14 Jagdgruppen, die an sieben Punkten mit den Bombern dreier Verbände zusammentreffen sollen.

wurde, den Befehl zur Umkehr erteilte und über 400 der Maschinen nach England zurückrief. Die nach Oschersleben weiterfliegenden 139 B-17 trafen über dem Ziel nur eine dünne Wolkenschicht an und bombardierten das Focke-Wulf-Werk, während ein weiterer Verband aus 47 Fortresses einen Me-110-Zulieferbetrieb außerhalb Braunschweigs mit Bomben belegte. Aber diese verhältnismäßig schwachen Bomberverbände konnten nicht die Wirkung erzielen, die Doolittle sich von seinem ersten Großangriff versprochen hatte.

Das Wetter brachte auch den Zeitplan der Jäger durcheinander, die sich als Begleitschutz der Bomber hatten ablösen sollen, um sie auf einzelnen Etappen des Hin- und Rückflugs in Empfang zu nehmen und zu begleiten. Das führte dazu, daß 60 amerikanische Bomber abgeschossen wurden. Der Angriff am 11. Januar bewies lediglich, daß die deutsche Luftwaffe den Bombern noch immer schwere Verluste zufügen konnte, wenn der Jagdschutz wegen schlechten Wetters ausfiel. Trotzdem blieb Doolittle und seinem Vorgesetzten, Tooey Spaatz, keine andere Wahl, als weitere Einsätze fliegen zu lassen. Da die Invasion in der Normandie weiterhin für Mai geplant war, wurde die Zeit allmählich knapp.

Ende Februar ließ Doolittle nicht nur einen Angriff, sondern eine Serie von fünf Großangriffen in einem Zeitraum von sechs Tagen fliegen. Die „Big Week", wie dieser massive Einsatz dann genannt wurde, begann am Morgen des 20. Februar, einem Sonntag. Die Meteorologen hatten vorausgesagt, daß ein Hochdruckgebiet über Mitteldeutschland hinwegziehen und mehrere Schönwettertage bringen werde. Drei selbständige Großverbände – die RAF, die 8. Luftflotte und die vor kurzem verstärkte 15. Luftflotte, die von Italien aus operierte – sollten sich zu einer Bomberoffensive gegen die deutsche Flugzeugindustrie vereinigen.

Das Bomberkommando der RAF leistete seinen ersten Beitrag, indem es am Abend des 19. Februar Berlin und Leipzig angriff. Am nächsten Tag bot die 8. Luftflotte 964 B-24 und B-17 sowie sämtliche amerikanischen Jagdgruppen in Großbritannien auf. Das Wetter war schlechter als vorausgesagt. Über East Anglia und Teilen Deutschlands herrschte Nieselregen. Trotzdem starteten die fast 1800 Bomber und Jäger, stiegen durch den Nebel und versammelten sich über den ihnen zugewiesenen Funkfeuern. Die Bomber sollten mehrere Flugzeugfabriken zwischen Braunschweig im Norden und Gotha im Süden angreifen.

Aber auch dieser sorgfältig geplante massive Einsatz wurde durch das Wetter relativ unwirksam gemacht. Lediglich ein Viertel der Bomber traf die Hauptziele mit sichtbarer Wirkung. Auf der Habenseite stand die Tatsache, daß die deutsche Reichsluftverteidigung ebenfalls durch die Wolken behindert worden war, so daß nur 21 B-17 und B-24 abgeschossen worden waren – ein geringer Verlust im Verhältnis zu der großen Zahl der eingesetzten Maschinen.

Am nächsten Tag, dem 21. Februar, wurden Angreifer und Verteidiger gleichermaßen durch schlechtes Flugwetter behindert. Aber am Tag darauf ließ Doolittle rund 800 Bomber starten, obwohl das Wetter sich nur wenig gebessert hatte. Als die 289 B-17 und B-24, die sich durch die Wolken gekämpft hatten, Deutschland erreichten, kam es um sie herum zu erbitterten Luftkämpfen. Es gelang den Begleitjägern mehrmals, Angreifer abzufangen, die in die Bomberverbände hineinstoßen wollten. Die amerikanischen Jäger schossen 60 feindliche Maschinen ab, während die eigenen Verluste 41 Bomber betrugen.

Nach einer durch noch schlechteres Wetter erzwungenen eintägigen Ruhepause wurde ein Hochdruckgebiet vorausgesagt, und Doolittle setzte daher am 24. Februar über 800 Bomber und 767 Jäger ein und am folgenden Tag noch einmal knapp 800 Bomber. In ganz Deutschland regnete es Bomben auf Flugzeugfabriken herab. An diesen beiden Tagen verlor die 8. Luftflotte 80 Bomber, aber ihre Bordschützen und die Begleitjäger vernichteten über 100 feindliche Maschinen.

Nun entwickelte sich der Luftkrieg über Europa zu einer erbitterten Abnutzungsschlacht, bei der die Vorteile auf seiten der 8. Luftflotte lagen. Da weiterhin neue Bombergruppen eintrafen, um seine Luftflotte zu vergrößern, und da angeschlagene Verbände durch Zuführung neuer Besatzungen aufgefrischt wurden, konnte Doolittle seine Verluste ersetzen. Er wußte, daß die deutsche Luftwaffe, die zwar trotz wiederholter Bombenangriffe auf Flugzeugwerke offenbar noch genügend neue Jagdflugzeuge erhielt, ihre unersetzlichen erfahrenen Jagdflieger verlor.

Die Kommandeure der Bombergruppen und ihre Besatzungen hatten verständlicherweise Zweifel an dieser Rammbockstrategie – und an der Richtigkeit so vieler Einsätze unter gefährlichen Wetterbedingungen. Sie konnten Doolittles Absichten noch weniger verstehen, als er einige Tage nach dem Ende der „Big Week" bekanntgab, die Zahl der Einsätze für Bomberbesatzungen (bis zu ihrer Ablösung) werde von 25 auf 30 erhöht – mit der Begründung, daß „ein Team ungefähr zehn Feindflüge braucht, bevor es wirklich erstklassig ist". Er fügte hinzu, für die entscheidenden Einsätze des Jahres 1944 werde die Achte alle erfahrenen Besatzungen brauchen, die man aufbieten könne.

Die Bomberbesatzungen hielten noch weniger von Doolittle, nachdem er General Kepners Hauptquartier in Bushey Hall nordwestlich von London besucht hatte. An einer Wand von Kepners Dienstzimmer hing das Motto des VIII. Jägerkommandos: „Unser Auftrag: die Bomber zurückbringen." Doolittle wies Kepner an, das Schild abzunehmen. „Das gilt ab sofort nicht mehr", sagte er. „Sie haben den Auftrag, die deutsche Luftwaffe zu vernichten." Teile der Jagdgruppen sollten nach wie vor die Bomber begleiten, aber die übrigen Jäger sollten die Bomberverbände verlassen, den Luftkampf suchen und Flugplätze mit Bordwaffen angreifen, wenn die feindlichen Jäger nicht starteten, um den Kampf aufzunehmen.

Kepner war begeistert. Als angriffslustiger Jagdflieger und Lufttaktiker war er davon überzeugt, daß seine Gruppen die deutsche Luftwaffe bei freier Jagd schnell vom Himmel vertreiben würden. Aber bei den Bomberbesatzungen war die Reaktion ausnahmslos negativ. Ohne die „Kleinen Freunde", wie die Bomberbesatzungen die Begleitjäger nannten, würden die „Banditen" (deutsche Jäger) in noch größeren Massen erscheinen, um die viermotorigen Maschinen in Stücke zu schießen. Doolittle ging mit seinem Plan bewußt ein großes Risiko ein. Er konnte nicht voraussehen, ob seine Bomberverluste unerträglich hoch werden würden, bevor Kepners Jagdflieger die feindliche Jagdwaffe niederkämpfen konnten. Obwohl sich das Risiko zuletzt auszahlte, blieb es schwierig, die Bomberbesatzungen davon zu überzeugen, daß Doolittle ihr Leben nicht über das Maß des Vertretbaren hinaus aufs Spiel gesetzt hatte.

Doolittle ging bald ein weiteres Risiko ein. Diesmal wählte er ein Angriffsziel bewußt nicht wegen der dort konzentrierten strategisch wichtigen Industriebetriebe aus, sondern in erster Linie deshalb, weil es eine Stadt war, zu deren Verteidigung die deutsche Luftwaffe sämtliche Jäger in den Kampf werfen mußte – Berlin. Doolittles Absicht war einfach: Er wollte die deutsche Reichsluftverteidigung in eine Serie immer größerer Luftschlachten verwickeln und dadurch vernichten.

Die beiden ersten Angriffe auf „Big B", wie die Besatzungen der 8. Luftflotte die Reichshauptstadt nannten, wurden durch ähnlich schlechtes Wetter wie die „Big Week" behindert. Am 3. März 1944 wurden alle 900 gestarteten Bomber zurückgerufen oder gegen Ausweichziele eingesetzt. Die 500 am 4. März gestarteten B-17 wurden erneut zurückgerufen oder gegen andere Ziele eingesetzt, nachdem sie bereits weit ins Reichsgebiet vorgestoßen waren. Diesmal flogen jedoch zwei einzelne Gruppen trotz Sturm und Schlechtwetter weiter und behaupteten später, den über Funk erteilten Umkehrbefehl nicht empfangen zu haben. Sie waren die ersten amerikanischen Flugzeuge, die Berlin bombardierten – sehr unpräzise, wie sich danach herausstellte.

Am 6. März 1944 startete die Achte erneut nach Berlin und erreichte ihr Angriffsziel diesmal mit starken Verbänden. Wie Doolittle erwartet hatte, zog dieser Einflug eine der großen Luftschlachten des Zweiten Weltkriegs nach sich. Rund 400 deutsche Jäger stiegen auf, um die 660 Bomber und 800 Begleitjäger abzufangen.

Bob Johnson, der auf dem besten Wege war, nach Gabreski zum zweiterfolgreichsten Jagdflieger der Achten zu werden, erinnerte sich, daß er die deutschen Jäger erstmals über dem Dümmer, einem See nordöstlich von Osnabrück, gesichtet hatte. Johnson, der einen Schwarm aus acht Maschinen der 56. Jagdgruppe führte, befahl den Angriff auf die Spitze eines aus etwa 50 Fw 190 bestehenden Verbandes, um dann feststellen zu müssen, daß 50 weitere deutsche Jäger die Spitzengruppe nach oben abschirmten, während 50 weitere ihre linke Flanke deckten.

Als Johnsons kleiner Schwarm die Verfolgung der deutschen Jäger aufnahm, schwenkten die Fw 190 ein, um den führenden Bomberverband anzugreifen – 60 B-17 in der bei der 8. Luftflotte üblichen Abwehrformation, die als Luftkampfwürfel bezeichnet wurde: in unterschiedlicher Höhe fliegende Staffeln, die einen Würfel mit 1,6 Kilometer Kantenlänge bildeten. Johnson empfand eine schreckliche Hilflosigkeit, weil sein lediglich aus acht Maschinen bestehender Schwarm die Deutschen kaum ernstlich behindern konnte. Unterdessen explodierten die ersten der „Großen Freunde" – wie die Jagdflieger die Bomber nannten – oder stürzten brennend in die Tiefe.

Jetzt war Johnson an der Reihe. Er sichtete einige Messerschmitts, die einen beschädigten Bomber angriffen, und zog seine P-47 hoch. Als er die Verfolgung aufnahm, „qualmte die vorderste Messerschmitt plötzlich nicht mehr. Das war verräterisch. Ich wußte, daß er in diesem Augenblick das Gas weggenommen hatte. Ich riß den Gashebel zurück, um nicht in den feindlichen Jäger hineinzufliegen. Die Maschine schob nach rechts, ich machte eine halbe Rolle nach links, so daß die Tragflächen senkrecht standen." Dadurch gelangte Johnsons P-47 auf die Kurveninnenseite der abdrehenden Me 109. „Ich sah, daß der Pilot sich umdrehte und nach oben starrte, als die Thunderbolt, an deren beiden Tragflächen alle acht MGs aufblitzten, auf der Innenseite seiner Kurve erschien."

Der Deutsche, der nur noch flüchten wollte, ging in einen Sturzflug über. „Jetzt war er so gut wie erledigt. Ich schloß rasch zu ihm auf, während die Erde unseren beiden Flugzeugen entgegenraste, und gab kurze Feuerstöße ab. Einige Geschosse durchschlugen sein Kabinendach. Der Jäger

Bomber der 8. Luftflotte und ihre patrouillierenden Begleitjäger überziehen den Himmel über Deutschland mit weißen Kondensstreifen. Die verräterischen Streifen aus kondensierender Feuchtigkeit, die als Dampf mit den Motorenabgasen entwichen, traten im allgemeinen auf, sobald die Temperatur in großer Höhe unter −34° C sank.

stieß eine dicke Qualmwoke aus", die das Ende ankündigte: Johnson sah sich um und erblickte „ein brennendes Wrack auf dem Erdboden".

In der dramatischen Luftschlacht am 6. März 1944, an der insgesamt über 1800 Flugzeuge beteiligt waren, erlitt die 8. Luftflotte schwere Verluste: 69 der eingesetzten 660 Bomber wurden abgeschossen. Aber auch die deutsche Luftwaffe mußte einen hohen Preis zahlen. Amerikanische Jäger, von denen einige die deutschen Maschinen sogar bis zu ihren Fliegerhorsten verfolgten, vernichteten 81 Focke-Wulfs und Messerschmitts. Zu diesen Verlusten kamen am 8. März weitere, als erneut 79 deutsche Jäger abgeschossen wurden. Eine Woche später führte der nächste Großangriff zu 35 weiteren Abschüssen. Nach Bob Johnsons Darstellung bedeuteten die Märzangriffe „den Knockout, die Krise, die vernichtende Niederlage für die Deutschen". Galland, der deutsche General der Jagdflieger, gab in einem im April 1944 verfaßten Bericht zu: „Der Ausbildungsstand der Amerikaner ist außerordentlich hoch. Die Tagjagd hat in den letzten vier Monaten weit über 1000 Flugzeugführer verloren, darunter die besten Staffelkapitäne, Kommandeure und Geschwaderkommodores. Diese Lücken sind nicht zu schließen."

Der Ernst der Lage blieb auch Hermann Göring, dem Oberbefehlshaber der Luftwaffe, nicht verborgen. Nach dem Krieg gestand Göring ein, als amerikanische Bomber mit Langstrecken-Begleitjägern am hellichten Tag über Berlin erschienen seien, habe er gewußt: „Das Spiel ist aus!" ➤➤

Der Stolz der amerikanischen Flugzeugindustrie

„Überwältigende Luftherrschaft" war eines der Ziele Amerikas, als es 1941 in den Zweiten Weltkrieg eintrat. Um das zu erreichen, produzierte die amerikanische Industrie in den nächsten vier Jahren über 137 000 Militärflugzeuge und experimentierte mit Hunderten von neuen Entwürfen, die dafür konstruiert waren, die Flug- und Kampfleistungen der besten feindlichen Maschinen zu übertreffen. Die gelungensten amerikanischen Konstruktionen sind hier und auf den folgenden Seiten abgebildet. Die in Klammern stehenden Zahlen geben das Jahr der Indienststellung an. Flugzeuge auf gegenüberliegenden Seiten sind im gleichen Maßstab dargestellt.

Bomber waren das Rückgrat der Luftstreitkräfte, und mit den viermotorigen B-17 und B-24 (die auf den Seiten 130–133 abgebildet) besaß Amerika zwei der schlagkräftigsten strategischen Bomber der Welt. Gegen Kriegsende wurden beide Muster durch die größere und bessere B-29 Superfortress abgelöst. Diese gigantischen Maschinen, die große Bombenlasten tragen konnten, wurden durch kleinere Bomber ergänzt, die für Tiefangriffe und Erdkampfunterstützung ausgelegt waren:

durch die B-25 Mitchell, die als erstes amerikanisches Flugzeug, das Japan bombardierte, berühmt wurde; die launische Martin B-26, die leistungsfähiger als die B-25, aber wegen ihrer kurzen Spannweite auch schwierig zu fliegen war; und die Douglas A-20, die außer von Amerika auch von Großbritannien und der Sowjetunion in großen Stückzahlen eingesetzt wurde.

Ergänzt wurden die Bomberverbände durch eine Jagdwaffe, die im Laufe des Krieges immer stärker wurde. Die P-38 Lightning mit den doppelten Leitwerksträgern war der erste amerikanische Jäger, der es mit der japanischen Zero aufnehmen konnte. Ihr folgten wenig später die robuste P-47 Thunderbolt und die P-51 Mustang – möglicherweise der beste Allzweckjäger dieses Krieges. Alle drei erwiesen sich als kampfstarke Jagdbomber, wenn sie als Außenlasten Bomben mitführten.

Der Nachtjäger Northrop P-61 Black Widow bildete eine Klasse für sich: Mit einem von amerikanischen Wissenschaftlern weiterentwickelten Radargerät im Bug half dieses unkonventionelle Flugzeug den Alliierten, auch am nächtlichen Himmel die uneingeschränkte Luftherrschaft zu erringen.

MITTELSCHWERER BOMBER
NORTH AMERICAN B-25J MITCHELL (1943)
Die nach dem Luftmachtverfechter General William „Billy" Mitchell benannte vielseitige B-25 wurde auf sämtlichen Kriegsschauplätzen eingesetzt. Von der 396. Bomberstaffel im mittleren Pazifik für Tiefangriffe umgebaute B-25 wie die hier abgebildete hatten zwölf nach vorn schießende MGs und trugen 1350 Kilogramm Bomben.

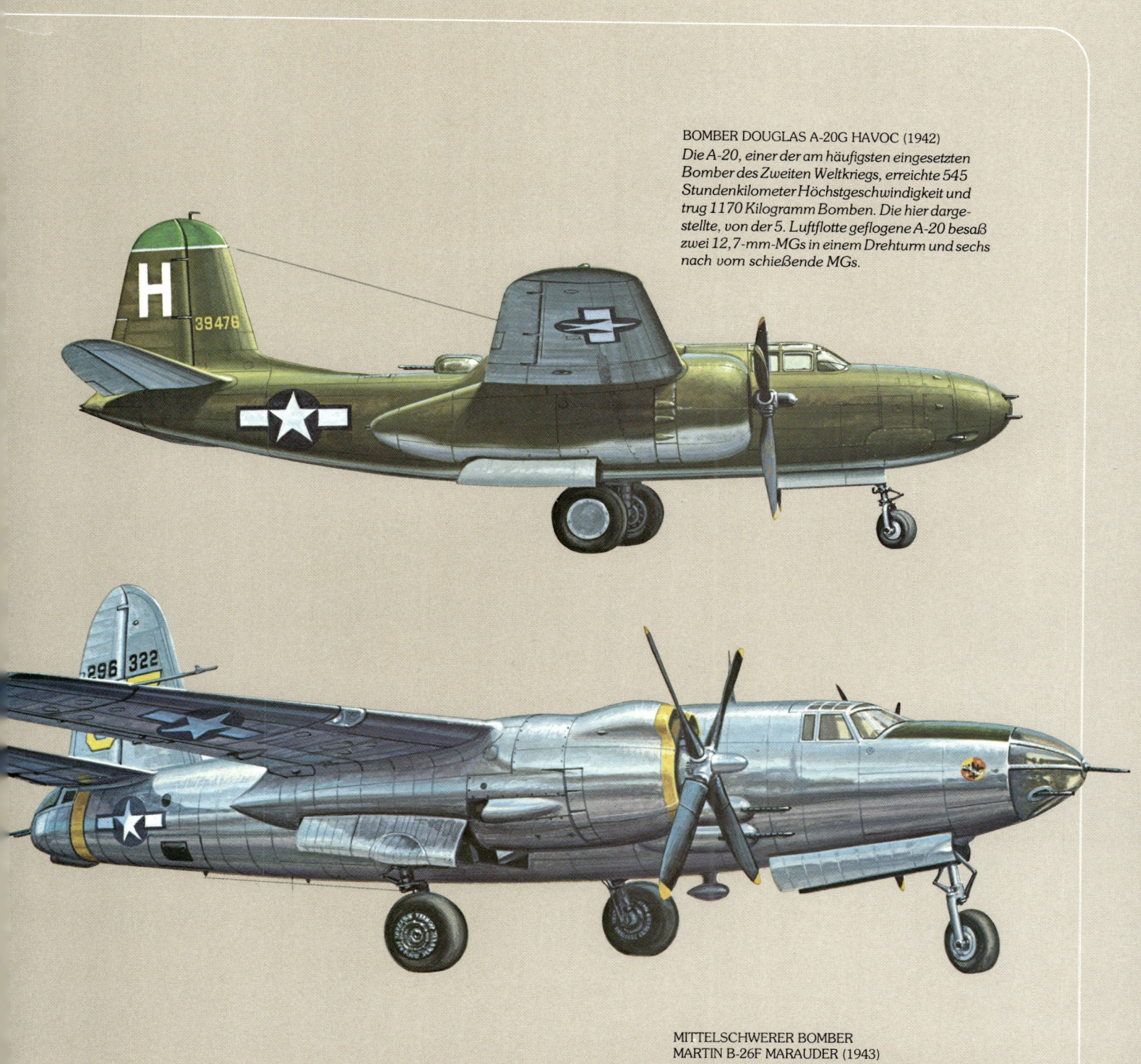

BOMBER DOUGLAS A-20G HAVOC (1942)
Die A-20, einer der am häufigsten eingesetzten Bomber des Zweiten Weltkriegs, erreichte 545 Stundenkilometer Höchstgeschwindigkeit und trug 1170 Kilogramm Bomben. Die hier dargestellte, von der 5. Luftflotte geflogene A-20 besaß zwei 12,7-mm-MGs in einem Drehturm und sechs nach vorn schießende MGs.

MITTELSCHWERER BOMBER
MARTIN B-26F MARAUDER (1943)
Mit 510 Stundenkilometern Höchstgeschwindigkeit war die B-26 für einen Bomber äußerst schnell. Aber man mußte ein sehr guter Pilot sein, um sie sicher zu landen. Die mit elf MGs und 1800 Kilogramm Bomben bewaffnete Maschine hatte zwei je 2000 PS leistende Sternmotoren und maximal 1770 Kilometer Reichweite.

SCHWERER BOMBER
BOEING B-17G FLYING FORTRESS (1943)
Dieser legendäre Bomber, der seinen Beinamen seiner schweren Abwehrbewaffnung verdankte, hatte 31,7 Meter Spannweite und ein Abfluggewicht von rund 30 000 Kilogramm. Er konnte 8000 Kilogramm Bomben schleppen. Die hier abgebildete – mit 13 MGs bewaffnete – Maschine wurde von der in Italien im Raum Foggia stationierten 15. Luftflotte eingesetzt.

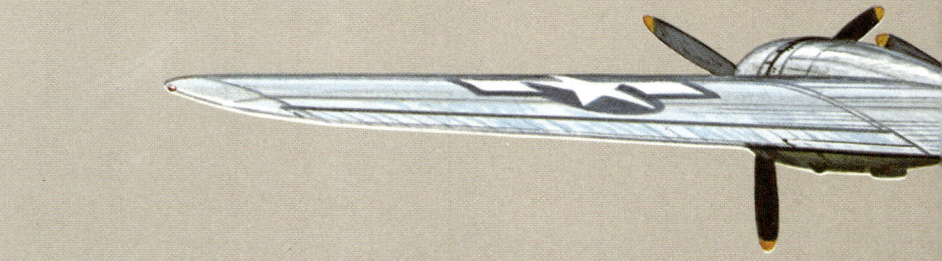

BOEING B-29 SUPERFORTRESS (1944)
Mit 43 Metern Spannweite und über 63,5 Tonnen Abfluggewicht war die B-29 der größte einsatzfähige Bomber des Zweiten Weltkriegs. Die nur gegen Japan eingesetzte Maschine war wegen ihrer Geschwindigkeit und schweren Abwehrbewaffnung für gegnerische Jäger fast unangreifbar. Im August 1945 warfen B-29 Atombomben auf Hiroshima und Nagasaki.

NORTH AMERICAN P-51D MUSTANG (1944)
Mit sechs MGs in den Tragflächen, 703 Stun-
denkilometern Höchstgeschwindigkeit und un-
übertroffener Wendigkeit war die P-51 ein erst-
klassiger Jäger und eines der berühmtesten
Flugzeuge des Zweiten Weltkriegs. Über 15 000
Mustangs wurden gebaut. Die hier abgebildete
„Glamorous Glen III" von Flieger-As Charles
Yeager gehörte zu der 8. Luftflotte.

HÖHEN-ABFANGJÄGER
LOCKHEED P-38J LIGHTNING (1943)
*Die P-38 erreichte mit ihren zwei wassergekühl-
ten 1425-PS-Motoren 666 Stundenkilometer
Höchstgeschwindigkeit und war mit einer 2-cm-
Kanone und vier MGs im Rumpfbug bewaffnet.
Der Höhen-Abfangjäger schoß mehr japanische
Maschinen ab als jedes andere amerikanische
Jagdflugzeug. Die hier dargestellte P-38 flog bei
der 13. Luftflotte im Südpazifik.*

REPUBLIC P-47D THUNDERBOLT (1943)
*Die P-47, die wegen ihres fülligen Rumpfes den
Spitznamen „Kruke" trug, war äußerst wendig.
Mit ihrem 2300-PS-Sternmotor erreichte sie 688
Stundenkilometer Höchstgeschwindigkeit. Ihre
Bewaffnung bestand aus acht MGs in den Trag-
flächen. Die abgebildete Maschine gehörte zur
394. Jagdstaffel in Frankreich.*

NACHTJÄGER NORTHROP P-61A BLACK WIDOW (1944)
*Die „Schwarze Witwe" – mit drei Mann Besat-
zung – war speziell für Nachteinsätze konstruiert. Sie verdankte ihren Namen dem schwarzen
Anstrich und ihrer schweren Bewaffnung: vier
2-cm-MKs, vier MGs und 2900 Kilogramm
Bomben. Wegen ihrer doppelten Leitwerksträ-
ger hatte sie gewisse Ähnlichkeit mit der P-38.*

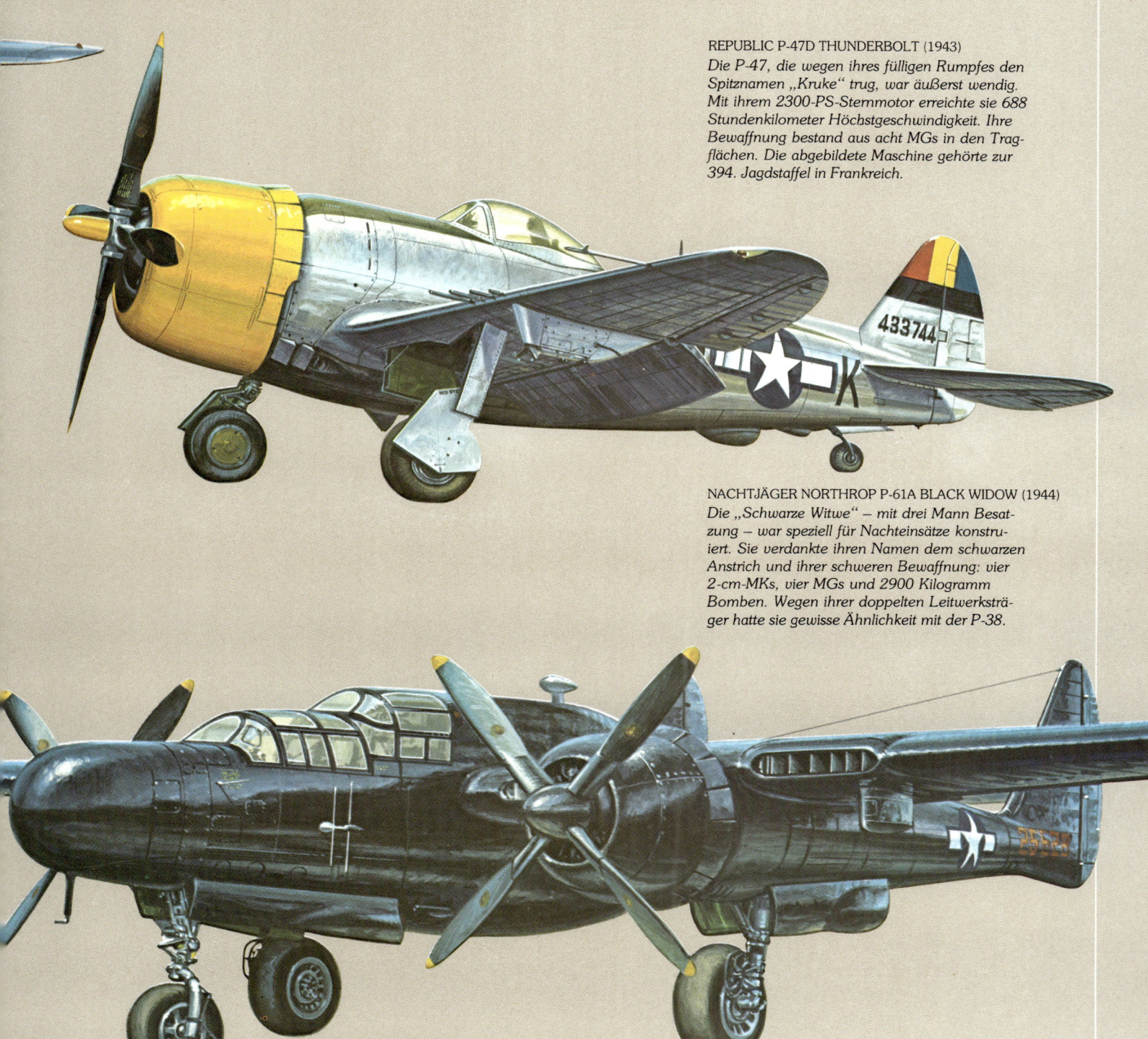

111

Im Feuerhagel von Jägern und Flak

Den Einwohnern feindlicher Staaten, die die amerikanischen Tagesangriffe über sich ergehen lassen mußten, müssen die Besatzungen der in mindestens 6000 Meter Höhe über sie hinwegziehenden Bomber wie böswillige Götter erschienen sein, die weit von der durch sie bewirkten Verwüstung entfernt waren. Im Zweiten Weltkrieg warfen Flying Fortresses und Liberators über eine Million Tonnen Bomben auf Ziele in Europa und im Mittelmeerraum ab. Aber obwohl die B-17- und B-24-Besatzungen Zerstörungen bewirken konnten, waren sie selbst nicht unzerstörbar. Von August 1942 bis Mai 1945 fielen in Europa fast 20 000 amerikanische Flieger.

Zu den größten Gefahren, die Bomberbesatzungen drohten, gehörte das Flakfeuer, dem in Europa 2439 schwere Bomber zum Opfer fielen und durch das unzählige weitere Maschinen beschädigt wurden. Ein Pilot, der bei seinem zwölften Feindflug in Sperrfeuer geriet, gab danach zu: „Ich nehm's mit hundert Jägern auf, aber niemals mit der Flak. Die Schäden sind gewaltig. Ein fingergroßes Sprengstück hätte meinem Navigator beinahe den Arm abgerissen."

Eine weitere ständig lauernde Gefahr waren die deutschen Jäger, die auf die Bomber warteten. Ab Herbst 1943 boten amerikanische Langstrecken-Begleitjäger wie die P-38 Lightning einen gewissen Jagdschutz, aber auch sie waren keine Überlebensgarantie. Die Messerschmitts und Focke-Wulfs belauerten den Verband wie Wolfsrudel und konzentrierten sich auf beschädigte Bomber. Die Liberators, die mehr Flaktreffer abbekamen, weil sie niedriger als die B-17 flogen, zogen die meisten deutschen Jäger auf sich. Und da sie aerodynamisch labiler als die B-17 waren, mußten sie in aufgelockerteren Verbänden fliegen, was wiederum bedeutete, daß sie kein schweres Abwehrfeuer auf die Angreifer konzentrieren konnten. „Wozu Begleitjäger, solange B-24 in der Nähe sind?" kommentierte ein B-17-Besatzungsmitglied grimmig.

Halbleere Unterkünfte, verkürzte Schlangen an der Essensausgabe und freie Barhocker im Offiziersklub erinnerten die zurückgekehrten Besatzungen ständig an den Blutzoll, den die Deutschen forderten — manchmal kehrten über zehn Prozent der eingesetzten Flieger nicht zurück. „Es zermürbte ihre Nerven", berichtete ein Pilot, „daß der Raum mehr mit den Geistern von Gefallenen als mit der Gegenwart der wenigen Überlebenden angefüllt zu sein schien."

Flying Fortresses, deren Kondensstreifen den Himmel zerteilen, fliegen in abwehrbereiter Einsatzformation nach Deutschland. B-17 schossen bei je 1000 Einsätzen etwa 23 feindliche Jäger ab. B-24 brachten es dagegen nur auf einen Durchschnitt von elf Jägern pro 1000 Einsätze.

B-17 der 303. Bombergruppe mit dem Beinamen „Hell's Angels" werfen 200-kg-Behälter mit Brandbomben auf deutsche Fabriken. Von 1943 bis 1945 wurden außer rund zwei Millionen Tonnen Sprengbomben fast 271 000 Behälter Brandbomben über Deutschland abgeworfen.

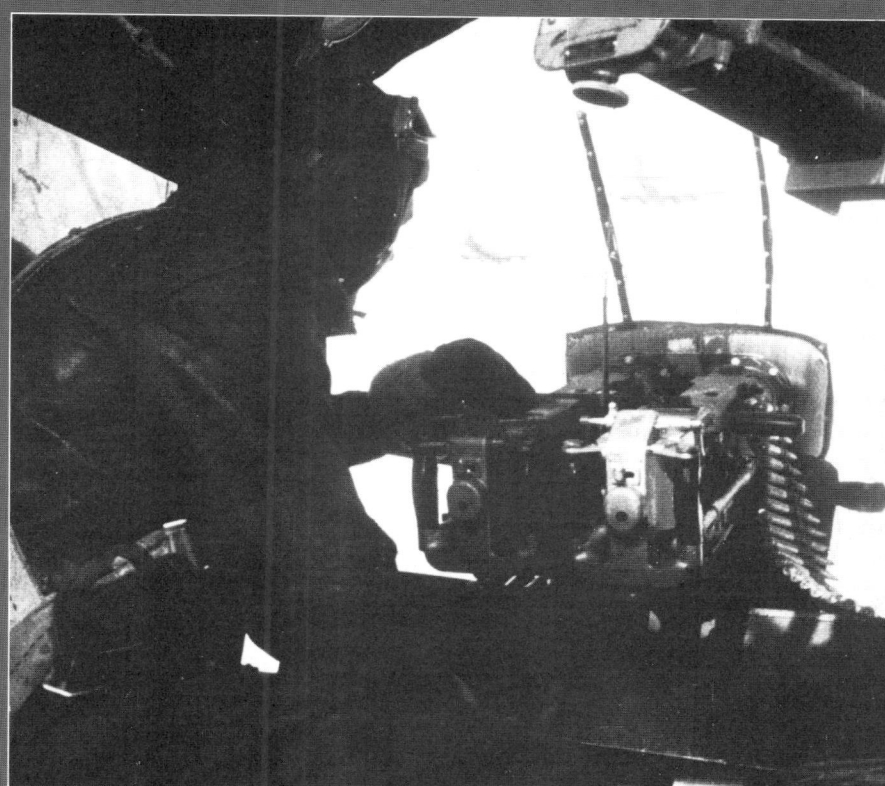

In Erwartung feindlicher Jäger hält der Bugschütze einer B-17 sich bereit, ihnen mit seinen 12,7-mm-MGs einen heißen Empfang zu bereiten.

Eine angeschossene B-24 Liberator, deren dritter Motor eine Rauchfahne hinter sich herzieht, fliegt bei Wien durch Flakfeuer. Wie ein Besatzungsmitglied eines Bombers berichtete, ließ die durch detonierende Flakgranaten hervorgerufene Turbulenz die schweren Flugzeuge manchmal „wie Kanus im Sturm auf dem Oberen See" tanzen.

Bomben fallen aus dem Rumpf einer B-24, die nach einem Flaktreffer über Mitteldeutschland in Flammen aufgeht. „Ich mußte ständig an die Jungs denken, die abgestürzt sind – manche brennend", erinnerte sich ein Pilot nach einem Feindflug. „Große Liberators wie kaputte Fliegen."

Kurz vor dem alliierten Vorstoß nach Südfrankreich im August 1944 schwächen Martin B-26 Marauders die deutsche Widerstandskraft durch einen Volltreffer auf eine wichtig

Eisenbahnbrücke, die in Arles über die Rhône führte.

4

Der Gipfel der Zerstörung

General Doolittles Befehl an die Jagdflieger der 8. Luftflotte, die feindlichen Flugzeuge zu vernichten, wo immer sie angetroffen würden, und sie nötigenfalls durch Tiefangriffe am Boden zu zerstören, erwies sich als Auftakt zur Schlußphase des Luftkriegs in Europa. Die deutschen Jagdflieger, einst die Jäger, wurden jetzt gejagt. Die Großangriffe der 8. Luftflotte erfüllten immer mehr einen Doppelzweck: Während die B-17 und B-24 die deutsche Industrie bombardierten, sollten ihre Begleitjäger dafür sorgen, daß die Luftwaffe ausblutete.

Bei diesen Tiefangriffen wurden die P-47 und P-51 der Achten bald durch Schwärme von Jagdflugzeugen einer neuen Luftflotte, der Neunten, unterstützt, die ab Spätherbst 1943 von England aus operierte. Die Neunte sollte bis zum späten Frühjahr 1944 zu gewaltiger Größe anwachsen. Sie sollte dann mehr Jagdflugzeuge als die Achte besitzen – rund 2000 Maschinen – und der deutschen Luftwaffe in ihrer besten Zeit Konkurrenz als schlagkräftiger Verband zur Erdkampfunterstützung machen.

Die 9. Luftflotte wurde für einen wichtigen Einsatzzweck aufgestellt: Die Vorbereitung und Unterstützung des Unternehmens *Overlord*, die für Juni 1944 vorgesehene, lange erwartete britisch-amerikanische Invasion in Europa. Die großen strategischen Bomber der 8. Luftflotte waren für die Erdkampfunterstützung nur schlecht geeignet. Die Neunte, deren größte Flugzeuge zweimotorige mittelschwere Bomber waren, sollte den amerikanischen Luftstreitkräften nun auch auf taktischer Ebene die nötige Schlagkraft verleihen.

Die 9. Luftflotte war ursprünglich 1942 in Nordafrika von Generalmajor Lewis H. Brereton aufgestellt worden, der Oberbefehlshaber der vom Pech verfolgten fernöstlichen Luftstreitkräfte auf den Philippinen gewesen war, als Japan im Dezember 1941 angegriffen hatte. Breretons nordafrikanischer Verband hatte gemeinsam mit der RAF die britische 8. Armee unterstützt, als sie die deutschen und italienischen Truppen aus Ägypten und Libyen vertrieb. Die Neunte hatte auch den berühmten Angriff auf Ploesti geflogen und die alliierten Landungen in Sizilien und Italien unterstützt. Als Brereton zum Oberbefehlshaber einer neuen 9. Luftflotte in Großbritannien bestimmt wurde – unter anderem auch wegen seiner Erfahrung im taktischen Einsatz von Luftstreitkräften –, verblieben die meisten Flugzeuge und Besatzungen der alten Neunten bei dem in Italien stehenden taktischen Kampfverband, der 12. Luftflotte.

Brereton traf am 16. Oktober 1943 in England ein, um sein neues Kommando zu übernehmen. Wenig später liefen die Flugzeuglieferungen aus den Vereinigten Staaten an: P-38, P-47 und P-51, die alle als Jagdbomber eingesetzt werden sollten, sowie Schlachtbomber des Typs Douglas A-20 Havoc, die für Bomben- und Tiefangriffe geeignet waren. Brereton erhielt außerdem Maschinen des bisher in Europa selten einge-

setzten Musters Martin B-26 Marauder – ein schneller zweimotoriger Mittelstreckenbomber. Abgerundet wurde Breretons Arsenal durch eine Flotte Transportmaschinen – vor allem C-47, die militärische Version des zuverlässigen Verkehrsflugzeugs Douglas DC-3. Die C-47 wurden am D-Day und bei späteren Luftlandeunternehmen zum Transport von Fallschirmjägern und als Schleppmaschinen für mit Soldaten beladene Lastensegler eingesetzt und brachten den alliierten Armeen bei ihrem Vormarsch durch Mitteleuropa Tausende von Tonnen Fracht.

Die wiederaufgestellte Neunte litt zunächst wie jeder neuaufgestellte Verband unter Anlaufschwierigkeiten. Die stromlinienförmige B-26 war ein rassiges Flugzeug, das nur erstklassige Piloten beherrschten. Die Flügelfläche der ursprünglichen Ausführung, auf der einige Staffeln in den Vereinigten Staaten ihre Einsatzschulung erhielten, war so klein, daß die Maschine äußerst schwierig zu landen und bald als „Witwenmacher" verrufen war. Selbst nachdem die Martin Company aufgrund der Forderung eines Untersuchungsausschusses des amerikanischen Senats die Spannweite der B-26 um rund zwei Meter vergrößert hatte, blieb die Marauder bei Start und Landung schwierig zu beherrschen.

Trotzdem lernten die Piloten der Neunten, mit diesem Flugzeug zurechtzukommen, und im Januar 1944 bildeten vier Marauder-Gruppen und

Auf dem Rückflug von einem Jagdschutzeinsatz greift eine amerikanische P-47 im Jahre 1944 einen deutschen Fliegerhorst im besetzten Frankreich mit Bordwaffen an. Durch solche Tiefangriffe sollte die deutsche Luftwaffe vor der alliierten Invasion weitgehend ausgeschaltet werden.

eine Gruppe mit P-51 Mustangs das Rückgrat von Breretons wachsender Luftflotte. Die Piloten und Besatzungen sammelten Erfahrungen für ihre taktischen Einsätze, indem sie feindliche Flugplätze in den Niederlanden angriffen und während der „Big Week", der großen Februaroffensive der 8. Luftflotte, sowie während der im März geflogenen Langstrecken-Großangriffe auf Berlin mithalfen, die deutsche Luftwaffe niederzukämpfen. Aber Mitte März 1944 konnte die 9. Luftflotte sich ihrer eigentlichen Aufgabe zuwenden: der Invasion in der Normandie die Bahn zu brechen.

Im April und Mai setzte die Neunte den deutschen Garnisonen in Frankreich schwer zu. Ihre Hauptaufgabe vor dem D-Day war die Erringung der Luftherrschaft, indem sie die deutsche Luftwaffe von ihren französischen Flugplätzen vertrieb. Die Achte und Neunte teilten sich diese Aufgabe. Die Bomber und Jagdbomber der 9. Luftflotte bekämpften alle feindlichen Flugplätze im Radius von 210 Kilometern um die für den D-Day vorgesehenen Landeköpfe, während die Jäger der Achten, die Erfahrung mit Langstreckeneinsätzen hatten, die weiter entfernten Plätze im besetzten Frankreich, in den Niederlanden und in Deutschland selbst angriffen.

Seine ersten massierten Tiefangriffe flog General William Kepners VIII. Jägerkommando am 5. April, als eine hohe Wolkendecke über fast ganz Europa Feindflüge der B-17 und B-24 verhinderte. Kepner ergriff diese Gelegenheit und setzte elf seiner 15 Jagdgruppen ein, die unterhalb der geschlossenen Wolkendecke losrasten, um an diesem Tag Tiefangriffe auf dem Kontinent zu fliegen. Die 4. und 355. Gruppe stießen bis nach Berlin und München vor: Die 4. Gruppe meldete 43 zerstörte feindliche Flugzeuge, während die 355. Gruppe stolz auf 43 sicher zerstörte und 81 beschädigte feindliche Maschinen verweisen konnte.

Die für die deutsche Luftwaffe verlustreichen Angriffe gingen den ganzen Monat über weiter. Am 8. April setzte Kepner erneut die meisten seiner Gruppen über Deutschland ein – teils als Begleitjäger für Bomber, teils als Tiefflieger. Das Tagesergebnis: 128 zerstörte deutsche Flugzeuge. Eine Woche später schossen 616 Jäger der 8. Luftflotte 18 feindliche Maschinen ab und vernichteten weitere 40 am Boden. Ende April konnten Kepners Piloten auf 621 in einem Monat zerstörte deutsche Flugzeuge verweisen, von denen 222 auf das Konto der 4. Gruppe gingen.

Die erfolgreichen Tiefangriffe schienen anfangs Vergnügungsausflüge zu sein. Aber die Piloten merkten rasch, daß sie weit gefährlicher als Luftkämpfe in großen Höhen sein konnten. Die deutsche Luftwaffe verstärkte eilends die Flugabwehr im Bereich ihrer Fliegerhorste, und die Flakbedienungen bekamen bald Übung darin, angreifende Tiefflieger zu bekämpfen. Allein bei den Einsätzen im April 1944 verloren zehn von Kepners Jagdgruppen insgesamt 109 Mustangs und Thunderbolts. Dabei wurden einige der erfahrensten Piloten der Achten Opfer der deutschen Flak – oder der Schwierigkeiten, die bei der Beherrschung eines 650 Stundenkilometer schnellen Flugzeugs in Bodennähe auftraten. Major Duane Beeson von der 4. Jagdgruppe und Major Gerald Johnson von der 56. Gruppe, die monatelang Luftkämpfe überlebt und insgesamt 37 feindliche Maschinen abgeschossen hatten, wurden bei den ersten Tiefangriffen von der Luftabwehr getroffen. Beeson gelang es, seine beschädigte P-51 hochzuziehen und abzuspringen, Johnson machte eine Bauchlandung. Beide verbrachten den Rest des Krieges in Gefangenschaft.

Auch nach dem D-Day gab es weitere Verluste. Im Juli 1944 geriet Gabby Gabreski, das erfolgreichste As der 8. Luftflotte, wie Johnson und

Beeson in Gefangenschaft. Während die 56. Gruppe einen Flugplatz bei Koblenz mit Bordwaffen angriff, stellte Gabreski, der das feindliche Feuer in sehr geringer Höhe unterflog, zu seiner Verblüffung fest, daß sein Propeller Erdbrocken aus einem kleinen Hügel am Ende der Startbahn herausfräste. Mit verbogenen Luftschraubenblättern stieg die Thunderbolt nicht mehr, so daß Gabreski auf der nächsten geeigneten Wiese eine Bauchlandung machte, bei der seine schwere Maschine eine tiefe Furche hinter sich herzog. Gabreski stemmte sich unverletzt aus dem Führersitz und rannte in den angrenzenden Wald, von dem aus er beobachtete, wie seine Staffelkameraden, die seine Flucht gesehen hatten, die neue P-47 zerschossen, damit sie den Deutschen nicht in die Hände fiel.

Gabreski gelang es zunächst, sich der Gefangennahme zu entziehen, aber nach fünf Tagen lief er doch einer deutschen Streife in die Hände. Als er zum Verhör in eine Luftwaffendienststelle geführt wurde, hob der Nachrichtenoffizier den Kopf und sagte: „Hallo, Gabby, wir haben schon lange auf Sie gewartet."

Tiefangriffe auf feindliche Flugplätze waren so gefährlich, daß General Kepner entschied, seine Piloten sollten die am Boden zerstörten Flugzeuge als Luftsiege zählen dürfen. Nach dieser Zählweise wäre der erfolgreichste amerikanische Jagdflieger auf dem europäischen Kriegsschauplatz Oberstleutnant John C. Meyer von der 352. Gruppe gewesen, der 24 feindliche Maschinen abgeschossen und elf weitere am Boden zerstört hatte. Die meisten Luftkriegshistoriker sind jedoch bei der altbewährten Methode geblieben, nur Siege in Luftkämpfen zu zählen, so daß Gabreski und Bob Johnson die erfolgreichsten amerikanischen Asse in Europa waren.

Wie die Piloten bald feststellten, war die Gefahr, eine Bauchlandung machen zu müssen, bei der P-51 höher, weil ihr flüssigkeitsgekühlter Motor gegen Beschuß vom Boden aus empfindlicher war. Ein MG-Geschoß, das den Glykoltank einer P-51 oder die Leitungen durchschlug, in denen dieses Kühlmittel zirkulierte, genügte bereits, um den Motor zu überhitzen und Kolbenfressen zu erzeugen. Das Cockpit des Piloten war gepanzert, und die Treibstofftanks waren selbstdichtend, aber der Kühlmittelbehälter und die Leitungen am Bauch der Maschine waren ungeschützt. „Sticht man einer P-51 eine Hutnadel in den Bauch", bemerkte ein erfahrener Pilot, „verblutet sie innerhalb von fünf Minuten." Die schwere Thunderbolt mit ihrem luftgekühlten Motor war in dieser Beziehung weniger empfindlich. Daher wurden schließlich alle P-51 der taktischen 9. Luftflotte an die Achte abgegeben, da sie sich als Begleitjäger hervorragend eigneten, während die Neunte die meisten P-47 der Achten erhielt.

Während der D-Day näher rückte, griffen Breretons Tiefflieger und seine schnellen mittelschweren Bomber 36 Flugplätze zwischen Holland und der Bretagne an, aber sie führten auch einen anderen wichtigen Auftrag durch: die Zerstörung der in die Normandie und die benachbarte Bretagne führenden Bahnstrecken, Straßen und Brücken, damit die Deutschen keine Verstärkungen an die Invasionsfront werfen und nicht zum Gegenangriff auf die alliierten Landungstruppen antreten könnten. Allein die Lahmlegung des Eisenbahnverkehrs in Nordwesteuropa war eine schwierige Aufgabe. Nordfrankreich und Belgien, beide dicht besiedelt und industrialisiert, waren mit einem engmaschigen Eisenbahnnetz überzogen. Nach Schätzungen der alliierten Nachrichtendienste standen den Deutschen zwei Millionen Güterwagen für Truppen- und Nachschubtransporte zur Invasionsfront zur Verfügung.

Als die Neunte ihre Tiefangriffe ab April 1944 verstärkte, konzentrierte sie sich vor allem auf Güterbahnhöfe. Am 23. April beobachteten die Piloten einer P-47-Gruppe im belgischen Namur die größte Ansammlung von Rollmaterial, die sie je zu Gesicht bekommen hatten. Nach ihrem Angriff rasten die Piloten nach Hause: Fünf Stunden später erschienen vier Gruppen B-26 und eine Gruppe Thunderbolts über Namur und trafen Hunderte von Güterwagen und Dutzende von beladenen Tankwagen.

Ende Mai 1944 verfügte Brigadegeneral Elwood R. „Pete" Quesada, dem Breretons IX. Jägerkommando unterstand, über 17 Jagdgruppen – mit rund 1200 Flugzeugen –, von denen er elf gegen das Rollmaterial auf Bahnstrecken nördlich der Loire einsetzte, die die Südgrenze des Einsatzbereichs der 9. Luftflotte bildete. Die im Tiefflug angreifenden Maschinen der Muster P-38, P-47 und P-51 vernichteten 46 Lokomotiven völlig, beschädigten 32 weitere schwer und schossen 30 Züge in Brand.

Ein von der französischen Vichy-Regierung verbreitetes antiamerikanisches Propagandaplakat zeigt Präsident Roosevelt hämisch grinsend über ausgebombten Ruinen, vor denen ein weinendes Kind seine Puppe umklammert. Durch amerikanische und englische Luftangriffe kamen im Zweiten Weltkrieg über 67 000 Franzosen ums Leben.

Quesadas Jäger und die mittelschweren Bomber der Neunten nahmen zwischendurch einen Zielwechsel vor, indem sie auch die Straßen- und Eisenbahnbrücken über die Seine angriffen. Dieser Fluß, der von Paris aus in Richtung Nordwesten zum Atlantik fließt, war eine der Schlüsselpositionen zur Abschnürung der Schlachtfelder in der Normandie. Die Zerstörung der Seinebrücken würde die feindlichen Gruppen abschneiden, da die Seine genau die Verbindungslinien durchschnitt, auf denen deutsche Verstärkungen, die von Süden in die Normandie zu gelangen versuchten, marschieren würden müssen.

Die Luftoffensive gegen die Brücken war so erfolgreich, daß schließlich alle neun Seinebrücken westlich von Paris in Trümmern lagen. Wie aus Breretons Kriegstagebuch hervorgeht, zerstörte die 9. Luftflotte in den letzten drei Wochen vor dem D-Day insgesamt 35 Brücken. Diese erfolgreiche Kampagne, die durch unablässige Einsätze gegen den Schienen- und Straßenverkehr ergänzt wurde, riegelte das Invasionsgebiet wirkungsvoll gegen das übrige Frankreich, das besetzte Belgien und Deutschland selbst ab. Zu diesem Zweck flog die Neunte vom 20. Mai bis Anfang Juni 14 000 Einsätze (wobei unter „Einsatz" ein Feindflug einer Maschine zu verstehen ist).

Die achtwöchige Offensive gegen die deutschen Fliegerhorste war ihrerseits so wirkungsvoll gewesen, daß die Luftwaffe am D-Day in Nordfrankreich nur noch über 155 einmotorige Jäger verfügte, von denen lediglich einige zur Abwehr der Landungen eingesetzt wurden – drei Fw 190 über der Invasionsflotte sowie 22 weitere Maschinen, die nach Einbruch der Dunkelheit wirkungslose Angriffe gegen Schiffsziele flogen.

Die alliierten Luftoperationen des D-Day begannen am 6. Juni 1944, als das IX. Truppentransportkommando kurz nach Mitternacht 821 C-47 und C-53 mit Fallschirmjägern der 82. und 101. Luftlandedivision sowie weitere 104 Transportmaschinen, die Lastensegler mit weiteren Soldaten schleppten, zu ihren Absetzzonen in Nordfrankreich starten ließ. Nicht weniger als 8000 Flugzeuge der amerikanischen und britischen Luftstreitkräfte waren an der Invasion beteiligt. Brereton selbst war beeindruckt, als ein Verband seiner fliegenden Invasionsstreitmacht nachts mit Elfsekundenabständen vom Flugplatz Greenham Common in der Nähe seines Hauptquartiers startete. „Das war", hielt er zufrieden fest, „ein Muster an Präzisionsfliegerei und Disziplin."

Sobald die Transporterflotte den Ärmelkanal überquert hatte, litt ihre Präzision freilich unter dem wirkungsvollen Feuer der deutschen Flak, die 41 Maschinen abschoß. Viele Piloten verflogen sich in der Dunkelheit und setzten ihre Fallschirmjäger viele Kilometer von den vorgesehenen Absetzzonen entfernt ab. Trotzdem landeten genügend Amerikaner im Zielgebiet, um die wichtige Straßenkreuzung bei Ste.-Mère-Église, etwa acht Kilometer landeinwärts, zu nehmen.

Den Transportmaschinen folgte die gewaltige Bomberflotte der 8. Luftflotte. Doolittles B-17 und B-24, die für kurze Zeit von ihren strategischen Aufgaben abgezogen worden waren, flogen gemeinsam mit der Neunten taktische Einsätze. Drei riesige Verbände schwerer viermotoriger Bomber – insgesamt 1361 Flugzeuge – wurden eingesetzt, um die deutschen Stellungen hinter den normannischen Stränden zu zerschlagen. Aufeinanderfolgende Wellen großer Bomber, die von mit Radar ausgerüsteten „Pfadfindern" geführt wurden und mit jeweils sechs Staffeln neben-

Während der alliierten Invasion in Europa schleppen amerikanische Transportmaschinen des Typs C-47 am 6. Juni 1944 Lastensegler mit Soldaten der 82. und 101. Luftlandedivision über dem Landungsabschnitt „Utah Beach" landeinwärts. Am D-Day beförderte das Truppentransportkommando über 17 000 Mann mit Waffen, Munition und Ausrüstung auf dem Luftweg.

einander anflogen, warfen fast 3000 Tonnen Bomben durch Wolken und Nebel, von denen die Küste kurz nach Tagesanbruch bedeckt war.

Wenig später ließ Brereton die 823 mittelschweren Bomber und 2072 Jagdbomber der Neunten zur Unterstützung der Luftlandetruppen und der ersten Wellen der an den Invasionsstränden im feindlichen Feuer an Land gehenden alliierten Truppen starten. Eine Jagdgruppe, die 366. Gruppe unter Führung von Oberstleutnant H. Norman Holt, startete bei Tagesanbruch auf ihrem englischen Flugplatz und nahm Kurs auf die französische Küste. Die zwölf P-47 der Staffel, mit der Holt flog, trugen jeweils zwei 450-

kg-Bomben an Bombenschlössern unter den Tragflächen. Sie hatten den Auftrag, eine befestigte deutsche Artilleriestellung oberhalb des Landungsabschnitts „Utah Beach" auszuschalten.

Während die P-47 ihr Ziel anflogen, hatte Holt einen ausgezeichneten Überblick über die Schiffe, die die ersten Wellen alliierter Truppen transportierten. „Unter uns konnten wir auf einer fünf bis sechs Kilometer breiten Front unzählige Schiffe aller Größen, Formen und Typen ausmachen. Es schienen Tausende zu sein. In einiger Entfernung von der Küste stehende Schlachtschiffe schossen Breitseiten über die anderen Fahrzeuge hinweg. Ihre Feuerkraft trug mit dazu bei, den Gegner festzunageln und sein Abwehrfeuer niederzuhalten. Am Strand spuckten Landungsfahrzeuge mit erstaunlicher Geschwindigkeit Männer und Material aus."

Als ihr Ziel in Sicht kam, kippten die drei Ketten zu je vier Thunderbolts nacheinander über eine Tragfläche ab und griffen die Küstenbatterie im Sturzflug an. Die beiden ersten Ketten schalteten sie aus. Den Piloten der dritten Kette, die bereits stürzten, blieb nichts anderes übrig, als ihre Bomben in die rauchenden Trümmer zu werfen. Hätten sie das nicht getan, hätten sie beim Abfangen mit den beiden 450-kg-Bomben ihre Tragflächen beschädigen können.

Nachdem dieser Auftrag ausgeführt war, fragte die Staffel über Funk bei dem Jägerleitoffizier „Gimlet", der sie am D-Day von einem Schlachtschiff im Ärmelkanal aus führte, nach einem weiteren Angriffsziel. Gimlet nannte ihr kein bestimmtes Ziel, die Piloten sollten sich Gelegenheitsziele suchen.

Holt und seine Thunderbolt-Piloten, die auf keinerlei Gegenwehr stießen, konnten in Viererketten bis auf 600 Meter heruntergehen und sich auf die Suche nach weiteren deutschen Artilleriestellungen konzentrieren. Sie erkannten eine, als das gutgetarnte Geschütz schoß und dabei die Büsche und Tarnnetze bewegt wurden. Die P-47 stürzten sich darauf und brachten es mit massiertem Bordwaffenbeschuß zum Schweigen.

Da keine feindlichen Flugzeuge zu sehen waren, verschossen die Piloten ihre restliche 12,7-mm-Munition in Waldgebiete hinter den Landeköpfen und in die Hecken an Feld- und Straßenrändern, in der feindliche Truppen und deutsche Artillerie hätten Deckung finden können. „Ohne es zu wissen", schrieb Holt später, „begannen wir bereits damals mit dem planmäßigen Zusammenwirken von Luftwaffe und Bodentruppen. Das war ein logischer Einsatz unserer Bordwaffen, solange die feindliche Luftwaffe durch Abwesenheit glänzte." Ein noch engeres Zusammenwirken der Bomber und Jagdbomber der 9. Luftflotte mit den Bodentruppen sollte nach dem D-Day zur Regel werden und sich als entscheidend für die gesamte britisch-amerikanische Offensive quer durch Europa erweisen.

Für den Erfolg der Landungen war Luftunterstützung so wichtig, daß viele Flugzeuge an diesem Tag mehrere Einsätze flogen und manche Staffeln, denen es an Besatzungen, aber nicht an Maschinen fehlte, Flugzeuge mit unvollständigen Besatzungen einsetzten. Eine Marauder namens *Pickled Dilly* stellte eine Art Rekord auf, indem sie mit nur drei Mann Besatzung flog. Der Pilot, Leutnant William L. Adams, steuerte die B-26 und war zugleich sein eigener Navigator und Funker, weil der Kopilot Carl Steen den Bombenschützen C. W. Holland ersetzen mußte, der die Heckbewaffnung bediente. Trotzdem warf die *Pickled Dilly* ihre Bomben genau ins vorgesehene Ziel.

Die meisten von Quesadas Jagdgruppen flogen mehrere Einsätze, und einige – zum Beispiel die 404. Gruppe – starteten zwischen Morgengrauen

Ein Infanterist steht als Wachposten am Rande eines von der 9. Luftflotte nach dem D-Day benutzten Feldflugplatzes in der Normandie. Die Jagdbomber P-47 der Neunten – die von solchen provisorischen Plätzen aus operierten – flogen Tausende von Einsätzen zur Erdkampfunterstützung und griffen Brücken, Bahnlinien und zurückmarschierende deutsche Kolonnen an.

und Abenddämmerung viermal, was in diesem Fall 191 Einsätze bedeutete. Während die B-26 und A-20 allein nachmittags 380 Tonnen Bomben auf Geschützstellungen und wichtige Brücken und Straßenkreuzungen warfen, griffen die Jäger alles, was sich zwischen den normannischen Hecken bewegte, mit Bordwaffen an. Die alliierte Luftherrschaft war so erdrückend, daß ein deutscher Soldat in einem Feldpostbrief klagte: „Die amerikanischen Flieger jagen uns wie Kaninchen." In den 24 Stunden dieses schicksalhaften Tages flogen die 8000 bei der Invasion eingesetzten amerikanischen und britischen Flugzeuge insgesamt über 14 600 Einsätze.

Schon wenige Stunden nachdem die Landeköpfe fest in alliierter Hand waren, legten Pioniere der 9. Luftflotte mit Planierraupen einen Notlandeplatz auf einer normannischen Landzunge an. Und am achten Tag nach dem D-Day benutzten P-47 einen weiteren hastig angelegten Feldflugplatz bei Cardonville, um aus nächster Nähe mit den Bodentruppen zusammenzuwirken. Ende Juli waren 17 Jagdbombergruppen auf vorgeschobenen Flugplätzen in Frankreich stationiert, wohin ihnen bald auch die A-20 und B-26 folgten. Während die britischen und amerikanischen Panzer- und Infanteriedivisionen vorstießen, vollbrachten Breretons Pioniere erstaunliche Leistungen, indem sie den vorrückenden Armeen dichtauf folgten und allein in Frankreich 70 Feldflugplätze anlegten.

Am 10. Juni 1944, vier Tage nach den Landungen, erfüllten die vorgeschobenen Gruppen der Neunten zwei Aufgaben: Sie griffen auf

Anforderung durch alliierte Kommandeure deutsche Stützpunkte mit Bomben und Bordwaffen an und setzten zugleich ihre angriffsweise vorgetragene Überwachung von Bahnlinien und Brücken fort, um das Kampfgebiet abzuriegeln. An diesem Tag setzte die 404. Gruppe 48 P-47 ein, die morgens feindliche Artilleriestellungen und am frühen Nachmittag Brücken angriffen. Am Spätnachmittag konzentrierten sich die erschöpften Piloten dann auf das Eisenbahnnetz. Eine der Staffeln dieser Gruppe, die 507., beobachtete zwei herandampfende Nachschubzüge, unterbrach zuerst die Gleise an zwei Stellen vor und hinter den Güterzügen und stieß dann auf die hilflos nebeneinander stehenden Züge herab und vernichtete beide mit Bomben und Bordwaffen. Um sich nicht übertreffen zu lassen, griff die 508. Gruppe den Eisenbahnknotenpunkt bei Chartres an und zerstörte ein Stellwerk, eine Lokomotive und zwölf Güterwagen. Danach griffen die P-47 im Tiefflug eine Kaserne an und schossen mit panzerbrechender 12,7-mm-Leuchtspurmunition 15 deutsche Panzer in Brand.

Um die deutschen Pioniere daran zu hindern, die wichtigen Seinebrücken zu reparieren, griffen die Bomber der 9. Luftflotte diese Flußübergänge im Juni und Juli 1944 immer wieder an. Fünf feindliche Divisionen mußten die Seine mühsam auf primitiven Fähren überwinden, und mehrere Divisionen, die hastig als Verstärkung aus den Niederlanden, Rumänien und Rußland herangeholt worden waren, mußten ihre Züge im Raum Paris verlassen und zur Front marschieren. Eine Elitedivision brauchte für eine Strecke von 230 Kilometern sieben Tage. Sie marschierte nur nachts, weil größere Truppenbewegungen tagsüber unweigerlich ganze Schwärme von Tiefflliegern anlockten. Die 9. und 10. SS-Panzerdivision mußten in Versailles und an anderen Orten westlich von Paris aus ihren Zügen ausgeladen werden und im Schutz der Dunkelheit auf Landstraßen marschieren, so daß sie zwei Wochen brauchten, um an die Invasionsfront zu gelangen.

Manche der deutschen Einheiten erreichten die Front nie. Beispielsweise entdeckte am 11. Juli eine Kette der 366. Jagdgruppe mit dem Decknamen „Slipshod Blue", der es nicht gelungen war, die ihr als Angriffsziel zugewiesenen MG-Nester zu finden, plötzlich unter sich 50 bis 60 feindliche Panzer, die, durch leichten Regen getarnt, mit Höchstfahrt auf die alliierten Linien bei St.-Lô zustießen. Der Kettenführer meldete diese Beobachtung sofort dem Verbandsführer „Rupert" und stieß auf die Panzer herab, um ihre Position zu bezeichnen.

„Rupert" teilte seine Kräfte rasch zum Angriff ein, indem er den Ketten „Slipshod Red" und „Yellow" befahl, der Kette „Blue" zu den erkannten Zielen zu folgen, und zwei weitere Staffeln – „Relic" und „Foxhunt" – heranholte. „Laßt euch Zeit", mahnte „Rupert" über Funk. „Bringt alle Bomben und Kugeln ins Ziel."

Die Thunderbolts warfen nacheinander ihre Bomben und gingen dann auf 30 Meter hinunter, um die Panzer trotz starker Luftabwehr mit ihren Bordwaffen anzugreifen. Die auf Deckungssuche nach verschiedenen Richtungen auseinanderfahrenden Panzer wurden eine noch leichtere Beute: Ein Drittel der Kolonne wurde binnen 20 Minuten ausgeschaltet. Danach landeten die P-47 auf ihrem in der Nähe liegenden Flugplatz, faßten Treibstoff und Munition und griffen die Panzer erneut an. Diesmal hinterließ die 366. Gruppe 35 brennende Panzer, die teilweise kaum 200 Meter vor den alliierten Linien lagen. Nachmittags war der Regen stärker, aber die siegessicheren Piloten ließen sich davon nicht aufhalten. Sie

Ein großer Kriegsvogel namens Liberator

SCHWERER BOMBER
CONSOLIDATED B-24H LIBERATOR (1943)
Die von vier 1200-PS-Stemmotoren der Firma Pratt & Whitney angetriebene B-24 hatte zehn MGs als Abwehrbewaffnung und erreichte 467 Stundenkilometer Höchstgeschwindigkeit. Die hier abgebildete mit dem Namen „Also Ran" gehörte zu der in Norfolk stationierten 467. Bombergruppe der 8. Luftflotte.

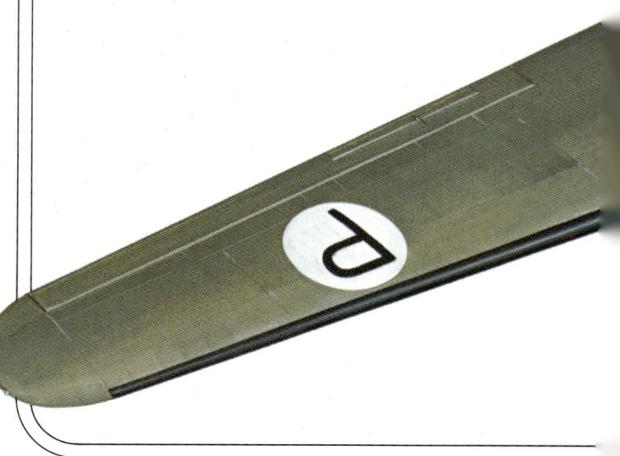

Die Consolidated B-24 Liberator wurde in größerer Stückzahl als jedes andere amerikanische Flugzeug des Zweiten Weltkriegs gebaut. Ab 1941 rollten 18 188 dieser schweren Bomber in über einem Dutzend verschiedener Ausführungen von amerikanischen Montagestraßen – die hier dargestellte B-24H kam 1943 heraus.

Die 1939 konstruierte B-24 verkörperte alle technischen Fortschritte im Flugzeugbau

seit der Premiere der Boeing B-17 im Jahre 1934. Sie war jedoch, wie ein Pilot feststellte, „keine wohlgeformte Schönheit wie einige ihrer Zeitgenossen. Sie sah wie ein Lastwagen aus, schleppte schwere Lasten wie ein Lastwagen und flog sich wie ein Lastwagen."

Aber mit 4000 Kilogramm Bombenzuladung und 1700 Kilometer Eindringtiefe war die plumpe B-24 mit ihrem Doppelleitwerk eine hervorragend zweckmäßige Maschine. Ihr gedrungener Rumpf enthielt einen zweieinhalb Meter hohen Bombenschacht, der bis zu einem Dutzend waagrecht liegende 225-kg-Bomben aufnehmen konnte. Die Bombenklappen waren in die Rumpfwände eingelassen und öffneten sich wie gewaltige Rolläden nach beiden Seiten. Eine Gräting führte über den Bombenschacht, damit die Besatzung sich im Inneren der Maschine bewegen konnte.

Das auffälligste Konstruktionsmerkmal der B-24 waren ihre scheinbar schlanken Tragflächen mit 33,5 Meter Spannweite, die 18

Tanks mit 8948 Litern Treibstoff und das Hauptfahrwerk enthielten, das umgeklappt und zwischen die Motoren eingezogen wurde. Aber ihr spezielles Hochauftriebsprofil verlor an Wirksamkeit, wenn die Maschine in über 7200 Meter Höhe oder mit den im Verband oft erforderlichen niedrigeren Geschwindigkeiten geflogen wurde. Das führte zu einem labilen, stampfenden Flugverhalten – „wie eine Dicke, die Ballett tanzt", lautete der plastische Vergleich eines Fliegers –, das die B-24 schwer beherrschbar machte. Trotzdem wurden die meisten Liberator-Piloten und -Besatzungen spielend mit dieser Schwierigkeit fertig.

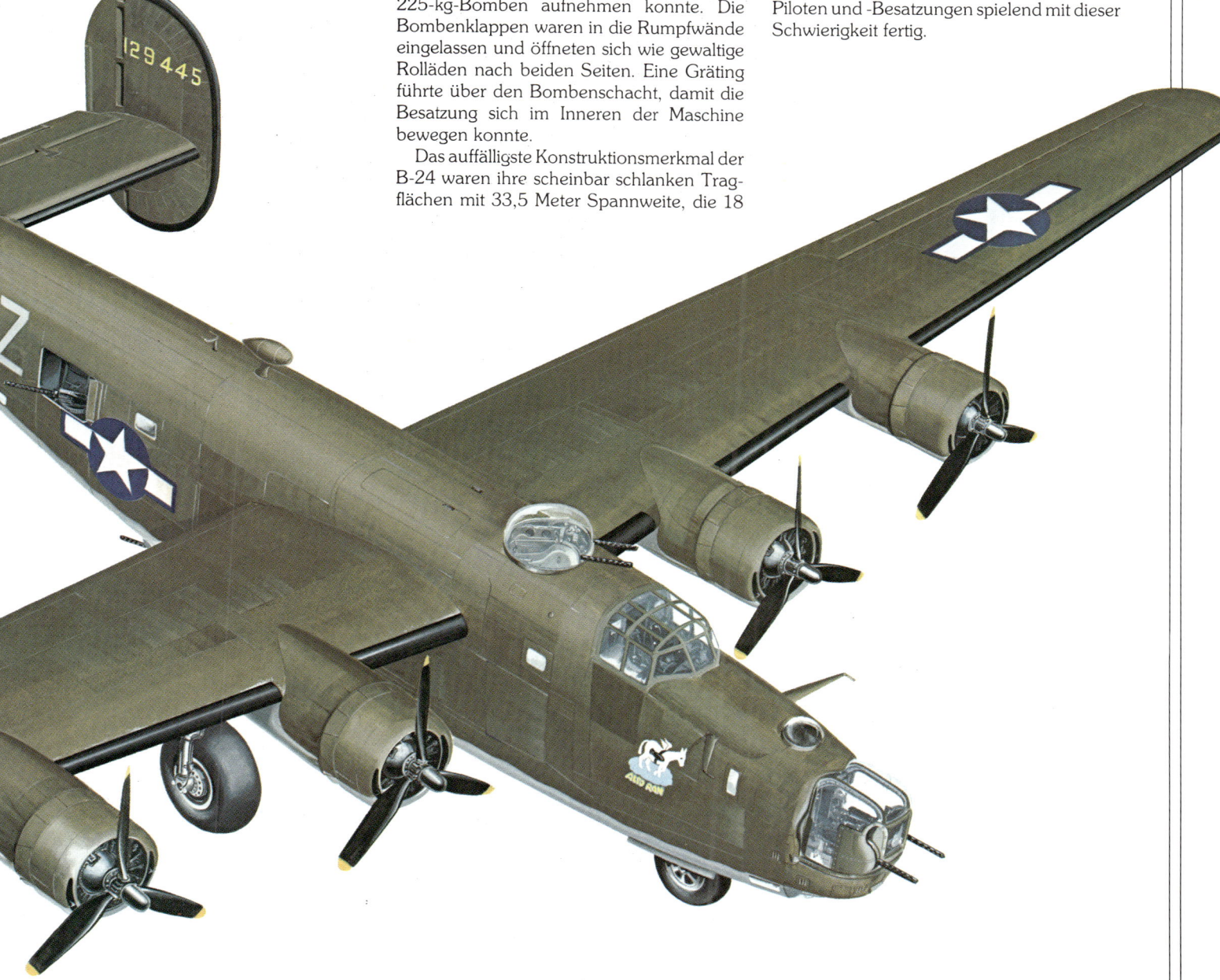

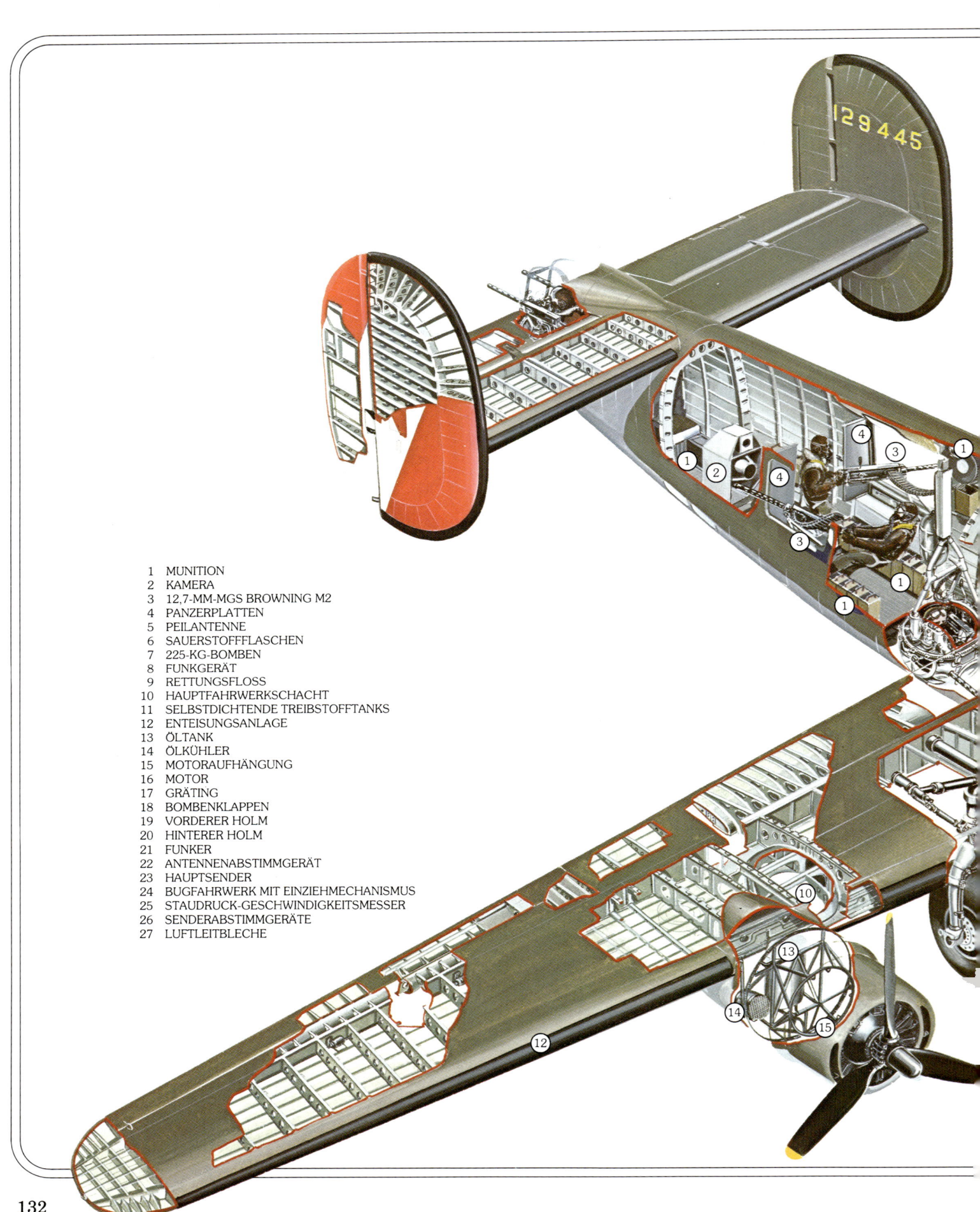

1 MUNITION
2 KAMERA
3 12,7-MM-MGS BROWNING M2
4 PANZERPLATTEN
5 PEILANTENNE
6 SAUERSTOFFFLASCHEN
7 225-KG-BOMBEN
8 FUNKGERÄT
9 RETTUNGSFLOSS
10 HAUPTFAHRWERKSCHACHT
11 SELBSTDICHTENDE TREIBSTOFFTANKS
12 ENTEISUNGSANLAGE
13 ÖLTANK
14 ÖLKÜHLER
15 MOTORAUFHÄNGUNG
16 MOTOR
17 GRÄTING
18 BOMBENKLAPPEN
19 VORDERER HOLM
20 HINTERER HOLM
21 FUNKER
22 ANTENNENABSTIMMGERÄT
23 HAUPTSENDER
24 BUGFAHRWERK MIT EINZIEHMECHANISMUS
25 STAUDRUCK-GESCHWINDIGKEITSMESSER
26 SENDERABSTIMMGERÄTE
27 LUFTLEITBLECHE

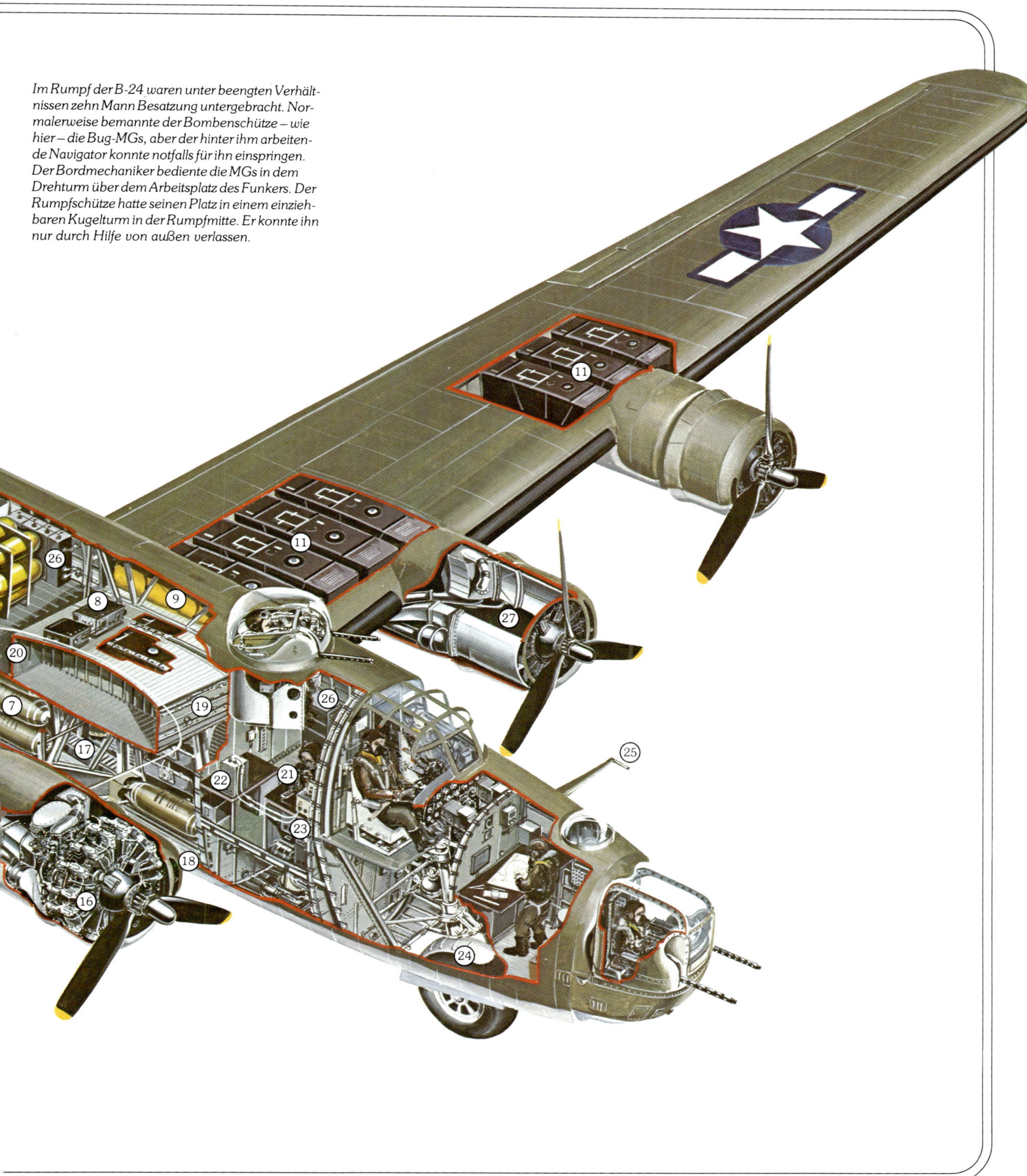

Im Rumpf der B-24 waren unter beengten Verhält-
nissen zehn Mann Besatzung untergebracht. Normalerweise bemannte der Bombenschütze – wie
hier – die Bug-MGs, aber der hinter ihm arbeiten-
de Navigator konnte notfalls für ihn einspringen.
Der Bordmechaniker bediente die MGs in dem
Drehturm über dem Arbeitsplatz des Funkers. Der
Rumpfschütze hatte seinen Platz in einem einzieh-
baren Kugelturm in der Rumpfmitte. Er konnte ihn
nur durch Hilfe von außen verlassen.

133

flogen einen dritten Einsatz, sichteten eine weitere Panzerkolonne und griffen sie mit vernichtender Wirkung im Tiefflug an.

Trotz solcher schweren Angriffe hielt der Gegner hartnäckig seine Stellungen, verschanzte sich im Juni und Juli 1944 in dem Heckenlabyrinth und verhinderte den Ausbruch von Generalleutnant Omar Bradleys unterdessen erheblich verstärkter 1. Armee oder den der Engländer aus dem Raum Caen nach Nordosten. Deshalb wurde der Entschluß gefaßt, einfach durch Bombenangriffe eine Bresche in die deutsche Front bei St.-Lô zu schlagen und dadurch den Stillstand zu überwinden.

Das Zielgebiet des Unternehmens *Cobra* war nur 13 Kilometer lang und 6,5 Kilometer breit. Diese knapp 85 Quadratkilometer große Fläche sollte mit großen, rechteckigen Bombenteppichen belegt werden. Den ersten Angriff flogen am 25. Juli acht Gruppen der 9. Luftflotte, deren P-38 und P-47 einen 6,5 Kilometer langen und kaum 250 Meter breiten Angriffsstreifen mit 225-kg-Bomben, 120-kg-Splitterbomben und Brandbomben belegten. Unmittelbar dahinter folgten 1507 B-17 und B-24 der 8. Luftflotte mit 3000 Tonnen Bomben sowie sieben weitere Jagdbombergruppen mit 225-kg-Bomben, Splitterbomben und Napalm. Danach kamen 380 mittelschwere Bomber der Neunten mit Sprengbomben und 120-kg-Splitterbomben. Nach diesen schweren Bombenangriffen stiegen die Rauchwolken bis zu einer Höhe von 600 Metern auf.

Durch Irrtümer von Bombenschützen fiel ein Teil der Bomben auf amerikanische Stellungen, wo 102 Soldaten getötet und 380 verwundet wurden. Aber die Wirkung auf die Deutschen war vernichtend. Die Bombardierung war so heftig und konzentriert, daß die vorstoßende alliierte Infanterie, die den Angriffsstreifen säubern sollte, die überlebenden deutschen Soldaten kampfunfähig antraf. Sie befanden sich in einem durch Angst und die unerträglichen Erschütterungen der großen Bomben ausgelösten Schockzustand. Generalleutnant Fritz Bayerlein, der Kommandeur der Panzerlehrdivision, hielt später fest, 70 Prozent seiner Soldaten seien „tot, verwundet, wahnsinnig oder benommen" gewesen.

Als die feindlichen Stellungen bei St.-Lô endlich durchbrochen waren, stieß die amerikanische 1. Armee, der Generalleutnant George Pattons 3. Armee dichtauf folgte, unter starkem Jagdschutz durch die Bresche. Die 1. Armee wandte sich nach Nordosten, während General Patton nach Süden zur Loire marschierte, um dort nach Osten abzubiegen und zu einem der größten Siegesläufe der Militärgeschichte anzusetzen. „Ich werde mich überhaupt nicht um meine Flanke kümmern" erklärte Patton Brigadegeneral Otto P. Weyland, dem Befehlshaber des XIX. Taktischen Fliegerkommandos, das der 9. Luftflotte unterstand, „wenn Sie mir garantieren können, daß Sie sie aus der Luft schützen."

Weyland und seine neun Jagdbombergruppen schafften es tatsächlich, Pattons Auftrag auszuführen. Während das XIX. Taktische Fliegerkommando im Westen drei deutsche Hafenfestungen in der Bretagne bombardierte und im Süden Loirebrücken zerstörte, hielt es gleichzeitig Schritt mit Patton. Brigadegeneral Weyland, der Flugzeuge und Flugplätze zusammen mit den Bodentruppen vorverlegte, schützte Pattons Marschkolonnen aus der Luft – zuerst bei ihrem Marsch auf Paris, dann während ihres Vorstoßes zur deutschen Grenze.

Der Jagdschutz für Panzerkolonnen, eine von Weyland und Patton praktizierte neuartige Form der Luftunterstützung, war von Brigadegeneral Quesada, dem Kommandeur des IX. Jagdkommandos, entwickelt worden. Luftwaffenpersonal – meist Piloten, die oft im vordersten Panzer saßen – fuhr mit den Panzerkolonnen mit und benutzte UKW-Funkgeräte, um eine Wechselsprechverbindung zwischen Panzern und Flugzeugen herzustellen. „Jede der rasch vorstoßenden Kolonnen wird ständig von einer Viererkette geschützt", hieß es in dem Originalbefehl. Die Flugzeuge sollten ständig vor der Marschkolonne aufklären und jedes erkannte Ziel angreifen. Sobald ein Panzerkommandeur feindlichen Widerstand spürte, forderte der Verbindungsmann der Luftwaffe von dem Kettenführer Unterstützung an. Die vier Jagdbomber beseitigten dann das Hindernis.

Leutnant Philip C. Mitchell erinnerte sich an einen gefährlichen Jagdschutzeinsatz, bei dem seine Kette aus vier Thunderbolts von der Spitze einer der Panzerkolonnen Pattons dringend um Unterstützung gebeten wurde. „,Wir sind durch Artilleriefeuer festgenagelt', meldete der Offizier am Funkgerät, ,und die Deutschen haben einen Artilleriebeobachter im Turm der Kirche dort vorn.' Ich war an diesem Tag der vierte Mann und sah unseren Kettenführer über eine Tragfläche abkippen und auf die Kirche zustürzen. Seine Bomben detonierten etwa 150 Meter von ihr entfernt – zu kurz. Der zweite Mann verfehlte ganz, und der dritte hatte seine Bombe beim Abfangen noch unter den Tragflächen – der Auslösemechanismus hatte versagt. Nun, ich stürzte, zielte genau darauf und sah meine beiden Bomben ins Ziel fliegen. Als ich über der Kirche hochzog, explodierte der ganze Turm und kam mir geradewegs entgegen. Ich weiß nicht, wie ich durch diesen ganzen fliegenden Trümmerschutt hindurchgekommen bin, aber irgendwie verfehlten mich die meisten Steine – und ich glaube nicht, daß der Artilleriebeobachter noch tätig gewesen ist, als ich abflog."

Schlechtes Wetter konnte solche Einsätze gelegentlich behindern, aber sobald es aufklarte, waren die Jagdbomber wieder in der Luft. Drei Tage nach dem Unternehmen *Cobra* ließen Nebel und Regen alle Versuche scheitern, Jagdschutz für die Bodentruppen zu fliegen, während die 1. Armee versuchte, den Durchbruch im Raum St.-Lô auszunutzen. Nachmittags gelang jedoch einigen Ketten der 405. Jagdgruppe der Start, und eine Viererkette entdeckte ein lohnendes Ziel: eine dichtgedrängte Kolonne deutscher Geschütze, Panzer und anderer Fahrzeuge, die auf dem Rückzug vor den vorrückenden Alliierten zwischen zwei amerikanischen Panzerdivisionen feststeckte. Die Piloten wußten sofort, daß sie hier ein leichtes Angriffsziel vor sich hatten.

Der Kettenführer meldete seine Entdeckung über Funk dem Einsatzhafen der 405. Gruppe. Danach wechselten die Staffeln sich bei ihren Angriffen ab. Während eine Staffel mit Bomben und Bordwaffen angriff, flog die andere nach Picauville zurück, um Treibstoff, Bomben und Munition zu fassen. Diese Angriffe auf ein nur fünf Kilometer langes Straßenstück dauerten über sechs Stunden an. Als die amerikanischen Marschkolonnen zwei Tage später vorrückten, fanden sie die Straße mit 66 abgeschossenen Panzern, 204 zerstörten Lastwagen und elf unbrauchbaren Geschützen versperrt. Die Straße mußte geräumt werden, bevor die Alliierten weitermarschieren konnten.

Als General Eisenhower auf ein ähnliches Bild stieß, kurz nachdem die Jagdbomber eine gegnerische Panzer- und Truppenansammlung angegriffen hatten, fand er, die Vernichtung und Zerstörung „könnte nur von Dante geschildert werden. Straßen, Landstraßen und Felder waren so mit vernichtetem Material, Gefallenen und verendeten Zugtieren verstopft, daß es äußerst schwierig war, dieses Gebiet zu durchqueren."

Wenn die schweren Bomber von Doolittles 8. Luftflotte nicht für taktische Einsätze im Rahmen der Invasion oder des Unternehmens *Cobra* benötigt wurden, konzentrierten sie sich mit Unterstützung der von Süditalien aus operierenden 15. Luftflotte auf Ziele, die sich als die verwundbarsten aller deutschen Industrieziele erwiesen: Ölraffinerien. Von ihren Flugplätzen im Raum Foggia aus konnten die von Jägern mit Abwurftanks begleiteten Bomber der 15. Luftflotte wichtige Raffineriezentren wie Wien und Ploesti angreifen. Die 8. Luftflotte setzte riesige Verbände mit 1100 und mehr Bombern und kaum weniger Begleitjägern gegen Ziele in Nord- und Mitteldeutschland ein – gegen Merseburg-Leuna, Magdeburg, Hamburg und andere Städte –, in denen Großanlagen zur Gewinnung synthetischen Treibstoffs aus Kohle standen. Die strategischen Planer der amerikanischen Luftstreitkräfte waren zu dem Schluß gelangt, die Zerstörung der Ölindustrie der Achsenmächte sei der Schlüssel zur Vernichtung der deutschen Luftwaffe und damit zum Sieg über Deutschland.

Die Ölkampagne der 8. Luftflotte begann vor dem D-Day, als Doolittle am 12. Mai 1944 die Serie taktischer Angriffe auf Güterbahnhöfe unterbrach und 935 viermotorige Bomber nach Mitteldeutschland schickte, um sie Kohleverflüssigungsanlagen im Raum Leipzig bombardieren zu lassen. Fünf dieser Anlagen wurden schwer getroffen. Obwohl die Kommandeure der Bodentruppen forderten, die Bomber sollten sich auf D-Day-Ziele konzentrieren, schickte der selbstbewußte Doolittle am 28. Mai einen Verband von nie dagewesener Größe los, nämlich 1282 B-17 und B-24, um weitere Ölraffinerien angreifen zu lassen.

Wie sich später zeigte, hatten Doolittle und die Wirtschaftsanalytiker der amerikanischen Luftstreitkräfte die Auswirkungen dieser Angriffe richtig beurteilt. Obgleich die Maiangriffe lediglich der Auftakt zur eigentlichen Offensive waren, konnten sie als Meilenstein und Vorahnung zukünftiger Ereignisse gelten. Albert Speer, Hitlers Minister für Bewaffnung und Munition, schrieb nach dem Krieg, der 12. Mai sei der Tag gewesen, an dem „der technische Krieg entschieden" wurde. Speer sah voraus, daß Brennstoffmangel „das Ende der deutschen Rüstung" bedeutete. Als Doolittle die Ölkampagne am 18. Juni wiederaufnahm, zerschlugen seine Bomber rasch die zur Herstellung synthetischen Treibstoffs dienenden Anlagen. Wie Speer sich erinnerte, war Ende Juli 1944 der Stand erreicht, daß die Deutschen „es nun schon für einen Erfolg ansahen, wenigstens ein Zehntel der [früheren] Produktion erreicht zu haben".

Das Hauptziel von Generalmajor Nathan Twinings 15. Luftflotte waren die Raffinerien von Ploesti, die nach dem Luftangriff am 1. August 1943 rasch wieder ihre volle Kapazität erreicht hatten. Ploesti war von Twinings Flugplätzen im Raum Foggia aus zu erreichen, blieb aber weit außerhalb der Reichweite von Doolittles viermotorigen Bombern. Von April bis August 1944 griffen Twinings Bombergruppen, die über einige Flying Fortresses verfügten, aber hauptsächlich B-24 flogen, das rumänische Raffineriezentrum 19mal an. Für die Bomberbesatzungen wurde Ploesti zu einem gefürchteten Angriffsziel – eine Kombination aus St.-Nazaire, Schweinfurt und „Big B". Ihre Begleitjäger konnten zwar die Angriffe der über dem Balkan eingesetzten deutschen Jäger oft abwehren, aber die „Kleinen Freunde" waren kein Mittel gegen die gefährliche Flakkonzentration im Bereich der Raffinerien.

Beim ersten Großangriff während der Ölkampagne setzte Twinings aus 485 viermotorigen Bombern bestehender Hauptverband am 5. Mai große Teile der Raffinerien in Brand – und verlor 19 Bomber. Während die Masse der Bomber am 18. Mai wegen bis zu 9000 Meter aufragender dichter Wolken umkehren mußte, kam eine aus 35 B-17 bestehende Gruppe durch. Sie stieß nicht nur auf schweres Flakfeuer, sondern wurde auch von etwa 100 Jägern erbittert angegriffen. Die Amerikaner verloren bei diesem Einsatz sieben ihrer Bomber.

Nach Zwischenangriffen auf Raffinerien und andere Ziele in Österreich, Ungarn und Jugoslawien flog die Fünfzehnte im Juli wieder Großeinsätze gegen Ploesti. Als am 9. Juli 222 viermotorige Maschinen Ploesti bombardierten, fingen die sie begleitenden P-51 rund 50 Me 109 unmittelbar über den Raffinerien ab. Hauptmann James Varnell, der später mit 17 Luftsiegen an dritter Stelle der Asse der 15. Luftflotte stand, verfolgte einen feindlichen Jäger mitten durch den Bomberverband. Während es um ihn herum Bomben aus Liberators und Flying Fortresses regnete und seine Maschine von detonierenden Flakgranaten geschüttelt wurde, schoß Varnell die Messerschmitt ab und erzielte damit seinen zweiten Luftsieg an diesem Tag, dem er bald einen dritten folgen ließ. Major Herschel Green, nach Hauptmann John Voll (21 Luftsiege) der zweiterfolgreichste Jagdflieger der 15. Luftflotte, stieß ebenfalls durch den Verband hindurch, um eine feindliche Maschine abzuschießen.

Aufgrund solcher Heldentaten gingen am 9. Juli nur sechs Bomber verloren. Aber im gesamten Monat, in dem Twinings viermotorige Bomber Ploesti fünfmal angriffen, betrugen die Verluste 72 Bomber. Twining ließ Ploesti einmal sogar nur von Jagdbombern angreifen, um seinen Bomberbesatzungen eine Ruhepause zu gönnen und den Gegner zu irritieren. Aber die Raffinerien blieben ein schwieriges Ziel. Erst bei ihrem letzten Einflug nach Rumänien am 19. August 1944 kam die Fünfzehnte ungeschoren davon und verlor nicht eine Maschine. Aber bis dahin hatte die Kampagne 223 abgeschossene Flugzeuge gekostet. Die rumänischen Raffinerien bestanden inzwischen jedoch nur noch aus einer Ansammlung ausgebrannter Lagertanks und verbogener Leitungen.

Die Ölkampagne wirkte sich rasch und vernichtend auf die deutsche Luftwaffe aus. Die Flugzeugführerschulung wurde wegen Treibstoffmangels so drastisch verkürzt, daß zukünftige Jagdflieger lediglich mit rund 30 Flugstunden an die Front kamen. Diese unerfahrenen Gegner wurden eine leichte Beute der erfahrenen Mustang-, Lightning- und Thunderbolt-Piloten, die erst nach über 300 Flugstunden zum Einsatz kamen. Die aus England und Italien einfliegenden Bomberströme wurden immer seltener von deutschen Jägern angegriffen, weil Treibstoff gespart werden mußte, um gelegentlich einen größeren Jagdverband einsetzen zu können, der die Bomber wirkungsvoll bekämpfen konnte. Fortresses und Liberators schienen ihre Bahn am Himmel über Deutschland immer häufiger fast ungestört ziehen zu können. Ihre Verluste waren nicht mehr auf Jäger, sondern auf die deutsche Flak zurückzuführen. Starker Jagdschutz war immer weniger notwendig, so daß weitere Jäger für Angriffe auf feindliche Flugplätze zur Verfügung standen. Der deutsche General der Jagdflieger Galland schrieb: „Wegen der ständigen Angriffe auf unsere Flugplätze waren wir fast völlig zur Untätigkeit verdammt."

Die Jagdbomber der 9. Luftflotte, die weiter zur Erdkampfunterstützung eingesetzt wurden, während die amerikanischen Armeen durch Nordfrankreich und die Niederlande vorstießen, erwiesen sich als so gefährlich, daß deutsche Soldaten sich manchmal lieber ergaben, als weitere Angriffe der allgegenwärtigen P-47 zu ertragen. Mehrere hundert Deutsche streckten die Waffen vor einer Staffel der 405. Jagdgruppe, deren Thunderbolts Mitte August nordöstlich von Le Mans eine Lastwagenkolonne angriffen. Als die Piloten zum nächsten Angriff herabstießen, erkannten sie deutsche Soldaten, die weiße Fahnen schwenkten. Während die Thunderbolts im Tiefflug über die Deutschen hinwegröhrten, ohne dabei zu schießen, bildeten die weiter ihre weißen Fahnen schwenkenden Soldaten eine Kolonne, die zu den nächsten amerikanischen Linien marschierte. Die über Funk verständigte amerikanische Infanterie nahm die sich ergebende Einheit freudig in Empfang.

Ein weit größerer Verband ergab sich, nachdem ihm General Weylands XIX. Taktisches Fliegerkommando unaufhörlich zugesetzt hatte. Dabei handelte es sich um 20 000 deutsche Soldaten, die unmittelbar südlich der Loire gestanden hatten, als Pattons 3. Armee ihren Vormarsch nach Paris begann. Generalleutnant Erich Elster, der deutsche Befehlshaber, hätte die Loire überschreiten und Pattons ungeschützte rechte Flanke angreifen

Die Engel der Fünfzehnten

Hauptmann Armour G. McDaniels von der 301. Staffel zeigt Mitgliedern der Bodenmannschaft ein Loch in seiner P-51, das ihr bei einem Begleiteinsatz gegen Ende des Krieges von einer Maschinenkanone beigebracht worden war. McDaniels wurde 1945 über Berlin abgeschossen, kam in Gefangenschaft und wurde schließlich von den vorrückenden alliierten Truppen befreit.

Für die Bomberbesatzungen der 15. Luftflotte – die ihnen besonderen Dank schuldeten – waren die Piloten der vier Staffeln der 332. Jagdgruppe, der 99., 100., 301. und 302. Staffel, die „Red Tail Angels". Diese Männer, die P-51 Mustangs mit zinnoberrotem Leitwerk flogen, brachten es bis Kriegsende nicht nur auf rund 400 beschädigte oder zerstörte feindliche Flugzeuge, sondern hatten keinen einzigen der von ihnen bei Feindflügen über Europa begleiteten Bomber verloren – ein seltener Erfolg.

Ihre Fähigkeiten hatten nur zögernd Anerkennung gefunden. Die Piloten waren ausschließlich Schwarze: Absolventen des Flugausbildungsprogramms der Heeresluftstreitkräfte in Tuskegee, Alabama. Die Luftstreitkräfte ließen 1941 nur widerstrebend die ersten schwarzen Flugschüler zu, und sie wurden – wie andere farbige Soldaten auch – während des Krieges in besonderen Einheiten zusammengefaßt.

Als erste ausschließlich aus Schwarzen bestehende Einheit kam die 99. Staffel im Mai 1943 nach Übersee – nach Fordjouna in Nordafrika. An ihrer Spitze stand ein willensstarker West-Point-Absolvent, Oberstleutnant Benjamin O. Davis jr., der erste schwarze Fliegeroffizier Amerikas. „Wir standen vor der ständigen Aufgabe", schrieb er später einmal, „die weitverbreitete Ansicht zu widerlegen, Schwarze könnten nicht lernen, Flugzeuge zu fliegen oder erfolgreich an Luftkämpfen teilzunehmen."

Davis trieb seine Männer erbarmungslos an, und der erste Erfolg zeigte sich am 2. Juli, als Leutnant Charles Hall mit einer P-40 Warhawk, die seine Staffel damals noch flog, bei einem Einsatz als Begleitjäger über Sizilien eine deutsche Fw 190 abschoß. Im August desselben Jahres wurde Davis nach Amerika zurückbeordert, um den Befehl über drei weitere farbige Staffeln, die soeben ihre Ausbildung auf Selfridge Field, Michigan, abschlossen, zu übernehmen und sie in den Mittelmeerraum zu überführen, wo er aus ihnen und seiner alten 99. Staffel die 332. Gruppe aufstellte.

In den letzten Kriegsmonaten war die 332. Gruppe in Ramitelli in Italien stationiert. Am 24. März 1945 begleitete Davis mit 72 seiner Maschinen einen Bomberverband der 15. Luftflotte 1300 Kilometer weit nach Berlin. Die 332. Gruppe sollte kurz vor dem Ziel von einer anderen Jagdgruppe abgelöst werden und umkehren. Aber die anderen Jäger blieben aus, als die Außenbezirke von Berlin erreicht waren. Obwohl die deutsche Luftwaffe zu diesem Zeitpunkt schon sehr geschwächt war, wäre es für die Bomberpiloten ein hohes Risiko gewesen, ohne Jagdschutz die Hauptstadt zu überfliegen. Davis gab Befehl, die Bomber weiter zu begleiten.

Wenige Minuten später wurde der Verband von Me 262 angegriffen, woraus sich erbitterte Luftkämpfe entwickelten. Die 332. Gruppe, deren Mustangs nur noch gefährlich wenig Treibstoff hatten, wehrte die Angreifer ab, schoß drei der deutschen Düsenjäger ab und verlor selbst zwei Maschinen, darunter die des Staffelkapitäns der 301. Staffel, Hauptmann Armour G. McDaniels *(oben)*. Für ihren tapferen Einsatz an diesem Tag wurde die Gruppe mit einer ehrenvollen Nennung des Verbands ausgezeichnet.

können. Er mußte jedoch feststellen, daß Weylands Jagdbomber sofort zuschlugen, sobald er versuchte, Einheiten oder Fahrzeuge in Angriffsposition zu bringen. Nach großen Verlusten kapitulierte Elster am 16. September. Weyland hatte das für einen Fliegergeneral ungewöhnliche Erlebnis, an einer Übergabezeremonie teilzunehmen, bei der ein größerer Infanterieverband die Waffen streckte.

Gerade als General Elster kapitulierte, kamen Pattons Angriffsspitzen zum Stehen, weil seine Panzer keinen Treibstoff mehr hatten und seine Soldaten unter Mangel an Munition und Verpflegung litten. Im November und Dezember 1944 bewirkte sehr kaltes und stürmisches Winterwetter, daß die A-20, B-26 und P-47 der 9. Luftflotte an nahezu der Hälfte aller Tage nicht fliegen konnten.

Als Hitler sah, daß die alliierten Armeen festlagen und ihre Luftstreitkräfte ausgeschaltet waren, holte er in den Ardennen, einem schwach verteidigten Frontabschnitt der 1. Armee an der belgisch-luxemburgischen Grenze, zu einem letzten, verzweifelten Gegenschlag aus. Im Schutz des schlechten Wetters zog Generalfeldmarschall Gerd von Rundstedt etwa acht Panzer- und zehn Infanteriedivisionen zusammen. Zum Nachteil der amerikanischen Truppen wurden die von den wenigen ausgeschickten Aufklärern zurückgebrachten Luftaufnahmen nicht richtig ausgewertet, denn den Fachleuten entgingen die feindlichen Truppenansammlungen in den verschneiten Wäldern. Die Panzer stießen am 16. Dezember 1944 zum Angriff vor und erzielten einen tiefen Einbruch in die Front der 1. Armee. Die deutsche Ardennenoffensive lief.

Eine Woche lang behinderte schlechtes Wetter die alliierten Luftstreitkräfte bei ihren Versuchen, in die Erdkämpfe einzugreifen. Aber am 23. Dezember brachte eine Kaltfront klares Wetter. Die Jagdbomber der Neunten fielen wütend über feindliche Panzer und Infanterie her, während ihre C-47 den Frontverbänden Nachschub brachten — vor allem der in Bastogne eingeschlossenen 101. Luftlandedivision.

Die Erdkampfunterstützung durch P-47 der 9. Luftflotte war der belagerten 101. Luftlandedivision vermutlich willkommener als der Nachschub. Fünf Tage lang, vom Morgengrauen des 23. Dezember bis zur Abenddämmerung des 27. Dezember, beschossen und bombardierten die Thunderbolts der 406. Gruppe sämtliche Geschützstellungen, Fahrzeuge, Panzer und feindlich besetzten Gebäude im Umkreis von 15 Kilometern um Bastogne. Gleichzeitig bombardierten Bomber der Neunten den Güterbahnhof Koblenz und weitere Verkehrsknotenpunkte hinter den Linien, um Rundstedts Panzer von ihrem Nachschub abzuschneiden.

Die Marauders und Havocs zahlten einen unerwartet hohen Preis für diese Angriffe. Die deutsche Luftwaffe hatte Flugzeuge und Treibstoff gehortet, flog plötzlich 800 Jagdeinsätze und brachte den Bombern der Neunten die schwersten Tagesverluste des gesamten Krieges bei. Von den 624 mittelschweren Bombern, die gegen Güterbahnhöfe und Brücken im rückwärtigen Frontgebiet eingesetzt wurden, wurden 40 abgeschossen, während zwei notlanden mußten und 182 beschädigt wurden.

Der deutsche Erfolg hielt jedoch nicht lange an. Am nächsten Tag setzten die 8. Luftflotte und die RAF gemeinsam 2834 schwere Bomber ein, die sämtliche Flugplätze und Verkehrsknotenpunkte des Aufmarschgebiets angriffen, und am ersten Weihnachtsfeiertag führten 422 viermotorige und 629 mittelschwere Bomber die Angriffe fort. Nachdem auf diese Weise jegliche Luftunterstützung ausgeschaltet war, blieben Rundstedts Truppen

Rauch steigt von 13 Ju 87 Stukas auf, die am Boden von Thunderbolts angegriffen worden sind. Bei ihrem 40 Minuten dauernden Angriff mit Bomben und Bordwaffen zerstörten die P-47 24 Flugzeuge und beschädigten weitere 20 zum Teil schwer. Die Luftwaffe wollte mit diesen Maschinen die von den Amerikanern eingenommene Rheinbrücke bei Remagen angreifen.

völlig ungeschützt und wurden durch die alliierten Angriffe zu Lande und in der Luft aufgerieben. Hitlers Ardennenoffensive, von der er sich eine Kriegswende versprochen hatte, lief sich rasch fest.

Ohne sich von den hohen Verlusten dieses letzten Aufbäumens beeindrucken zu lassen, befahl Hitler Reichsmarschall Göring eine eigene Offensive am Neujahrstag. Nachdem Göring in Westdeutschland hastig rund 700 Flugzeuge, von denen die meisten von unerfahrenen Piloten geflogen wurden, zusammengezogen hatte, ließ er sie in Massen starten, um die alliierten Feldflugplätze in Belgien und in den Niederlanden mit Bomben und Bordwaffen anzugreifen. Dieser Überfall war für die englischen und amerikanischen Flieger zunächst überraschend, aber sie reagierten mit tödlicher Schnelligkeit. „Der Gegner wurde sofort von einem Verband aus acht unserer T-bolts angegriffen, die soeben gestartet waren und sich gesammelt hatten", berichtete Oberst Holt. „Sie griffen die feindlichen Maschinen an und hinderten sie daran, unsere jämmerlich ungeschützten Flugzeuge am Boden zu zerstören."

Holts P-47-Gruppe, die 366. Gruppe, schoß zwölf deutsche Maschinen ab, und die P-51 Mustangs fliegende 352. Gruppe, die ebenfalls auf diesem belgischen Platz stationiert war, verzeichnete 23 Abschüsse. Die 366. Gruppe verlor eine Maschine, aber der Pilot überlebte die Bauchlandung auf einem Feld, kam auf einem Fahrrad zurückgestrampelt und rief: „Sie haben mich erwischt – aber zuerst hab' ich zwei von ihnen erwischt!"

Nicht jeder alliierte Flugplatz kam mit so leichten Verlusten davon. Insgesamt wurden 156 amerikanische und britische Flugzeuge zerstört – die meisten am Boden. Aber die deutsche Luftwaffe opferte für Hitlers tollkühnen Überfall mindestens 200 Flugzeuge. „Der Gegner war aus seiner Ecke zum Angriff vorgestürmt", sagte Holt, „nur um in die Knie gezwungen zu werden." Nach solchen Verlusten an Flugzeugführern und Flugzeugen war die deutsche Luftwaffe kein Faktor mehr, mit dem man rechnen mußte. Die einzigen Geräusche am Himmel Europas waren nun das Orgeln der schweren Bomber der 8. und 15. Luftflotte, die ihre strategischen Angriffe fortsetzten, und das Röhren der mittelschweren Bomber, Schlachtbomber und Tiefflieger der 9. Luftflotte, die den alliierten Bodentruppen den Weg nach Deutschland hinein freikämpften.

Am 20. März 1945 sammelten sich die alliierten Armeen am Rhein, den ihre Angriffsspitzen gegenüber von Wesel erreichten. Um sicherzustellen, daß die Überreste der deutschen Luftwaffe die Rheinüberquerung nicht störten, setzte die 8. Luftflotte am 21. März 1254 Bomber gegen zehn Flugplätze in Nordwestdeutschland ein. Am 23. März flogen die B-17 und B-24 Einsätze gegen Güterbahnhöfe im Ruhrgebiet und unterbrachen sämtliche in den Großraum Wesel führenden Bahnlinien. Aber die schwersten Bombenangriffe galten Wesel selbst. Durch Bombenteppiche wie bei St.-Lô wurde die Stadt in eine Mondlandschaft verwandelt, in der fast kein Stein mehr auf dem anderen stand.

Der Vormarsch der Bodentruppen wurde am 24. März durch das größte Luftlandeunternehmen der Kriegsgeschichte unterstützt, bei dem 14 365 Fallschirmjäger und in Lastenseglern transportierte Luftlandeeinheiten von so vielen Transportmaschinen über den Rhein befördert wurden, daß der Flugzeugstrom bei seiner Annäherung an die deutsche Grenze 675 Kilometer lang war. Die von alliierten Jägern und Bombern mit 7000 Einsätzen unterstützten Luftlandetruppen schwenkten rasch seitlich ein, um Wesel und die nähere Umgebung der Stadt zu besetzen, während

Pioniere Behelfsbrücken über den Rhein bauten, über die sich bald ein Strom von Männern und Material ergoß.

Am nächsten Tag erzielten die Jagdbomber geradezu überwältigende Erfolge, als die Maschinen mit dem Auftrag starteten, das Kampfgebiet so abzuriegeln, daß der Gegner weder Verstärkungen noch Nachschub nach vorn bringen konnte. Die P-47 und P-51 zerstörten Lokomotiven, Motorfahrzeuge und Panzer. Sie unterbrachen Bahnlinien, bombardierten Straßen und zerstörten wichtige Gebäude. Die deutsche Luftwaffe hatte diesen gnadenlosen Angriffen nichts entgegenzusetzen. Ein bitterer Scherz, der damals bei manchen deutschen Flakbedienungen die Runde machte, charakterisierte die Lage vielleicht am treffendsten: „Glänzt ein Flugzeug silbern, ist es ein amerikanisches; ist es dunkel angestrichen, ist es ein englisches; ist es überhaupt nicht zu sehen, ist es ein deutsches."

Am 16. April 1945 wurde der lange strategische Luftkrieg offiziell für beendet erklärt – es gab keine Ziele mehr. Bis dahin hatten die schweren Bomber der 8. und 15. Luftflotte und der RAF 100 Prozent der Kokereien und Hüttenwerke Deutschlands zerstört und 95 Prozent seiner Treibstoff-, Steinkohle- und Bunakapazitäten, 90 Prozent seiner Stahlwerke, 75 Prozent seiner Lastwagenfabrikation, 70 Prozent seiner Reifenproduktion und 55 Prozent seiner Panzerbaukapazität vernichtet. Im Laufe des Luftkrieges hatten allein die Jagdflugzeuge der Achten durch Tiefangriffe etwa 4250 deutsche Flugzeuge am Boden zerstört, die zu den von ihnen in Luftkämpfen abgeschossenen 5222 feindlichen Maschinen hinzukamen.

So überwältigend dieser Sieg im Luftkrieg war, so teuer war er bezahlt worden. In drei Jahren hatten die 8. und 9. Luftflotte 48 847 Mann verloren, die gefallen oder im Einsatz verschollen waren, und die Achte hatte 3908 Flugzeugverluste zu verzeichnen. „Abgesehen von der Infanterie, die stets die höchsten Verluste hat", schrieb General Arnold, „hat kein Heeresverband in der Luft oder am Boden – auch Fallschirmjäger und Panzerdivisionen nicht – so hohe Verluste erlitten wie die Besatzungen unserer schweren Bomber über Deutschland."

Die alliierten Armeen eroberten rasch den Rest des Reichsgebiets, während die taktischen Luftstreitkräfte ihren Vernichtungsfeldzug fortsetzten. Ein Offizier der 3. Armee schilderte eine Straße in Südwestdeutschland, auf der offenbar das schwere Gerät einer ganzen Division von Jagdbombern „in einem Einschnitt überrascht und vernichtet" worden war. „Auf der Fahrt die Straße hinunter, die hier eine Kurve beschreibt, wird der Vorbeikommende zuerst auf einige verstreute Fahrzeuge und Pferdekadaver aufmerksam", berichtete der Offizier. „Dann scheint alles zu einem Crescendo anzuschwellen, bis er sich schließlich inmitten eines solchen Gewirrs aus Tod und Vernichtung befindet, daß Einzelheiten nicht mehr auszumachen sind. Als einziger Eindruck prägt sich ein, daß dies der Gipfel und Höhepunkt von Tod, Zerstörung und Chaos ist."

Auch wenn Reichsmarschall Hermann Göring, der ehemalige Oberbefehlshaber der einst so schlagkräftigen Luftwaffe, sich nicht aus seinem Berchtesgadener Refugium hervorwagte, um diese schreckliche Realität mit eigenen Augen zu sehen, kannte er den Hauptgrund für Deutschlands vernichtende Niederlage recht gut: „Die Alliierten haben den Erfolg der Invasion ihren Luftstreitkräften zu verdanken. Sie haben die Invasion vorbereitet, sie haben sie ermöglicht, sie haben ihr zum Durchbruch verholfen. Ohne die amerikanische Luftwaffe wäre der Krieg noch anderswo im Gange, aber bestimmt nicht auf deutschem Boden." ❧

Wesel besteht nur noch aus Kratern und ausgebrannten Ruinen.

hdem amerikanische Bomber die Stadt am Rhein zerstört haben, damit dort am 24. März 1945 insgesamt 14 365 Mann Luftlandetruppen abgesetzt werden können.

Amerikas König der Lüfte

Obwohl General George Kenney „diesem kunstflugbegeisterten ungezogenen Jungen" einmal einen Verweis erteilt hatte, weil er in gefährlichem Tiefflug über das Haus eines Freundes in Kalifornien hinweggebraust war, suchte er Richard Ira Bong als einen der ersten Piloten aus, als er im Herbst 1942 im Südwestpazifik eine neue P-38-Jagdstaffel aufstellte. Bong enttäuschte das in ihn gesetzte Vertrauen nicht: Bei 146 Einsätzen von September 1942 bis Dezember 1944 erkämpfte der wagemutige Farmersjunge aus Poplar, Wisconsin, 40 Luftsiege und war damit der erfolgreichste amerikanische Jagdflieger.

Bong, der kein sonderlich guter Schütze war, entwickelte eine eigene Luftkampftechnik. Er stürzte sich von oben auf den Gegner, gab aus gefährlich geringer Entfernung seine Salven ab und zog dann steil hoch.

Nach seinem 40. Luftsieg wurde Bong von Kenney in die Heimat zurückgeschickt. In Amerika erprobte er den Düsenjäger P-80. Ein Flugunfall nach nur vier Stunden Flugzeit auf der neuen Maschine kostete Bong das Leben. Er starb an dem Tag, an dem die Atombombe auf Hiroshima fiel.

Kadett Bong meldet sich im Mai 1941 zur Ausbildung.

Auf Hamilton Field in Kalifornien steht Bong (zweite Reihe, links außen) mit Staffelkameraden vor einer P-38, auf der sie dort ausgebildet wurden.

Bong ringt sich in Neuguinea ein Lächeln ab, obwohl dort „die ganze Unterhaltung aus Moskitos und Filmen bestand", wie er selbst sagte.

Das zukünftige Jagdflieger-As sitzt startbereit in seiner P-38. Bong lobte die Lightning wegen ihrer „konzentrierten Feuerkraft" und ihrer Fähigkeit, „wie ein heimwehkranker Engel" zu steigen.

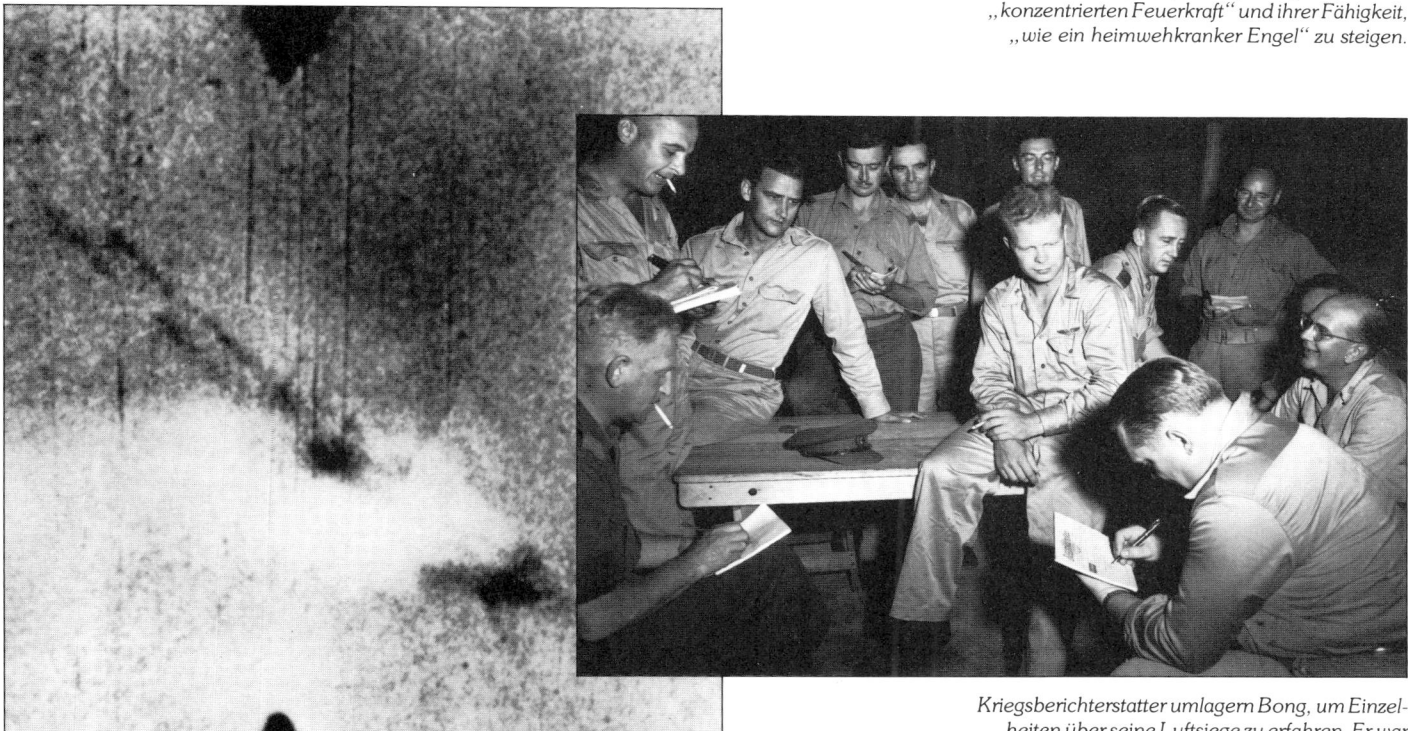

Eine mit den Bordwaffen gekoppelte Photokamera hält im März 1943 Bongs neunten Abschuß fest – einen japanischen Mitsubishi-Aufklärer mit der alliierten Codebezeichnung Dinah.

Kriegsberichterstatter umlagern Bong, um Einzelheiten über seine Luftsiege zu erfahren. Er war bescheiden genug, um auch das fliegerische Können seiner Rottenflieger zu unterstreichen.

Die Heimat empfängt ihren Helden

1943 macht Hauptmann Bong, der nach 21 Luftsiegen zum erstenmal Heimaturlaub hat, mit Bewunderern einen Spaziergang durch Poplar.

Zu Hause in Poplar würfelt das Jagdflieger-As mit George Renquist (links) und Charlie Smith, einem Landarbeiter auf der Bong-Farm.

Bong, ein bekannt starker Esser, sitzt bei einem langersehnten Familienessen mit seinen Angehörigen und einem Reporter zusammen.

Bong, der mit zwölf Jahren sein erstes Gewehr bekam, zeigt sich stolz mit Jagdtrophäen.

Bong nimmt bei einem Besuch probeweise hinter dem Schreibtisch des Gouverneurs Platz.

Bong macht einen Tiefflug über die Werften in Superior, wo er zuvor von den Schweißerinnen zum „Number One Pin-Up Boy" gewählt wurde.

Im Sommer 1944 tritt Bong gemeinsam mit dem Sänger Bing Crosby in Hollywood bei einem Konzert zur Werbung für Kriegsanleihen auf.

Das berauschende Gefühl des Sieges

Capt. RICHARD I. BONG 0-433784
5th Fighter Command
A.P.O. 713 unit 1
San Francisco, Cal.
March 13, 1944

Dear Mom

Everything is okay here although
I'm not in very high spirits now. I suppose
you have read in the papers about Col. Feauby
and Col. Lynch being lost in action. I was
with Lynch at the time and it wasn't pretty.

You know that picture of Marge that
you have there, well I had a small print
of that with me and I had it enlarged to
a 20 in by 24 in photo and then a boy here
tinted it and pasted it on my airplane.
It really looks swell and a hell of a lot
better than these naked women painted on
most of the airplanes. I took some pictures
of the airplane then and this kid is going
to tint some of them and I'll see if I can
send some home.

Did I tell you I picked
loke again the day Col. Lynch was
serious but it hurt my pride

Still haven't received any
hasn't been any coming in the
Probably have some in New Gu
here will be good to hear fro

Bong fachsimpelt mit dem Jagdflieger-As Tom McGuire, der sich ironisch als „Acht-weniger-McGuire" bezeichnete, weil er gegenüber Bongs Rekord um acht Siege zurücklag.

In einem Brief an seine Mutter schildert Bong ihr, daß er ein Bild seiner Freundin Marge Vattendahl auf seine P-38 geklebt hat (rechts). „Es sieht wirklich prima aus", fügte er hinzu, „und verdammt viel besser als diese nackten Frauen, die auf die meisten Flugzeuge gemalt sind."

General Douglas MacArthur nimmt das Jagdflieger-As in „die Gemeinschaft der Tapfersten der
Tapferen, die Träger der Ehrenmedaille", auf.

Am 10. Februar 1945, nur ein halbes Jahr vor seinem Unfalltod, verläßt Bong nach der Trauung mit seiner jungen Frau die Kirche in Superior.

Zwei B-29 – im Luftkrieg gegen Japan eingesetzt – stehen Ende 1944 auf einem hastig angelegten Flugplatz auf Saipan, der von einer Planierraupe vergrößert wird.

5

„Eine verdammte Insel nach der anderen"

In der Luftlinie beträgt die Entfernung zwischen Hawaii und dem japanischen Festland knapp 4100 Kilometer", stellte General George Kenney einmal sehnsüchtig fest – für ein schnelles Flugzeug ein Hin- und Rückflug von lediglich 15 Stunden.

Wie Kenney recht gut wußte, lag das Problem jedoch darin, daß es noch keinen Bomber mit dieser gewaltigen Einsatzreichweite gab. In Europa verfügten die amerikanischen Luftstreitkräfte über eine ideale Plattform – England – für Bombenangriffe auf feindliches Gebiet: Berlin war rund 800 Kilometer von den amerikanischen Plätzen in East Anglia entfernt. Aber im Pazifik waren die Entfernungen riesig – und die Japaner kontrollierten anfangs sämtliche Plattformen, nämlich alle Inselflugplätze, von denen aus die Bomber Tokio hätten erreichen können.

Der gesamte Krieg im Pazifik war ein Prozeß, bei dem versucht werden mußte, den Gegner gleichsam Schritt um Schritt aus seinen weit vorgeschobenen Vorposten herauszuhebeln. Die von Kenney und MacArthur ausgearbeitete Strategie war – ebenso wie die ganz ähnlich angelegte, die Admiral Chester Nimitz für das Inselspringen der amerikanischen Flotte anwandte – von der amerikanischen Luftüberlegenheit abhängig. Flugzeuge sollten die japanischen Inselfestungen nacheinander angreifen und für die Invasion durch Bodentruppen sturmreif machen. Sobald ein Vorposten fest in amerikanischer Hand war, würden dort Flugplätze angelegt werden, von denen aus die Bomber zu Angriffen auf den nächsten feindlichen Stützpunkt starten konnten.

Die amerikanische Flotte und ihr Marinekorps hatten den Auftrag, die winzigen und weit verstreuten Koralleninseln im mittleren Pazifik – Inseln mit Namen wie Tarawa, Kwajalein und Saipan – von den Japanern zu erobern. Unterstützt wurden sie dabei von der kleinen 7. Luftflotte. Die langen Überwasserflüge, um eine winzige Insel nach der anderen zu bombardieren, waren eine mühselige und undankbare Aufgabe für die Siebte. Ihre Maschinen flogen, wie es in der Geschichte der 7. Luftflotte heißt, „die längsten Einsätze der Welt gegen die kleinsten Ziele".

Bei einem weiteren Vorstoß nach Süden sollte die amerikanische Marine, die dabei von der 13. Luftflotte unterstützt werden würde, mit ihrem Marinekorps und ausgeliehenen Heeresverbänden die Salomoninseln erobern, um zunächst die gefährliche Bedrohung Nordaustraliens zu beseitigen, bevor sie über die Philippinen und Formosa weiter in Richtung Japan zum Angriff vorging.

Kenneys 5. Luftflotte sowie australische und amerikanische Bodentruppen unter MacArthurs Oberbefehl sollten den linken Haken anbringen und die Japaner von Neuguinea, der größten Insel, und Neubritannien vertreiben, bevor sie nach Morotai auf den Molukken vorstießen, um die Philippinen auf einer südlichen Route zu erreichen.

Der Krieg im Pazifik unterschied sich erheblich von den in Europa geführten Feldzügen. „Panzer und schwere Artillerie können den Schlachtfeldern Europas und Afrikas vorbehalten bleiben", schrieb Kenney seinem Vorgesetzten Hap Arnold. „Auf diesem Kriegsschauplatz fliegt die Artillerie." Mit der Einnahme jedes feindlichen Vorpostens, fuhr er in seinem Schreiben fort, „rücken die Feuerstellungen der fliegenden Artillerie näher und näher an Japan selbst heran."

Wegen der enormen Ausdehnung des pazifischen Kriegsschauplatzes operierten dort nicht weniger als sieben Luftflotten, wenn man die 11. in Alaska und auf den Aleuten im äußersten Norden, die 10. und 14. in China, Burma und Indien sowie die 20. Luftflotte mitzählt, die 1944 aufgestellt wurde, um regelmäßige Bombenangriffe auf Japan zu fliegen.

Der von Kenney und MacArthur geplante Feldzug sah ein schrittweises Vordringen entlang der fast 2000 Kilometer langen, kaum zugänglichen Nordküste Neuguineas nach Westen vor. Das Gebiet um Buna und Gona war nach längeren, erbittert geführten Dschungelkämpfen im Januar 1943 erobert worden. Die nächsten Angriffsziele waren die großen japanischen Flughäfen und Bodeneinrichtungen in der Umgebung der Ansiedlungen Salamaua, Lae und Nadzab – rund 250 Kilometer weiter westlich. Sobald sie genommen waren, sollten Kenneys Flugzeuge Finschhafen auf Neuguinea und Kap Gloucester jenseits der Vitiaz- und der Dampier-Straße auf Neubritannien bombardieren, bevor Bodentruppen sie besetzten. Von dort aus sollten die Luft- und Landstreitkräfte zu den Admiralitätsinseln im Norden springen, um danach über Hollandia, Biak, Numfor und schließlich die Molukken nach Leyte auf den mittleren Philippinen zu gelangen. Gleichzeitig sollten Kenneys Flugzeuge zwei auf lange Sicht geplante Aufträge durchführen: Sie sollten alle japanischen Schiffe angreifen, die Verstärkungen oder Nachschub zu feindlichen Stützpunkten transportierten, und Rabaul, den größten japanischen Nachschubhafen in diesem Teil des Südwestpazifiks, aus der Luft zerstören.

Bei Kenneys Besuch in Washington im März 1943 hatte General Arnold ihm versprochen, der Fünften mehr Flugzeuge zu schicken, obwohl der europäische Kriegsschauplatz und vor allem die 8. Luftflotte vorrangig mit B-17 beliefert wurde – sowie mit fast allen übrigen Flugzeugtypen. Langsam trafen jedoch Verstärkungen ein. Frachter, die Flugzeuge und Ersatzteile transportierten, brauchten Wochen, um die Weiten des Pazifiks zu überwinden: Sie machten einen Umweg über Samoa und die Fidschiinseln und blieben weit südlich der von den Japanern besetzten Inselketten. Das fliegende Personal und das Bodenpersonal mancher Staffeln, die auf einem verhältnismäßig schnellen Schiff nach Australien gekommen waren, mußten oft wochenlang auf ihre Flugzeuge warten, die als Decksladung auf langsameren Frachtern befördert wurden.

Im Frühjahr 1943 litt die 5. Luftflotte unter einem derartigen Flugzeugmangel, daß Kenney kurz nach seiner Rückkehr aus Washington veranlaßte, daß eine ausgemusterte P-40 vor der Verschrottung bewahrt und eine weitere, die aus drei Flugzeugwracks zusammengebaut worden war, flugklar gemacht wurde. Dann entsandte er die beiden zusammengeflickten P-40 sowie eine kaum noch einsatzfähige P-39 auf Feldflugplätze in Neuguinea. „Diese drei Jagdflugzeuge", hielt er fest, „waren die drei letzten in Australien verbliebenen. Damit waren alle Reserven erschöpft."

Später erhielt Kenneys kümmerliche Luftflotte – Anfang 1943 zählte sie lediglich 535 Flugzeuge, darunter nur 350 einsatzfähige – jedoch neue schwere Bomberstaffeln, die B-24 flogen, und immer mehr mittelschwere Bomber des Musters B-25. Letztere erwiesen sich mit ihren Batterien von 12,7-mm-MGs und ihrer Ladung aus 10-kg-Fallschirm-Splitterbomben als ideal für Angriffe auf japanische Flugplätze. Im Juli waren einige zusätzliche P-38-Staffeln eingetroffen, um die wenigen bereits vorhandenen Lightning-Staffeln der Fünften zu ergänzen, und im Spätsommer war eine mit P-47 ausgerüstete Jagdgruppe über den Pazifik transportiert und einsatzbereit gemacht worden.

Für die Flieger, die mit diesen Maschinen von Feldflugplätzen auf Neuguinea aus starteten, und das Bodenpersonal, das sie dort wartete, war das Leben auf den oft feuchten Dschungelflugplätzen unbehaglich und ungesund. Krankheiten waren ein fast ebenso gefährlicher Gegner wie die Japaner. Mitte 1943 waren nicht weniger als 78 Prozent der dort eingesetzten Männer mehr oder weniger schwer an Malaria erkrankt. In manchen Gebieten drohte den Männern auch Gefahr durch eine von Milben übertragene Typhusart, die tödlich verlaufen konnte.

Im allgemeinen war der Krieg im Pazifik für die Flieger jedoch kein erbitterter Schlagabtausch wie für ihre Kameraden von der 8. Luftflotte in Europa. MacArthur bezeichnete Kenney wegen seiner unorthodoxen Kampfmethoden als „Freibeuter", und viele von Kenneys Besatzungen machten sich den angriffslustigen Freibeuterstil ihres Generals zu eigen.

Seenotrettungsflugboote, die abgeschossenen Flugzeugbesatzungen eine zusätzliche Überlebenschance boten, stützten die Kampfmoral ganz erheblich. Es war oft möglich, mit einem beschädigten Flugzeug notzuwassern, ins Schlauchboot zu klettern und auf das Eintreffen einer PBY Catalina oder eines australischen Rettungsflugzeuges zu warten. Die Flieger der 5. Luftflotte nannten die großen Flugboote liebevoll „Dumbos" – nach dem freundlichen Elefanten eines Walt-Disney-Cartoons. Viele Besatzungen, die morgens abgeschossen worden waren, wurden rasch von einem Dumbo aufgefischt und waren noch vor dem Abendessen wieder bei ihrer Staffel.

Während die 5. Luftflotte sich auf den Vorstoß entlang der Nordküste Neuguineas vorbereitete, begann die 13. Luftflotte ihr Inselspringen, indem sie Erdkampfunterstützung für das Marinekorps und die Heereseinheiten flog, die um den Besitz der Salomoninseln Guadalcanal und Bougainville kämpften. Bis Kriegsende sollten die Einheiten der 13. Luftflotte, der „Dschungelluftwaffe", auf mindestens elf Inselgruppen Quartier beziehen, während sie in Richtung Japan vorstießen. Der Bomberkommandeur der Dreizehnten, Brigadegeneral William A. Matheny, behauptete von seiner kleinen Streitmacht, zu der nie mehr als vier schwere Bombergruppen gehörten: „Diese Einheiten bekamen so viel Übung, daß sie binnen einer Stunde marschbereit sein konnten – genau wie eine Zirkustruppe." Aber die Inseln glichen einander doch sehr. Für die Männer der 13. Luftflotte brachte der Krieg besonders viel Einsamkeit und Langeweile – und als einzige Abwechslung lange, gefährliche Überwassereinsätze von bis zu 18 Stunden Dauer.

Schon bald nach seiner Aufstellung, während der Kämpfe um die Salomoninseln, führte das XIII. Jägerkommando einen der am sorgfältigsten geplanten und durchgeführten Einsätze des Zweiten Weltkriegs aus. Die amerikanische Marine, die den japanischen Code geknackt hatte, brachte im April 1943 in Erfahrung, daß der äußerst fähige japanische Admiral Isoroku Yamamoto, der den Überfall auf Pearl Harbor geplant hatte, von Rabaul nach Kahili auf Bougainville fliegen würde. Sämtliche Einzelheiten waren bekannt – Datum, Uhrzeit und Flugstrecke, sogar der Flugzeugtyp, mit dem der Admiral fliegen würde.

Eine Elitestaffel, die 339. Jagdstaffel, erhielt den Auftrag, den japanischen Verband mit P-38 abzufangen, die als einzige Jagdflugzeuge genügend Reichweite für den 700 Kilometer langen Flug von Henderson Field auf Guadalcanal im Südosten der Salomoninseln nach Bougainville im Nordwesten der Inselkette besaßen. Nach hervorragend genauer Navigation und Zeiteinteilung trafen 16 Lightnings unter Führung von Major John W. Mitchell am 18. April 1943 gerade in dem Augenblick über Kahili ein, als Yamamotos Mitsubishi-Bomber und die ihn begleitenden Zeros in Sicht kamen. Mitchell stieg mit einem Dutzend P-38 auf 6000 Meter, um die oberen Begleitjäger abzulenken, während Hauptmann Thomas G. Lanphier mit den restlichen Lightnings Yamamotos Maschine angriff.

Lanphier und sein Rottenflieger, Leutnant Rex Barber, waren bis auf drei Kilometer an Yamamotos Flugzeug herangekommen, als sie beobachteten, daß die tiefer fliegenden Begleitjäger ihre Zusatztanks abwarfen, um die Zeros für den Luftkampf leichter zu machen. Die Überraschung war mißglückt. „Sie zogen als Gruppe steil hoch", erinnerte sich Lanphier, „und die Entfernung zwischen uns verringerte sich schnell. Die drei ersten Zeros stürzten auf uns zu, dann kamen die drei von der anderen Seite. Meine MGs und die Kanone rissen der ersten die Tragfläche ab, und sie trudelte in Rauch und Flammen gehüllt unter mir weg. Ihre beiden Kettenflieger rasten an mir vorbei.

„Ich zog meine Maschine in einer Kehrkurve hoch und suchte unter mir den führenden japanischen Bomber", berichtete Lanphier weiter. Er sichtete ihn bald „im Tiefflug über dem Dschungel, mit Kurs auf Kahili. Der Bomber flog zu tief, als daß die Männer hätten aussteigen können. Ich traf zuerst den rechten Motor und dann die rechte Tragfläche mit einem langen, gleichmäßigen Feuerstoß und sah sie in Brand geraten. Als ich eben in Schußweite seiner Heckkanone kam, brach die Tragfläche ab, und das Flugzeug stürzte in den Dschungel und explodierte."

Der Tod Yamamotos, des großen See- und Luftstrategen, sollte schlimme Folgen haben. Japan besaß keinen zweiten Mann mit seinen Fähigkeiten und seiner Intelligenz, der die japanischen See- oder Luftstreitkräfte, die in Zukunft immer häufiger von amerikanischen Verbänden ausmanövriert werden sollten, hätte führen können.

Im Frühsommer 1943 war Kenney so weit, daß er mit Angriffen auf die japanischen Flugplätze bei Lae und Salamaua am neuguinesischen Huon-Golf beginnen konnte. Dadurch sollten die dort stationierten feindlichen Luftstreitkräfte vernichtet und die Amphibien- und Luftlandeunternehmen vorbereitet werden, die am 30. Juni beginnen und das Gebiet bis zum September fest in amerikanische Hand bringen sollten. Der 560 Kilometer lange Hin- und Rückflug von Buna nach Lae war jedoch eine weite Strecke für Jagdflugzeuge, die dann nicht lange im Zielgebiet bleiben konnten. Mit charakteristischem Wagemut ließ Kenney in der Nähe des Dschungelstützpunktes Marilinan – nur 100 Kilometer landeinwärts von Lae – zwei Feldflugplätze anlegen, zu deren Bau Pioniere und ihre Maschinen auf dem Luftweg herantransportiert wurden. Von diesen Flugplätzen aus, die von den Japanern erst nach ihrer Fertigstellung entdeckt wurden, konnten Kenneys Jäger auch das weiter westlich an der Küste Neuguineas liegende

Ein gutgehütetes Geheimnis

Die Nachricht vom Tod Admiral Isoroku Yamamotos, des Planers des Überfalls auf Pearl Harbor und eines der größten Strategen Japans, hätte die amerikanische Kampfmoral heben können, aber sein Tod wurde geheimgehalten. Wäre bekanntgegeben worden, daß sein Flugzeug abgeschossen worden war, hätten die Japaner gemerkt, daß die Amerikaner ihren Code geknackt hatten.

Für die amerikanische Regierung gab es noch einen weiteren Grund, Yamamotos Tod geheimzuhalten: Der Bruder von Hauptmann Thomas G. Lanphier, einem der beiden P-38-Piloten, die das Flugzeug über Bougainville abgeschossen hatten, befand sich in japanischer Kriegsgefangenschaft, und die Verantwortlichen fürchteten um sein Leben.

ADMIRAL ISOROKU YAMAMOTO

Das zerschossene Wrack von Yamamotos Mitsubishi-Bomber liegt seit dem Absturz am 18. April 1943 im Dschungel von Bougainville.

Wewak erreichen, wo die Japaner im August 1943 etwa 225 Flugzeuge zusammengezogen hatten. Kenney entschloß sich, diese feindlichen Maschinen zu zerstören, bevor sie seine Flugplätze angreifen konnten.

Am 17. August bombardierten 41 B-24 sowie ein Dutzend der kaum noch einsatzfähigen B-17 der 5. Luftflotte alle vier Flugplätze in diesem Gebiet, darunter auch Wewak. Diese erste Welle hatte vor allem den Auftrag, die japanischen Flakstellungen auszuschalten und die Luftabwehr auf den Flugplätzen allgemein niederzuhalten.

Die nächste Welle bestand aus umgebauten B-25, die jetzt mindestens acht nach vorn schießende MGs im Rumpfbug hatten. Oberstleutnant Donald Hall, ein Veteran der früheren Kämpfe um Buna, führte die Mitchells, die in Linie nebeneinander anflogen, bei ihrem Angriff auf den Flugplatz Borum. „Im Anflug über die Palmen hatte Don einen Anblick vor sich, bei dem einem Tiefflieger das Herz im Leibe lachte", schrieb Kenney in seinen Memoiren. „Die japanischen Bomber, insgesamt 60 Maschinen, standen auf beiden Seiten der Startbahn aufgereiht – mit laufenden Motoren, Besatzungen an Bord und Bodenpersonal bei jedem Flugzeug. Die Japse waren tatsächlich gerade beim Start, und das Führerflugzeug hatte bereits die halbe Startbahn hinter sich und war kurz vor dem Abheben." Hall eröffnete das Feuer und traf den ersten japanischen Bomber, der zerschossen die Startbahn blockierte. Dann rasten die B-25 im Tiefflug über den Platz und setzten die Doppelreihe japanischer Bomber mit 12,7-mm-Leuchtspurgeschossen und Fallschirm-Splitterbomben in Brand. Zugleich begann die Selbstzerstörung der angegriffenen Flugzeuge, weil die Bomben in ihren Bombenschächten detonierten.

Ganz ähnlich verlief der Angriff auf den Flugplatz Wewak, auf dem 30 japanische Jäger ihre Motoren vor dem Start warmlaufen ließen. Obwohl nur zwölf Mitchells den Platz im Tiefflug angriffen, wurden die feindlichen Jäger praktisch völlig vernichtet. Ein noch kleinerer Verband aus lediglich drei B-25 schaffte es, Dagua anzugreifen – das Wetter verschlechterte sich unterdessen –, und diese drei Mitchells zerstörten nach Kenneys Schätzung 20 japanische Flugzeuge und beschädigten 20 weitere. Nach dem Krieg ließ sich anhand japanischer Unterlagen nachweisen, daß Kenneys Tiefflieger am 17. August 1943 über 150 Flugzeuge zerstört hatten. Alle B-25 und ihre Begleitjäger – über 80 P-38 – kehrten wohlbehalten zurück.

Am 18. August ließ General Whitehead, Kenneys Stellvertreter, einen noch vernichtenderen Angriff auf Wewak fliegen. Nachdem 26 B-24 und

Die Photoserie zeigt, wie eine A-20, die nach einem Angriff auf das japanische Nachschubzentrum bei Kokas in Niederländisch-Neuguinea einen Flaktreffer erhalten hat, im MacCluer-Golf zerschellt, während der Rottenflieger entkommt. Die Maschine, aus der diese Aufnahmen gemacht wurden, wies bei der Rückkehr auf ihren Stützpunkt Hollandia in Neuguinea über 100 MG-Treffer und Einschläge von Granatsplittern auf.

B-17 die Start- und Landebahnen mit 90 Tonnen Bomben belegt hatten, folgten ihnen sofort 53 zweimotorige Tieffleger. Japanische Jäger starteten zu Angriffen auf die Amerikaner und schossen diesmal drei B-25 und eine P-38 ab, ohne jedoch die fast vollständige Zerstörung der nicht gestarteten japanischen Flugzeuge verhindern zu können. Außerdem schossen die P-38 und die Bordschützen der Bomber nach Kenneys Angaben 32 der angreifenden Zeros ab. „Bei den Einsätzen während dieser beiden Tage", schrieb Kenney, „haben wir am Boden und in der Luft praktisch die gesamten japanischen Luftstreitkräfte im Raum Wewak vernichtet."

Kenneys Offensive zur Erringung der Luftherrschaft über Neuguinea brachte seinen Jagdfliegern mit ihren schwerbewaffneten P-38 und P-47 viele Möglichkeiten, die Zahl ihrer Luftsiege zu erhöhen. Zu Kenneys „Jungs", wie er seine Männer nannte, gehörte der junge Hauptmann Thomas J. Lynch aus Pennsylvania. An der Spitze einer aus zwölf Lightnings bestehenden Staffel der 49. Gruppe, die den Auftrag hatte, den amerikanischen Flugplatz Dobodura bei Buna vor feindlichen Angriffen zu schützen, stieß Lynch auf einen Verband aus sieben japanischen Sturzkampfbombern, die von mindestens 20 Zeros begleitet wurden. Lynch teilte seine Staffel in drei Ketten zu je vier Maschinen auf, um beweglicher zu sein, und stürzte sich mit ihr geradewegs in den japanischen Verband.

Drei Zeros hatten es geschafft, sich hinter eine P-38 zu hängen, als Lynch herabstieß, eine Zero abschoß und die beiden anderen vertrieb. Er blickte sich um, sichtete ein weiteres feindliches Flugzeug und sah es nach einem einzigen langen Feuerstoß ins Meer stürzen. Da er sich verschossen hatte, flog er zu seinem Einsatzflugplatz Port Moresby zurück, um sich dort eine andere P-38 zu leihen und wieder in die Luftkämpfe einzugreifen. Aber bevor Lynch zurück war, hatten seine Staffelkameraden die Japaner in die Flucht geschlagen und insgesamt sieben Zeros, zwei Sturzkampfbomber Aichi Val und zwei Oscars (Nakajima-Jäger) abgeschossen.

Ebenfalls zu Kenneys Jungs gehörte der 31jährige Oberst Neel Kearby, der Kommandeur der 348. Jagdgruppe. Die mit P-47 ausgerüstete 348. Gruppe setzte als erste Thunderbolts auf dem pazifischen Kriegsschauplatz ein. Die schwere „Kruke" wurde von Piloten, die bisher eine P-40 oder P-38 geflogen hatten, mit Mißtrauen betrachtet, aber Kearby bewies, daß die P-47 eine schlagkräftige Waffe war.

Kearbys Gruppe war ab August 1943 – während der Offensive gegen Wewak – einsatzbereit. Sie hatte häufig Feindberührung, und bis Ende

September hatte Kearby acht japanische Maschinen zerstört. Kurze Zeit später, am 11. Oktober, hatte Kearby gegen Ende der Offensive seinen erfolgreichsten Tag, als er sechs feindliche Flugzeuge abschoß.

Der 11. Oktober begann mit einem als Vorsichtsmaßnahme geplanten Routineeinsatz. Die amerikanische Luftbildaufklärung hatte ergeben, daß auf den Feldflugplätzen um Wewak lediglich sieben einsatzfähige japanische Flugzeuge verblieben waren. Kenney hatte dieses Gebiet aber trotzdem weiter überwachen lassen, weil er glaubte, den Japanern sei es möglicherweise gelungen, ihre wahre Stärke zu tarnen. Kearby und seine drei Kettenflieger stellten bei diesem Einsatz fest, daß Kenneys Mißtrauen durchaus berechtigt gewesen war.

In 8400 Meter Höhe über Wewak stießen die Amerikaner zuerst auf eine einzelne Zero, die sie nach kurzem Kampf abschossen. Dann sichtete Kearby „ungefähr 36 Jäger, Zeros, Hamps und Tonys, die in 3000 Meter Höhe aus Osten anflogen" – offensichtlich erst vor kurzem aus Rabaul nach Westen überführte Verstärkungen. „Unsere P-47 stießen von oben auf eine Zero herab, eröffneten aus 450 Metern das Feuer und schlossen auf, als sie in Brand geriet."

Kearby riß seine Maschine sofort herum „und eröffnete aus sieben Uhr das Feuer aus 450 Metern auf eine Hamp. Sie geriet in Brand." Dann beobachtete Kearby „eine weitere Hamp, die mit leichter Überhöhung in ungefähr acht Uhr wendete", und schoß auch dieses Flugzeug mit einem kurzen Feuerstoß aus den acht MGs seiner P-47 in Brand.

Die japanischen Piloten, die jetzt mitbekommen hatten, woher diese schnellen Angriffe kamen, stürzten sich auf die wenigen P-47. Um es nicht mit über 30 wütenden feindlichen Fliegern aufnehmen zu müssen, machten die Amerikaner kehrt. „Unmittelbar darauf sah ich in zwei Uhr unter mir in etwa 6000 Metern eine P-47, hinter der in ungefähr 900 Meter Abstand eine Tony hing, während eine zweite etwa 900 Meter hinter der ersten flog. Ich wendete, stürzte mit 640 Stundenkilometern von hinten auf die zweite Tony zu und eröffnete aus 450 Metern das Feuer. Sie machte keine Ausweichbewegungen und ging in Flammen auf."

Unmittelbar danach schoß Kearby die vordere Maschine in Brand: „Ich eröffnete aus ungefähr 600 Metern das Feuer, schloß weiter zu ihm auf und sah Leuchtspurgeschosse einschlagen und Stücke aus seiner Tragfläche und dem Rumpf davonfliegen." Dann rief er seine Kette zusammen, um mit ihr zum Einsatzflughafen zurückzufliegen. Bei diesem Luftgefecht gegen eine mehr als achtfache feindliche Übermacht hatten Kearby und seine drei Kettenflieger neun japanische Flugzeuge abgeschossen.

Nachdem die Flugplätze im Raum Wewak in Trümmer gelegt waren, konzentrierten Kenney und Whitehead sich auf Rabaul, dem Ausgangspunkt aller nach Neuguinea entsandten japanischen Verstärkungen. Der Generalangriff begann am 12. Oktober 1943, als 114 B-25, die von einem Dutzend zweimotoriger Beaufighters der australischen Luftstreitkräfte unterstützt wurden, die Flugplätze im Bereich des großen japanischen Stützpunktes bombardierten. Dort standen etwa 270 Flugzeuge am Boden, von denen 100 zerstört und 51 beschädigt wurden. Die mittelschweren Bomber trafen auch Treibstoff- und Munitionslager, in denen es Brände und Explosionen gab. Dann griffen über 80 B-24 die im Simpson Harbour von Rabaul liegenden Schiffe mit vernichtender Wirkung an. Die als Begleitjäger eingesetzten P-38 schossen nach eigenen Angaben 26 der ungefähr 35 gestarteten Zeros ab. Im Pazifikkrieg waren die amerikanischen Jagdflieger ihren Gegnern spätestens ab diesem Zeitpunkt deutlich überlegen. Viele der vor Kriegsausbruch gründlich ausgebildeten japanischen Piloten waren gefallen, und der für sie nachrückende Ersatz war hastig ausgebildet und unerfahren.

Dieser Einsatz war lediglich die Generalprobe für den Angriff am 2. November, der nach Kenneys Urteil in bezug auf seine Zerstörungswirkung mit der Schlacht in der Bismarcksee zu vergleichen war. B-25 und P-38 griffen zuerst im Tiefflug an, um die japanischen Flakstellungen mit Bordwaffen zu beschießen, und warfen dann Kenney-Cocktails, 45-kg-Brandbomben. Danach erschienen weitere B-25 unter Führung des ehemaligen Notre-Dame-Footballspielers Jock Henebry in Masthöhe über Simpson Harbour, um die dort ankernden Schiffe mit Springbomben anzugreifen. Von den Decks der japanischen Schiffe schlug ihnen wütendes Abwehrfeuer entgegen, aber Henebrys 41 Maschinen erzielten auf 30 der 38 vor Anker liegenden Schiffe Bombentreffer.

Als die B-25 hochzogen, wurden sie von etwa 150 japanischen Jägern angegriffen, die in erbitterten Luftkämpfen sechs Mitchells abschossen. Henebrys B-25 wurde durchlöchert, aber er konnte Rabaul noch hinter sich lassen und auf See notwassern. Dort wurden er, seine Besatzung und vier P-38-Piloten, die ebenfalls hatten notwassern müssen, von Wasserflugzeugen der amerikanischen Marine gerettet. Kenney hatte insgesamt 20 Flugzeuge verloren, was für die Fünfte viel war, aber die japanischen Verluste lagen weit höher. Über 60 Jagdflugzeuge waren abgeschossen, weitere 17 am Boden zerstört worden. Außerdem waren beim Angriff auf Simpson Harbour 114 000 BRT Schiffsraum versenkt oder beschädigt worden. Diesem vernichtenden Angriff folgte einige Tage später ein weiterer, bei dem Trägerflugzeuge der amerikanischen Pazifikflotte mit landgestützten Bombern zusammenwirkten.

Sobald MacArthurs Truppen das Gebiet um Lae und Salamaua sowie Finschhafen nördlich davon auf der Huon-Halbinsel besetzt hatten, konnte Kenney im Dezember 1943 darangehen, Kap Gloucester, das nächste Ziel der Bodentruppen, sturmreif zu machen. Mit der Einnahme von Kap Gloucester drohte MacArthurs rechter Flanke keine Gefahr mehr. Außerdem würden Kenneys Flugzeuge auf den Plätzen, die auf dem Kap angelegt werden sollten, so nahe an den japanischen Stützpunkt Rabaul am anderen Ende von Neubritannien heranrücken, daß dieser nicht länger als Verteidigungszentrum zu gebrauchen war und seine abgeschnittene Garnison allmählich ausgehungert werden konnte.

Die von Kenneys Bombern auf dem Kap angerichteten Verwüstungen ergänzten den Wortschatz der 5. Luftflotte um das Neuwort „gloucesterisieren". Luftaufklärung ergab, daß etwa 5000 japanische Soldaten entlang der Küste Stellungen ausbauten, weil mit einem amerikanischen Landungsunternehmen gerechnet wurde. Kenney hatte den Ehrgeiz, den für dieses Unternehmen bestimmten Marineinfanteristen die Landung auf dem Kap zu ermöglichen, ohne daß sie einen Schuß abgeben mußten. Um dieses Ziel zu erreichen, bombardierten seine schweren und mittelschweren Bomber die japanischen Stellungen vom 1. bis 25. Dezember mit knapp 4000 Tonnen Bomben, mit denen sie Flugplätze, Versorgungslager und die Geschützstellungen und MG-Nester an den Stränden belegten. Mit Radar ausgerüstete B-24 waren über diesem Gebiet im Einsatz, „warfen Bomben und schleuderten Handgranaten, Bierflaschen und alles andere, was die Japaner aufschrecken und um ihren Schlaf bringen konnte, über Bord", wie ein Historiker der 5. Luftflotte berichtete. Am Morgen des 26. Dezember konnte Kenney stolz feststellen, daß die Männer der 1. Marineinfanteriedivision, wie von ihm vorausgesagt, „mit ihren Gewehren auf dem Rücken" an Land gegangen waren.

Nicht alle Unternehmen der 5. Luftflotte klappten so reibungslos wie die Offensiven gegen Wewak und Kap Gloucester. Gelegentlich überraschten japanische Flugzeuge trotz der auf allen amerikanischen Plätzen stationierten fahrbaren Radaranlagen, die ein Frühwarnsystem bildeten, einige von Kenneys Maschinen am Boden. Häufiger wurden die Rückschläge aber durch das unberechenbare Tropenwetter hervorgerufen. Den seiner Meinung nach schwersten Schlag dieses Krieges erhielt Kenney am 16. April 1944, einem Sonntag, an dem die Fünfte mit Hollandia einen weiteren japanischen Stützpunkt auf Neuguinea bombardierte, der von MacArthurs Truppen gestürmt werden sollte.

Trotz drohender Wetterverschlechterung hatte Kenney befohlen, diesen wichtigen Angriff wie geplant zu fliegen. Über 130 Bomber – B-24, B-25 und A-20 – sowie 40 P-38 als Jagdschutz zerschlugen die feindlichen Stellungsbauten und trieben die japanischen Truppen in den Dschungel.

Über Hollandia an der Nordküste Neuguineas war die Sicht gut, aber als die amerikanischen Verbände nach Osten zu ihren Stützpunkten im Raum Lae-Salamaua zurückfliegen wollten, mußten sie feststellen, daß ihnen die gewohnte Route das Markham-Tal hinunter durch Nebel und tiefhängende Wolken versperrt war.

Bei den Jägern wurde der Treibstoff knapp, und da vor ihnen die Schlechtwetterfront aufragte, wußten sie, daß sie von ihrem Einsatzflugplatz abgeschnitten waren. Einige der Bomber und die meisten P-38 zogen aus dem Markham-Tal hoch und flogen einen Notlandeplatz bei Saidor an der Küste an. Auch dort herrschten schlechte Sichtverhältnisse. Aber das Bodenpersonal des Platzes schaltete ein Funkfeuer ein, um die Maschinen herunterzubringen. Während die Flieger sich bemühten, mit Hilfe des Funkfeuers nach Saidor zu finden, knisterte es im Äther von Ausrufen und Flüchen, und die üblichen Landeverfahren wurden nicht mehr eingehalten. So setzte eine B-24 gerade zur Landung an, als sich zeigte, daß eine P-38 aus der Gegenrichtung landete. Der Lightning-Pilot zog seinen Steuerknüppel zurück und hüpfte elegant über die große Liberator hinweg.

Ein weiterer P-38-Pilot, Leutnant Joseph Price, der mit einem durch Treibstoffmangel stehenden Motor in Saidor zu landen versuchte, hörte zu seiner Verblüffung vom Kontrollturm, genau unter ihm befinde sich eine A-20 Havoc ebenfalls im Landeanflug. Price wich zur Seite aus, konnte irgendwie verhindern, daß die mit nur einem Motor fliegende Lightning sich dabei auf den Rücken legte, und machte dann parallel zu der Havoc eine Bauchlandung in Unterholz und Schlamm. Price holte ruhig seine Sachen aus dem Cockpit und blieb einen Augenblick auf der Tragfläche stehen; dann brach er vor Überanstrengung ohnmächtig zusammen.

Nicht alle hatten soviel Glück. Eine ganze Anzahl von Piloten, die im Nebel die Orientierung verloren hatten, stürzten über dem Urwald ab. Wie hoch die Verluste wirklich waren, stellte sich erst einen Tag später heraus. An diesem Abend zählte Kenney nicht weniger als 70 vermißte Flugzeuge, von denen jedoch über die Hälfte mehr oder weniger beschädigt an verschiedenen Orten gelandet war. Nach letzter Zählung betrugen die Verluste 32 Mann und 31 Maschinen. Aber die Fünfte hatte durch diesen

Eine A-20 Havoc durchstößt die Rauchschwaden, nachdem sie Öltanks auf der Insel Ceram in Niederländisch-Indien bombardiert hat. Dieser Angriff half mit, die japanische Treibstoffversorgung lahmzulegen. 1944 bezog Japan aus Niederländisch-Indien über 85 Prozent seines Flugbenzins und über 75 Prozent seines Heizöls.

Einsatz Hollandia ausgeschaltet. Als die alliierten Truppen am 22. April zum Angriff antraten und die Flugplätze stürmten, zählten sie dort 340 zerstörte japanische Maschinen.

Nachdem Rabaul seine Bedeutung eingebüßt hatte, Wewak zerbombt und umgangen worden war und Hollandia mit seinen vier von den Japanern angelegten Flugplätzen sich in der Hand von MacArthurs Truppen befand, stießen Kenneys Jungs entlang der Nordküste Neuguineas weiter nach Westen vor, „gloucesterisierten" die feindlichen Stützpunkte auf den vorgelagerten Inseln Wakde, Biak und Numfor und legten dann weitere Flugplätze an, um Einsätze gegen Sansapor an der äußersten Westspitze Neuguineas fliegen zu können. Von dort aus flogen die schweren Bomber der 5. Luftflotte, die jetzt von denen der ebenso beweglichen Dreizehnten unterstützt wurden, Angriffe auf über 1500 Kilometer weit entfernte Ziele wie die von den Japanern betriebenen Ölraffinerien bei Balikpapan an der Küste Borneos. Weniger anstrengend waren Einsätze gegen die Insel Morotai zwischen Neuguinea und den Philippinen, einer wichtigen Zwischenstation auf MacArthurs Vormarsch.

Im Oktober 1944 wagten Kenney und seine Fünfte den riesigen 1600-Kilometer-Sprung von Neuguinea auf die Philippineninsel Leyte. Im

Bei der Wiedereroberung der Philippinen im Jahre 1945 setzt eine Transportmaschine des Typs C-47 (Bildmitte) Fallschirmjäger über der Inselfestung Corregidor in der Manila-Bucht ab. Zuvor hatten B-24 und A-20 die Verteidigungsanlagen von Corregidor fast einen Monat lang mit 2837 Tonnen Bomben belegt und zum Teil zerstört.

Dezember legte die 5. Luftflotte wieder neue Flugplätze an, von denen aus sie die japanischen Luftstützpunkte auf Luzon – Plätze mit so vertrauten Namen wie Clark Field und Nichols Field – angreifen und die japanische Schiffahrt entlang der chinesischen Küste unterbinden konnte.

Der lange, anstrengende Vorstoß von Port Moresby nach Luzon war ein Triumph, der jedoch teuer bezahlt worden war. Die 5. und 13. Luftflotte verloren im Zweiten Weltkrieg 6594 Mann und 2494 Flugzeuge. Zu den Gefallenen gehörten einige Jungs, die Kenney besonders ins Herz geschlossen hatte, darunter die Asse Neel Kearby und Thomas Lynch. Kearby, der im März 1944 an einem Jagdeinsatz über Wewak teilnahm, griff drei feindliche Bomber an und schoß einen davon über dem Meer ab. Nach diesem Angriff sah Hauptmann William Dunham, der zu Kearbys Kette gehörte, daß hinter seinem Kettenführer eine Oscar hing. Dunham kurvte auf die Oscar zu und „griff sie frontal an. Sie brach ihren Angriff ab und kam auf mich zu. Als sie an mir vorbeiflog, platzte ihre Cockpithaube ab, und sie stürzte zwischen die Hügel." Aber Kearby stürzte ebenfalls ab. Ein Feuerstoß der Oscar mußte aus nächster Nähe den Führersitz getroffen haben, und Kearbys P-47 stürzte senkrecht in die Tiefe. Bis zu seinem Tod verzeichnete Kearbys Kriegstagebuch 24 Luftsiege.

Thomas Lynch wurde abgeschossen, während er mit Richard Bong, dem erfolgreichsten amerikanischen Jagdflieger des Zweiten Weltkriegs *(S. 144–149)*, auf einem Erkundungsflug unterwegs war. Obwohl Lynch und Bong von Kenney, der sie beide für zu leichtsinnig hielt, an den Schreibtisch verbannt worden waren, flogen sie weiter Einsätze – gemeinsam mit Einsatz-Staffeln oder auf eigene Faust. Am 9. März 1944 starteten Bong und Lynch zu einer Zweimannjagd über Neuguinea. Bong erinnerte sich später, daß Lynch und er auf einem Routineflug unterwegs gewesen seien, als sie drei japanische Kutter sichteten, „die dicht unter der Küste kaum Fahrt machten. Sie schienen ein ideales Ziel für einen Tiefangriff zu sein, und wir glaubten, auf ihren Decks Benzinfässer zu erkennen.

„Tom flog voraus und muß mindestens 500 Stundenkilometer schnell gewesen sein. Ich sah keine Flugabwehr, und der Angriff war einfach – wir wollten es bei einem Überflug bewenden lassen. Ich folgte Tom, und als wir hochzogen, sah ich plötzlich, daß sein rechter Propeller wegflog und der Motor zu qualmen begann. Tom steuerte die nächste Küste an und hatte sie schon fast erreicht, als er absprang. Im nächsten Augenblick explodierte sein Flugzeug. Danach habe ich ihn nicht wieder zu Gesicht bekommen."

Dieser Angriff „kostete mich einen meiner besten Kameraden und die Luftstreitkräfte einen ihrer besten Jagdflieger", stellte Bong rückblickend fest. Lynch hatte insgesamt 20 feindliche Maschinen abgeschossen.

Bong selbst sollte es auf 40 Luftsiege bringen, mit denen er auf diesem Kriegsschauplatz der erfolgreichste amerikanische Jagdflieger war. Der einzige Pilot, der Bongs Rekord gefährden konnte, war Major Thomas B. McGuire, der im Frühjahr 1943 als 23jähriger in den Pazifik gekommen war. Obwohl McGuire ein außergewöhnlicher Pilot war, schien es sein Los zu sein, stets acht Luftsiege weniger als Bong verzeichnen zu können. „Ich möchte wetten", sagte er einmal zu Kenney, „daß ich Acht-weniger-McGuire heißen werde, wenn dieser Krieg einmal zu Ende ist."

Die Rivalität zwischen Bong und McGuire hielt während der Kämpfe um Neuguinea an und setzte sich auf den Philippinen fort. Unterdessen war Bong für die Schießausbildung von Neuankömmlingen zuständig und hatte Befehl, sich in keine Luftkämpfe mit Japanern einzulassen – außer

„Shady Lady", eine B-29 der 20. Luftflotte, trägt eine der für viele amerikanische Bomber im Zweiten Weltkrieg charakteristischen frechen Bemalungen. Der Wettstreit von Bomberbesatzungen um das gewagteste Emblem veranlaßte einige Kommandeure auf dem europäischen Kriegsschauplatz, allzu freizügige Darstellungen zu verbieten.

zur Selbstverteidigung. Er mußte sich jedoch häufig selbst verteidigen und erzielte weitere Abschüsse. MAJOR RICHARD BONG HÄLT SICH AN MEINE ANWEISUNGEN, kabelte Kenney spitzbübisch an Hap Arnold, UND VERSUCHT VORSICHTIG ZU SEIN, aber die Japaner, fügte er hinzu, SPIELEN NICHT MIT. Später zog Kenney Bong aus dem Frontdienst zurück und schickte ihn in die Heimat.

Auch McGuire, der den Abstand zu Bong damals mit 38 eigenen Abschüssen erheblich verringert hatte, erhielt von Kenney Flugverbot. Aber McGuire blieb nicht am Boden, sondern führte mit Major Jack Rittmayer, einem Gast von der 13. Luftflotte, am 7. Januar 1945 eine Viererkette P-38 über Negros, eine Insel westlich von Leyte. Die beiden Veteranen nahmen zwei Neuankömmlinge zu diesem Routineeinsatz mit.

Als eine Oscar sich hinter Rittmayer setzte, machte McGuire mehrere Fehler, vor denen er seine Flugschüler stets gewarnt hatte. Er vergaß, seine Zusatztanks abzuwerfen, versuchte, es in zu geringer Höhe mit einer Oscar aufzunehmen, und wollte bei geringer Geschwindigkeit eine Steilkurve fliegen, um hinter den Japaner zu kommen. McGuires P-38 erzitterte einen Augenblick, war überzogen und stürzte in den Dschungel, aus dem ein orangeroter Feuerball aufstieg. McGuire, der mit 38 Luftsiegen gefallen war, wurde wegen eines Begleiteinsatzes, den er zwei Wochen zuvor geführt hatte, postum mit der Ehrenmedaille ausgezeichnet.

Das Ganze hatte als erregendes Spiel begonnen, aber Bongs größte Konkurrenten – Lynch, Kearby und McGuire – waren dabei gefallen. Bong selbst fand im Sommer 1945 bei einem Testflug mit einer Shooting Star, dem zweiten serienreifen amerikanischen Düsenflugzeug, den Tod.

Während amerikanische Land- und Luftstreitkräfte näher an Japan heranrückten, begann General Arnold damit, im Fernen Osten einen neuen Bomber einzusetzen – die lange erwartete Boeing B-29 Superfortress. Arnold und andere hohe Kommandeure waren zu der Auffassung gelangt, der Luftkrieg in Europa könne durch die B-17 und die B-24 beendet werden. Die B-29, die in der neuen 20. Luftflotte zusammengefaßt wurden, sollten ausschließlich in Asien eingesetzt werden.

Die B-29, der bei weitem größte Bomber des Zweiten Weltkriegs, wog doppelt soviel wie ihre ebenfalls von Boeing gebaute Vorläuferin, die B-17, und konnte die zweifache Bombenlast schleppen. Ihre vier riesigen Wright-Doppelstern-Motoren leisteten 4000 PS mehr als die Motoren einer B-17. Sie war fast 110 Stundenkilometer schneller und hatte nahezu die doppelte Reichweite der B-17 – 6750 Kilometer.

Die B-29 wies außerdem zahlreiche Neuerungen auf. Einzelne Abteilungen ihres glatten, zylindrischen Rumpfes waren als Druckkabinen ausgebildet, so daß die Besatzung ohne Sauerstoffmasken und dicke Fliegerschutzkleidung arbeiten konnte. Außerdem verfügte die B-29 über ein zentrales Feuerleitsystem, dessen im Rumpf eingebaute Rechner den Bordschützen halfen, Angriffswinkel und -geschwindigkeit feindlicher Jäger zu bestimmen. Dadurch war das Feuer der zwölf 12,7-mm-MGs dieser Maschine erheblich wirkungsvoller als das früherer Bomber. Einige Muster waren im Heckstand mit einer 2-cm-Maschinenkanone ausgerüstet.

General Arnold hatte ursprünglich vor, Japan von B-29 bombardieren zu lassen, die auf Flugplätzen im Raum Tscheng-Tu stationiert werden sollten – also in dem Teil Chinas, den die Truppen des mit Amerika verbündeten Generalissimus Tschiang Kai-schek hielten. Als die ersten

Serienmuster Anfang 1944 ausgeliefert wurden, starteten 150 B-29 unter Führung von Brigadegeneral Kenneth Wolfe zu einem 18 450 Kilometer langen Überführungsflug nach Asien: von Kansas nach Brasilien, über den Südatlantik nach Marrakesch in Marokko und von dort aus über Kairo und Karatschi nach Kalkutta. Die letzte Etappe führte die riesigen Bomber von Indien über den Himalaja nach China.

Arnolds Vorhaben erwies sich als undurchführbar. Tschiang konnte kein Flugbenzin zur Verfügung stellen. Jeder Liter Treibstoff für die B-29 und jedes Kilogramm Bomben mußte im Lufttransport rund 1600 Kilometer weit über den Himalaja herangeschafft werden. Sechs mit Benzinfässern beladene Transportmaschinen mußten von Indien aus den Himalaja überwinden, um so viel Benzin heranzubringen, wie eine einzige B-29 bei einem einzigen Feindflug verbrauchte. Tausende von chinesischen Kulis hatten Steine zerkleinert, um die langen Startbahnen für die großen Bomber anzulegen, aber die unüberwindbaren Versorgungsprobleme hinderten General Wolfe daran, große oder wirkungsvolle Angriffe zu fliegen. Der ungeduldige Arnold berief Wolfe bald ab und ersetzte ihn am 29. August 1944 durch Curtis LeMay, der sich in England bei der 8. Luftflotte als tatkräftiger Kommandeur erwiesen hatte.

Aber selbst der energische und ideenreiche LeMay konnte an der verfahrenen Situation nur wenig ändern. Zu seinen größten Problemen gehörten die B-29: Die ohne die übliche gründliche Erprobung schnellstens in Serie gegangenen Maschinen hatten ungewöhnlich viele technische Ausfälle. Die Motoren wurden zu heiß, erinnerte sich LeMay, „Zylinderköpfe wurden oft undicht in dem Moment, wenn eine Maschine zu einer Drehung ansetzte, die Zündung hatte Macken, Öl leckte übermäßig und die Treibstofffördersysteme machten endlose Schwierigkeiten. Von China aus konnten wir bestenfalls ungefähr vier Einsätze im Monat fliegen, und manchmal schafften wir nicht einmal das."

Nachdem amerikanische Marineinfanterie und Heeresverbände im Spätsommer und Herbst 1944 im westlichen Pazifik die zu den Marianen gehörenden Inseln Guam, Saipan und Tinian erobert hatten, standen geeignete Stützpunkte für die B-29 zur Verfügung. Marinefrachter konnten

Über 500 chinesische Kulis – Männer und Frauen – mühen sich ab, eine zehn Tonnen schwere Betonwalze über den aus Schlamm, Kies und Steinen bestehenden Untergrund für die Startbahn eines amerikanischen Flugplatzes bei Tscheng-Tu zu ziehen. Da in China keine Planierraupen zur Verfügung standen, setzte die 14. Luftflotte beim Bau ihrer Stützpunkte zahlreiche einheimische Arbeitskräfte ein.

Bomben und Treibstoff zu den Inseln bringen, die nur etwa 2500 Kilometer südöstlich von Japan liegen, das damit von den B-29 leicht zu erreichen war. Die 7. Luftflotte, die bei dieser Eroberung mitgekämpft hatte, war Japan über „eine verdammte Insel nach der anderen" näher gerückt, wie ihre Besatzungen angewidert feststellten. Sie hatte die Marine bei der Eroberung von Tarawa, einer der Gilbert-Inseln, und von Kwajalein, einem Atoll der Marshallinseln, unterstützt, bevor sie die Marianen für Landeunternehmen sturmreif gemacht hatte.

Noch bevor die amerikanischen Truppen den letzten hartnäckigen japanischen Widerstand auf den Marianen gebrochen hatten, machten sich Pioniere mit Planierraupen daran, Flugplätze anzulegen. Die erste B-29 landete am 12. Oktober 1944 auf einer noch nicht ganz fertiggestellten Landebahn auf Saipan und hatte Brigadegeneral Haywood S. Hansell an Bord, den Befehlshaber des der 20. Luftflotte unterstellten neuen XXI. Bomberkommandos. Am 28. Oktober flogen 14 B-29 den ersten Einsatz von den Marianen, um den japanischen Stützpunkt auf Truk zu bombardieren. Am 24. November erlebte Tokio den ersten amerikanischen Luftangriff, seit Doolittles B-25 vor zweieinhalb Jahren über der japanischen Hauptstadt gewesen waren.

Aber Hansells Einsätze waren so wenig durchschlagend wie LeMays. Das wolkenreiche japanische Wetter erschwerte die beabsichtigte Verwendung der B-29 als schweren Höhenbomber. In Angriffshöhen von über 7500 Metern stießen die Maschinen über Japan auch auf die orkanartige pazifische Strahlströmung. Gegen den Wind kamen die Flugzeuge kaum von der Stelle, mit dem Wind wurden sie über das Zielgebiet hinweggeblasen. In beiden Fällen litt die Treffsicherheit. Hansell wiederholte LeMays Klagen über die Ausfälle, unter denen die B-29 trotz Umbauten und Verbesserungen litten. „Die Motoren der B-29 hatten eine sehr heimtückische Neigung entwickelt, Ventile zu verschlucken und in Brand zu geraten", hielt er fest. „Die Kurbelgehäuse aus Magnesiumguß brannten so schnell, daß alle Löschversuche vergeblich waren."

Das durch solche mechanischen Defekte sowie durch Wind und Wolken über Japan behinderte XXI. Bomberkommando leistete nicht, was sich Arnold von ihm erwartet hatte. Arnold berief wiederum LeMay, dem ziemlich unverblümt bedeutet wurde, daß er Erfolge mit der B-29 erzielen müsse, wenn er nicht selbst fliegen wolle.

LeMay übernahm seine neue Aufgabe an der Spitze des XXI. Bomberkommandos am 20. Januar 1945. Da LeMay anfangs wie Hansell Präzisions-Tagesangriffe in großen Höhen fliegen ließ, brachte er keine Wunder zuwege. Deshalb dachte er über Alternativen nach. Er wußte, daß die Japaner mehrere chinesische Großstädte mit Brandbomben vernichtend angegriffen hatten – und er wußte, daß japanische Großstädte ebenso leicht brennbar waren. LeMay wußte auch, daß die japanische Industrie in den Städten konzentriert war und daß jede Fabrik von Dutzenden oder gar Hunderten von Werkstätten – oft in Privathäusern – umgeben war, die Kleinteile und anderes Kriegsmaterial herstellten.

LeMay rang mehrere Wochen lang mit seinem Gewissen. Sollte er Brandbomben verwenden? Es widerstrebte ihm, die Präzisionsangriffe zugunsten von Flächenbombardierungen von Großstädten aufzugeben, aber wenn seine Angriffe nicht erfolgreicher wurden, konnte der Krieg sich noch jahrelang hinziehen – und bei einer Invasion Japans würden 500 000 bis eine Million Amerikaner fallen.

Piloten der 23. Jagdgruppe, die aus Claire Chennaults amerikanischer Freiwilligen-Gruppe in China hervorgegangen war, lassen sich stolz photographieren, nachdem sie einen Angriff 41 japanischer Flugzeuge auf den amerikanischen Flugplatz Kunming abgewehrt haben. Die als „Fliegende Tiger" bekannten Piloten machten das Haifischmaul der von ihnen geflogenen P-40 Warhawk zu einem gefürchteten Markenzeichen.

Anfang März hatte LeMay sich dazu entschlossen, Brandbomben zu verwenden: weißglühend brennende Magnesiumbomben und einen anderen Typ, der Flammöl enthielt. Außerdem entschied er, daß die B-29 nachts in geringen Höhen – bis zu 1500 Meter hinunter – angreifen sollten. Dort befanden sie sich unterhalb der Strahlströmung und der Wolkendekke. Einige seiner Gruppenkommandeure wandten ein, daß die japanische Flak die Bomberformationen sofort zersprengen würde. Aber LeMay war bereit, seinen Verband bei solchen Angriffen aufs Spiel zu setzen, weil er damit rechnete, daß die japanische Flugabwehr in niedrigen Höhen nicht so wirkungsvoll wäre wie die deutsche. Während der Inselkämpfe hatte die japanische Flak nie sonderliche Erfolge erzielt. Wahrscheinlich war sie über Tokio auch nicht besser.

Einsätze in geringen Höhen boten weitere Vorteile. Da die B-29 nicht auf 9000 Meter steigen mußten, wurden ihre launischen Motoren geschont und verbrauchten zudem weniger Treibstoff. Das bedeutete, daß die Maschinen mehr Bomben mitschleppen konnten.

Den ersten Brandbomben-Angriff ließ LeMay in der Nacht zum 10. März 1945 fliegen. Am Spätnachmittag des 9. März starteten auf Guam, Saipan und Tinian insgesamt 334 B-29 mit je 5,4 Tonnen Brandbomben.

Kurz nach Mitternacht erreichte die erste Welle B-29 Tokio, wo unterhalb der Wolkendecke gute Sichtverhältnisse herrschten. Die Bombenschützen hatten keine Mühe, das Ziel zu finden. Tokio liegt am Ende der leicht erkennbaren Bucht von Tokio und wird durch den Fluß Sumida geteilt. Zwei Vorausgruppen B-29 überflogen auf sich kreuzenden Kursen die Stadt und warfen alle 30 Meter eine Brandbombe. Als sie abdrehten, zeichnete sich ein gigantisches brennendes X ab, das ein Industrieviertel in Tokio markierte, in dem zugleich dicht gedrängt Wohnhäuser aus Holz, Gips und Bambus standen.

Die übrigen B-29 flogen in Höhen zwischen 1500 und 2800 Meter an und warfen ihre Bomben in das vom Feuer beleuchtete Zielgebiet. Brigadegeneral Thomas S. Powers, der den Angriff in der Luft führte, meldete dem auf Guam wartenden LeMay über Funk: „Bombardieren das Ziel nach Sicht. Große Brände beobachtet. Flak mäßig. Jagdabwehr null." LeMay hatte sein Hasardspiel gewonnen: Der Tiefangriff hatte geklappt, und er hatte seinen Verband nicht verloren. Tatsächlich kamen nur 14 der gestarteten 334 B-29 nicht zurück – die meisten wegen des sporadischen Flakfeuers. Fünf Bomberbesatzungen, die im Pazifik notgewassert hatten, konnten später gerettet werden.

Für die Japaner war dieser erste Brandbomben-Angriff eine ungeheure Katastrophe. Die Brände gerieten rasch außer Kontrolle. Die Temperaturen erreichten bis zu 1000°C. Heftige Aufwinde über den Brandherden, schrieb LeMay, „schleuderten unsere Flugzeuge wie Pingpongbälle himmelwärts". Diese Aufwinde machten sich teilweise noch in 4500 Meter Höhe bemerkbar. Unten standen über 40 Quadratkilometer des Stadtgebiets von Tokio mit 22 Fabriken in Flammen. Ein Viertel aller Gebäude der Stadt wurde durch das Feuer zerstört. Nach offizieller Zählung waren 83 793 Tote und 40 918 Verletzte zu beklagen. Aber die Zahl der Toten lag wahrscheinlich erheblich höher. Viele Tausende ertranken im Sumida, in dem sie vor der Gluthitze Schutz suchten, und viele Leichen wurden niemals geborgen. Andere verbrannten zu Asche.

LeMay erkannte sofort, wie er Arnold meldete, daß „dieses Kommando in der Lage ist, Japans Fähigkeit zur weiteren Kriegführung zu vernichten".

B-29 Superfortresses, deren aus Korallen aufgeschüttete Abstellplätze durch kilometerlange Rollwege verbunden sind, stehen auf beiden Seiten der zwei je 2600 Meter langen Startbahnen von North Field auf Guam aufgereiht. Das System zur Verkehrslenkung am Boden wurde als „Wunder der Marianen" bezeichnet.

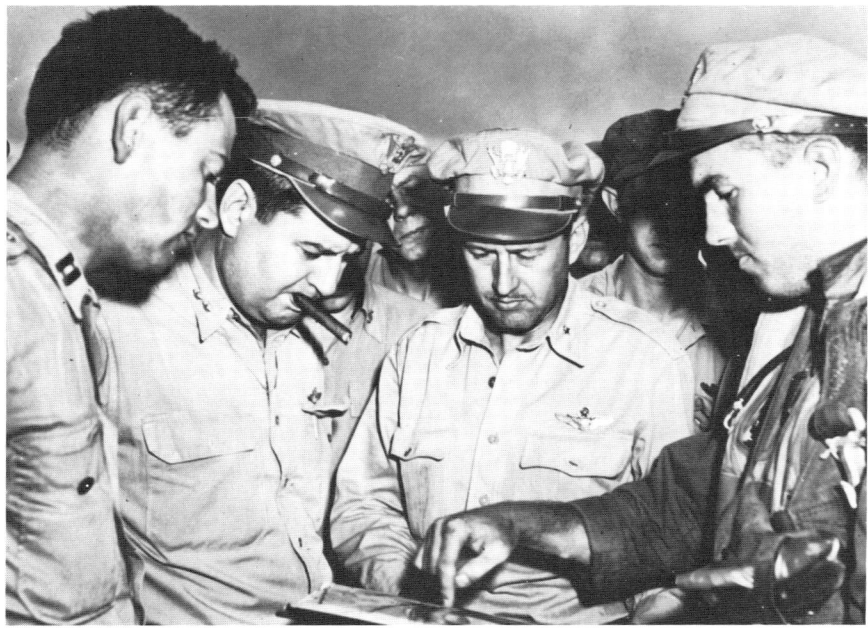

Generalmajor Curtis Le May (mit Zigarre) vom XXI. Bomberkommando bespricht einen Einsatz mit dem neben ihm stehenden Brigadegeneral Thomas Powers. Da sich Tagesangriffe aus großer Höhe als wenig wirkungsvoll erwiesen, ließ LeMay Powers' auf den Marianen stationierte B-29 die japanischen Industriestädte nachts aus geringer Höhe mit Brandbomben angreifen.

Er ließ dem Angriff auf Tokio rasch eine zehntägige Serie von Brandbomben-Angriffen auf weitere japanische Großstädte folgen. Osaka, Kobe und Nagoya erlitten das Schicksal Tokios. Aber dann mußte LeMay die Angriffe einstellen: Sein Vorrat an Brandbomben war erschöpft.

Nach einer dreiwöchigen Zwangspause, während der die amerikanische Flotte Tausende von Tonnen Bomben zu den Marianen transportierte, griffen die B-29 Tokio erneut an und warfen fast 2000 Tonnen Bomben ab – die bisher größte Menge. Weitere 28 Quadratkilometer des Stadtgebiets wurden in Trümmer gelegt. Unterdessen flohen die Japaner aus ihren Großstädten – soweit sie noch existierten – und suchten Zuflucht in den Bergen. Die Einwohnerzahl Tokios sank von fünf auf 2,3 Millionen. Das Leben in der Stadt und in den noch existierenden Industriebetrieben kam beinahe zum Stillstand.

Die japanische Luftverteidigung schoß einige einzeln fliegende B-29 ab, ohne jedoch die Einstellung der vernichtenden Angriffe erzwingen zu können. Die japanische Flak, die ohne Radargeräte auskommen mußte, war nicht mit der deutschen zu vergleichen. Obwohl gelegentlich Nachtjäger gegen die B-29-Bomber eingesetzt wurden, waren wirkungsvolle Nachtjagdeinsätze selten.

Während die Bomberverluste durch Feindeinwirkung verhältnismäßig gering blieben, forderten die Wetterverhältnisse und mechanische Defekte einen weit höheren Tribut. Die Strecke nach Tokio war fast doppelt so lang wie die weitesten Einsätze nach Deutschland hinein – und die gesamte Strecke wurde über Wasser zurückgelegt. Im allgemeinen starteten die Bomber gegen 17.30 Uhr auf den Marianen und waren zwischen Mitternacht und 1 Uhr über Japan. Die Besatzungen sahen oft die Sonne aufgehen, bevor sie wieder auf ihren Einsatzflughäfen landeten. Nachdem amerikanische Marineinfanteristen in einer der erbittertsten Schlachten des Zweiten Weltkriegs die winzige Insel Iwo Jima auf halber Strecke zwischen den Marianen und Japan erobert hatten, stand den B-29 wenigstens ein Notlandeplatz zur Verfügung. Bis Kriegsende landeten 2251 B-29 mit Beschußschäden oder mechanischen Defekten sicher auf Iwo Jima.

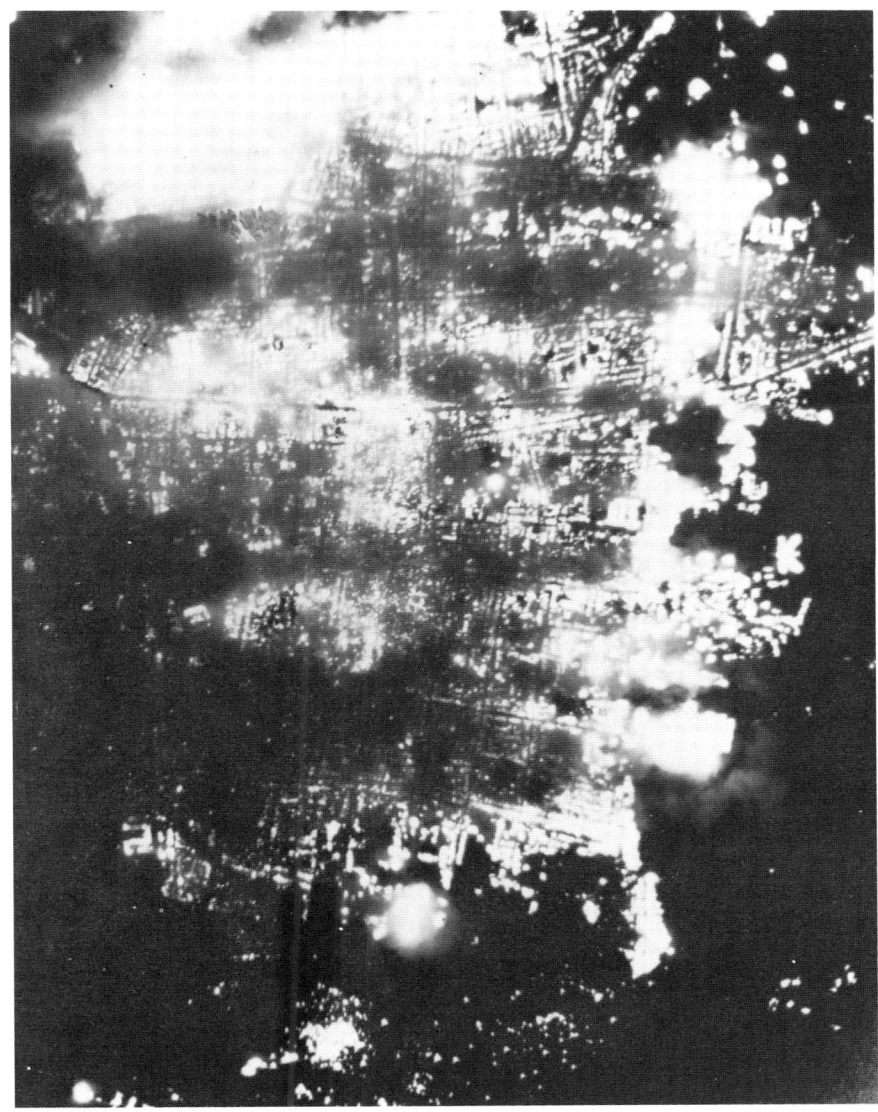

Bei dem vernichtendsten Brandbomben-Angriff des Krieges gegen Japan geht Toyama, eine Stadt mit zahlreichen Aluminiumwerken, unter einem Bombenhagel in Flammen auf. Mit ihren Häusern aus Holz und Papier fingen Japans Städte „Feuer wie ein Kiefernwald", sagte ein Pilot.

Alles wies darauf hin, daß Japans Niederlage unvermeidlich geworden war. Während die Masse der B-29 weiter japanische Städte angriff, verminte eine B-29-Gruppe die japanischen Häfen und Küstengewässer. Die Überreste der japanischen Handelsflotte lagen dadurch fest, und die wenigen noch funktionsfähigen Rüstungsbetriebe erhielten keine Rohstoffe mehr. Aber die Kriegstreiber in der japanischen Regierung waren zum Weiterkämpfen entschlossen. Wenn die Amerikaner zu einer Invasion in Japan gezwungen wurden, würden sie die schrecklichen Verluste nach Ansicht dieser Unentwegten zur Aufnahme von Friedensverhandlungen veranlassen. In Japan wurde befohlen, alle Männer zwischen 15 und 60 Jahren sowie alle Frauen zwischen 17 und 40 Jahren hätten den Invasoren an den Stränden mit angespitzten Bambusstäben entgegenzutreten. Alliierte Friedensüberlegungen wurden zurückgewiesen.

Im Juni und Juli 1945 landete eine Spezialeinheit, die 509. Bombergruppe, mit 15 umgebauten B-29 Superfortresses mit geänderten Bombenschächten, über die ihre Besatzungsmitglieder mit niemandem sprachen, auf dem North Field der Insel Tinian. Die von Oberst Paul W. Tibbets, einem Veteran des Luftkriegs in Europa, geführte 509. Gruppe hatte aus Geheimhaltungsgründen auf einem einsamen Wüstenflugplatz in Utah geübt. Außer Oberst Tibbets wußte keiner von ihnen, wofür sie ausgebildet wurden. Trotzdem waren sie zur Verschwiegenheit verpflichtet worden. Die übrigen Besatzungen auf Tinian hielten sie für besonders privilegiert, denn sie flogen keine regulären Einsätze mit, sondern starteten statt dessen zu geheimnisvollen Übungsflügen.

Am 6. August starteten um 1.37 Uhr drei B-29 als Wetterflugzeuge und nahmen von Tinian Kurs auf Hiroshima, Kokura und Nagasaki, drei bisher nicht bombardierte Großstädte. Sie sollten melden, über welcher Stadt die besten Sichtverhältnisse herrschten.

Etwa eine Stunde später startete Oberst Tibbets mit der *Enola Gay,* einer nach seiner Mutter benannten B-29, und nahm Kurs auf Japan. An Bord befand sich ein langer, schlanker Metallzylinder, der 4000 Kilogramm wog – die Uranbombe „Little Boy". Auf dem Flug nach Japan baute ein Waffenoffizier der amerikanischen Flotte, Korvettenkapitän William Parsons, die letzten wichtigen Bestandteile in die Bombe ein. Sie war nicht schon beim Start scharf gewesen, weil Motorenausfälle bei startenden B-29 häufig waren. Die *Enola Gray* wurde von zwei weiteren B-29 mit Beobachtern, Meßinstrumenten und Kameras begleitet. Die Wetterflugzeuge meldeten sich bald und teilten Tibbets mit, Hiroshima sei verhältnismäßig wolkenfrei. Tibbets ging auf Kurs.

Um 8.15 Uhr wurde „Little Boy" in 9480 Meter Höhe ausgeklinkt. Tibbets drückte die *Enola Gay* sofort in einer Steilkurve weg, um aus dem Explosionsbereich zu kommen. Die Bombe erzeugte eine gewaltige Feuerkugel, in deren Inneren etwa 50 Millionen Grad Celsius herrschten – mehr als das Dreifache der für das Sonneninnere angenommenen Temperatur. Der Detonationsdruck betrug Zehntausende von Tonnen pro Quadratzentimeter. Die Besatzungen der B-29 sahen die seit diesem Tag weltweit als Schreckenssymbol bekannte pilzförmige Wolke, die „in einer Minute auf 6000 Meter stieg".

Teile der japanischen Regierung begriffen sofort, daß kein weiterer Widerstand möglich war. Am 8. August traf Außenminister Shigenori Togo mit Kaiser Hirohito zusammen und vereinbarte mit ihm die Aufnahme sofortiger Friedensverhandlungen. Trotzdem trat der Oberste Rat erst am nächsten Tag zusammen. Diese Verzögerung hatte tragische Folgen.

Um Punkt 11.01 Uhr, während die japanische Regierung über Friedensbedingungen diskutierte, beendete Major Charles W. Sweeney mit der B-29 *Bock's Car* seinen Anflug und klinkte die Plutoniumbombe „Fat Man" über Nagasaki aus. Nach Sweeneys Bericht war der Detonationsdruck so stark, daß er das Gefühl hatte, auf seine B-29 „werde mit einem Telegraphenmast eingeschlagen".

Damit war die japanische Niederlage besiegelt, obwohl einige Unbelehrbare weiterkämpfen wollten. Die persönliche Intervention des Kaisers bewirkte schließlich, daß Japan am 15. August bedingungslos kapitulierte. Die Unterzeichnung der Kapitulationsurkunde fand am 2. September 1945 an Deck des amerikanischen Schlachtschiffs *Missouri* statt. Zu den Augenzeugen gehörte auch General Doolittle, der den Anteil der B-29 an diesem Sieg später mit der für ihn typischen Prägnanz charakterisierte: „Die Marine hatte die Transportmittel, um eine Invasion in Japan zu ermöglichen, die Bodentruppen besaßen die Schlagkraft, um sie zu ermöglichen, und die B-29 hat sie überflüssig gemacht."

Die Besatzung der „Enola Gay" mit dem Boden-personal der Maschine nach dem Abwurf der Atombombe auf Hiroshima. Der Pilot, Oberst Paul Tibbets (Mitte, stehend), gab der Besatzung ihren Auftrag erst nach dem Start bekannt.

Das verwüstete Stadtzentrum von Hiroshima legt Zeugnis ab von der Vernichtungskraft von „Little Boy" (kleines Bild), der Bombe, die 80 000 Menschen tötete.

Danksagungen

Das Register dieses Buches wurde von Gale Linck Partoyan erstellt. Für ihre wertvolle Hilfe bei der Vorbereitung dieses Bandes danken die Herausgeber: **In Australien:** Brisbane – Terry Gwynn-Jones. **In der Bundesrepublik Deutschland:** Bonn – Generalleutnant a. D. Adolf Galland; Koblenz – Meinrad Nilges, Bundesarchiv; Mainz-Finthen – Karl Ries. **In Frankreich:** Paris – Cécile Coutin, Kurator, Musée des Deux Guerres Mondiales; André Bénard, Odile Benoist, Elisabeth Bonhomme, Alain Degardin, Georges Delaleau, Gilbert Deloizy, Yvan Kayser, Général Pierre Lissarague, Direktor, Jean-Yves Lorent, Stéphane Nicolaou, Général Roger de Ruffray, stellvertretender Direktor, Colonel Pierre Willefert, Kurator, Musée de l'Air. **In Großbritannien:** London – Michael Hollingshead, Popperfoto; Edward Hine, Alan Williams, Imperial War Museum; Marjorie Willis, BBC Hulton Picture Library. **In Italien:** Rom – Oberst Oreste Bovio, Ufficio Storico, Stato Maggiore Esercito. **In den Niederlanden:** Amsterdam – Rijksinstituut voor Oorlogsdocumentatie; Leidschendam – Bart M. Rijnhout; Sittard – Bert Poels; Soesterberg – Niederländisches Luftwaffenmuseum. **In Schweden:** Malmö – Bertil Rubin. **In den Vereinigten Staaten:** Alabama – Harry R. Fletcher, Albert F. Simpson, Historical Research Center; Alaska – Renée Blahuta, University of Alaska; Washington, D. C. – Julie Gustavson, Ada Scott, Defense Audio Visual Agency; Colonel Alan L. Gropman, National War College; Susan Brown, Carl Schneide, Jay Spencer, Robert van der Linden, National Air and Space Museum; Alice Price, Pentagon; Kalifornien – Paul Conger; Robert C. Ferguson, Lockheed Corporation; Massachusetts – Marvin Lubner; Minnesota – Patricia Stevens; Nebraska – Edward L. Homze, University of Nebraska; New York – Mike Jackson, *Army Times* Publishing Co.; Ohio – Catherine E. Cassity, Wright-Patterson Air Force Base; Royal D. Frey; Robert T. O'Brien; Texas – John Ilfrey; Virginia – Janice King, Colonel Eric Solander, Air Force Office of Public Affairs; General a. D. Benjamin O. Davis jr.; Mary Lou Gjernes, Center for Military History; General a. D. Noel Parrish; Washington – Marilyn A. Phipps, Boeing Corporation; R. G. Schimanski; West Virginia – Charles M. Mallory; Wisconsin – Carl Bong; Joyce Bong Erickson; Geraldine Bong Fechtelkotter.

Besonders nützliche Quellen für Informationen und Zitate waren: *The Army Air Forces in World War II* von Wesley F. Craven und James L. Cate (Hrsg.), 7 Bände, University of Chicago Press, 1948–1958; *General Kenney Reports: A Personal History of the Pacific War* von General George C. Kenney, Duell, Sloan and Pearce, 1949; *The Mighty Eighth: Units, Men and Machines* von Roger A. Freeman, Doubleday, 1970; *The 9th Air Force in World War II* von Kenn C. Rust, Aero, 1970.

Bibliographie

Arnold, H. H.: *Global Mission.* Harper & Brothers, 1949

Birdsall, Steve:
Flying Buccaneers: The Illustrated Story of Kenneys Fifth Air Force. Doubleday, 1977,
Log of the Liberators: An Illustrated History of the B-24. Doubleday, 1973
Saga of the Superfortress: The Dramatic Story of the B-29 and the Twentieth Air Force. Doubleday, 1980

Brereton, Lewis H.: *The Brereton Diaries: The War in the Air in the Pacific, Middle East and Europe, 3 October 1941–8 May 1945.* William Morrow, 1946

Carter, Kit C., und Mueller, Robert (Hrsg.): *The Army Air Forces in World War II: Combat Chronology 1941–1945.* U.S. Government Printing Office, 1973

Craven, Wesley F., und Cate, James L. (Hrsg.): *The Army Air Forces in World War II.* 7 Bände. University of Chicago Press, 1948–1985

Cunningham, William Glenn: *The Aircraft Industry: A Study in Industrial Location.* Lorrin L. Morrison, 1951

Dank, Milton: *The Glider Gang: An Eyewitness History of World War II Glider Combat.* Cassel, London 1978

Dugan, James, und Stewart, Carroll: *Ploesti: The Great Ground-Air Battle of 1 August 1943.* Random House, 1962

Edmonds, Walter D.: *They Fought With What They Had.* Little, Brown, 1951

Esposito, Colonel Vincent J. (Hrsg.): *The West Point Atlas of American Wars, Vol. 2, 1900–1953.* Frederick A. Praeger, 1959

Freeman, Roger A.:
The Mighty Eighth: Units, Men and Machines. Doubleday 1970
Thunderbolt: A documentary history of the Republic P-47. Charles Scribner's Sons, 1979

Glines, Carroll V.: *Doolittle's Tokyo Raiders.* D. Van Nostrand, 1964

Goldberg, Alfred (Hrsg.): *A History of the United States Air Force.* Arno Press, 1974

Green, William:
Famous Bombers of the Second World War. Doubleday, 1959
Famous Fighters of the Second World War. Hanover House, 1960

Gropman, Alan L.: *The Air Force Integrates, 1945–1964.* U.S. Government Printing Office, 1978

Gurney, Gene: *The War in the Air: a pictorial history of World War II Air Forces in combat.* Bonanza Books, 1962

Hall jr., Grover C.: *1000 Destroyed: The Life and Time of the 4th Fighter Group.* Aero, 1946

Haugland, Vern: *The AAF Against Japan.* Harper & Brothers, 1948

Hess, William N. (Hrsg.): *The American Fighter Aces Album.* Taylor Publishing, 1978

Impact: The Army Air Forces' Confidential Picture History of World War II. 8 Bände. James Parton and Company, 1980

Jablonski, Edward:
Airway. Doubleday, 1971
Flying Fortress: The Illustrated Biography of the B-17s and the Men Who Flew Them. Doubleday, 1965

Kenney, General George C.:
Dick Bong: Ace of Aces. Zenger Publishing Co., 1960
General Kenney Reports: A Personal History of the Pacific War. Duell, Sloan and Pearce, 1949

Lee, Ulysses: *The Employment of Negro Troops.* U.S. Government Printing Office, 1970.

LeMay, General Curtis E., und Kantor, MacKinlay: *My Story: Mission with LeMay.* Doubleday, 1965

Life's Picture History of World War II. Time Inc., 1950

Lord, Walter: *Day of Infamy.* Henry Holt, 1957

Osur, Alan M.: *Blacks in the Army Air Forces during World War II. The Problem of Race Relations.* U.S. Government Printing Office, 1941

Peaslee, Budd J.: *Heritage of Valor: The Eighth Air Force in World War II.* J. B. Lippincott, 1964

Robertson, Bruce (Hrsg.): *United States Army and Air Force Fighters 1916–1961.* Aero, 1961

Rose, Robert A.: *Lonely Eagles: The story of America's black air force in World War II.* Tuskegee Airmen Inc., 1976

Rust, Kenn C:
Eighth Air Force Story. Historical Aviation Album, 1978
Fifteenth Air Force Story. Historical Aviation Album, 1976
Fifth Air Force Story. Historical Aviation Album, 1973
The 9th Air Force in World War II. Aero, 1970

Sunderman, James F. (Hrsg.): *World War II in the Air: Europe.* Franklin Watts, 1963

Thomas, Gordon, und Witts, Max Morgan: *Enola Gay.* Stein and Day, 1977

Thomas, Lowell, und Jablonski, Edward: *Doolittle: A Biography.* Doubleday, 1976

Titler, Dale: *Wings of Mystery: True Stories of Aviation History.* Dodd Mead, 1981

Toliver, Raymond F., und Constable, Trevor J.: *Fighter Aces of the U.S.A.* Aero, 1979

Tute, Warren, Costello, John, und Hughes, Terry: *D-Day.* Macmillan, 1974

Wragg, David W. (Hrsg.): *A Dictionary of Aviation.* Frederick Fell, 1973

Young, Brigadier Peter (Hrsg.): *Atlas of the Second World War.* Berkley Publishing, 1974

Quellennachweis der Abbildungen

Die Nachweise sind bei Abbildungen von links nach rechts durch Semikolons, von oben nach unten durch Gedankenstriche getrennt.
Einband und Vorsatzblatt: Gemälde von R. G. Smith. 6, 7: *B-24s on Ploesti Raid* von Stanley Dersch, m. frdl. Gen. U.S. Air Force Art Collection. 8, 9: *War Hawks at Amchitka* von Ogden Pleissner, m. frdl. Gen. U.S. Army. 10, 11: *Supply Line in China* von Loren R. Fisher, m. frdl. Gen. U.S. Air Force Art Collection. 12, 13: *B-25 On a Mission* von Robert Laessig, m. frdl. Gen. U.S. Air Force Art Collection. 14, 15: *War and Peace* von Peter Hurd, m. frdl. Gen. U.S. Army. 16, 17: Photo U.S. Air Force. 18: National Archives No. 80-G-32915. 21: Photo U.S. Air Force. 22: Associated Press, m. frdl. Gen. Imperial War Museum, London. 23: Photo U.S. Army No. SC127184 – Margaret Bourke-White für *Life* (2); Photo U.S. Air Force. 25: *Air Raid on Clark Field* von K. Sato, m. frdl. Gen. U.S. Air Force Art Collection. 26: Photo U.S. Air Force. 28: m. frdl. Gen. Lockheed-California Company. 29: J. R. Eyerman für *Life* – m. frdl. Gen. Lockheed-California Company. 30, 31: Photo U.S. Air Force, m. frdl. Gen. Edward Jablonski – Wide World. 32: National Air and Space Museum, Smithsonian Institution. 36, 37: Photo U.S. Air Force, m. frdl. Gen. Edward Jablonski (2); Photo U.S. Air Force. 38: Photo U.S. Air Force. 39: Photo U.S. Army No. SC168885. 40–43: Photos U.S. Air Force. 44: Photo U.S. Air Force – U.S. Air Force Museum. 45: U.S. Air Force Museum. 46: Peter Stackpole für *Life* – Photo U.S. Air Force. 47: Photo U.S. Air Force – U.S. Air Force Museum. 48, 49: Photo U.S. Air Force. 50: William Vandivert für *Life* – Photo U.S. Air Force (2) – U.S. Air Force Museum. 51: Photo U.S. Air Force (2) – U.S. Air Force Museum. 52: Photoworld/FPG. 55: Photo U.S. Air Force, m. frdl. Gen. Edward Jablonski. 57: Photo U.S. Air Force. 58: Wide World. 59: Photo Trends. 60, 61: Frank Schershel für *Life* 62–64: Popperfoto, London. 66: m. frdl. Gen. Boeing Company Archives. 68, 69: Photos U.S. Air Force. 70, 71: Staatliche Landesbildstelle, Hamburg. 74, 75: UPI. 76: m. frdl. Gen. Alex Waranka, UPI. 77: Wide World. 80–87: Margaret Bourke-White für *Life*. 88–92: Photos U.S. Air Force. 94: Photo U.S. Air Force, m. frdl. Gen. Edward Jablonski; Joe Oravec, m. frdl. Gen. Edward Jablonski; Photo U.S. Air Force. 95: Popperfoto, London. 97: Associated Press, London. 98: Photo U.S. Air Force. 100, 101: Photo U.S. Air Force – Zeichnung von Bill Hezlep. 105: Photo U.S. Air Force. 106–111: Zeichnungen von John Amendola. 112–122: Photos U.S. Air Force. 125: Dmitri Kessel, m. frdl. Gen. Musée des Deux Guerres Mondiales – B.D.I.C. (Universités de Paris). 126, 127: Photo U.S. Army No. SC190293. 129: Photo U.S. Air Force. 130–133: Zeichnungen von John Batchelor. 136–143: Photos U.S. Air Force. 144: m. frdl. Gen. Familie Bong. 145: m. frdl. Gen. Familie Bong (2) – Photo U.S. Air Force aus *Dick Bong, Ace of Aces* von General George C. Kenney, m. frdl. Gen. Zenger Publishing Co., Inc.; Photo U.S. Air Force. 146, 147: m. frdl. Gen. Familie Bong. 148: m. frdl. Gen. Familie Bong; Wide World – m. frdl. Gen. Familie Bong. 149: Photo U.S. Air Force – m. frdl. Gen. Familie Bong. 150–151: Photo U.S. Air Force, m. frdl. Gen. Edward Jablonski. 155: Gemälde von Shugaku Homma, m. frdl. Gen. U.S. Navy – Terry Gwynn-Jones. 156, 157: Photo U.S. Air Force, m. frdl. Gen. Edward Jablonski. 160: Photo U.S. Air Force. 162: Photo U.S. Air Force. 164: Photo U.S. Air Force, m. frdl. Gen. Edward Jablonski. 165: Photo U.S. Air Force. 166: J. R. Eyerman für *Life*. 168: Imperial War Museum, m. frdl. Gen. Alfred Price, London. 169: Photo U.S. Air Force. 170, 171: Photo U.S. Air Force.

Register

Kursiv gedruckte Seitenzahlen verweisen auf eine Abbildung zu dem betreffenden Stichwort.

Reprosatz: Utesch Satztechnik GmbH, Hamburg
Druck und Einband: Artes Gráficas, Toledo, Spanien